The economy and society in contemporary Japan
Business fluctuations, population change, social disparity and nuclear power generation
TANAKA, Shiro

現代日本の経済と社会
景気、人口、格差、原発

田中史郎 —— 著

社会評論社

はしがき

　時代は21世紀を迎え，もはや初頭が過ぎようとしている。思えば，20世紀の世界は，その前半が戦争と革命の時代，後半は冷戦と高度成長によって特徴付けられるとともに，それらが終焉した時代であった。その間に国際的な通貨体制であるIMF固定相場制が崩壊し（変動相場制への移行），いわば「管理できない管理通貨制」に変貌した。また，冷戦の終結を一要因としてグローバリズムが喧伝されたが，「百年に一度」といわれたリーマン・ショックが惹起し，世界金融危機に至った。

　日本においても，明治新体制の成立から敗戦までは内戦も含め戦争の時代であった。そして，戦後は70余年が過ぎようとしているが，戦争のない時代であり，また希にみる長期にわたる高度経済成長とそれが終焉した時代でもあった。日本経済は，高度成長の崩壊後にはソフトランディングに至ることなく，バブル景気のあだ花を咲かせたものの，その後の混迷から21世紀にいった今日でも脱していない。

　いいかえれば，戦後の日本経済は，敗戦の「焼け跡」から開始され1970年代の石油危機までの高度成長期，それからバブル景気とその崩壊に象徴される90年代初頭までの中成長期，そしてそれ以降のゼロ成長期に3区分できる。巷で流布した政治経済や政策をめぐる思想もそれに沿うように，修正ケインズ派（新古典派総合），新古典派（新自由主義），そして新クローニー資本主義といった変遷を遂げてきている。新クローニー資本主義といっても通称とはなっていないが，昨今の情況は，新自由主義を下敷きとしつつも，そのような色合いが強いといえよう。

　本書においては，こうした情況を踏まえ，現代日本の経済と社会を総体として解読し，展望を示す試みを行っている。

　具体的に示そう。本書は大まかに，2部で構成されている。第1部「経済社会の史的展開」においては，2つの章を費やして通史的に日本経済社会の全体像を示す。その第1章で近代日本経済の軌跡を概観し，第2章で戦後最大の経済的危機であるリーマンショックについて日本経済へ

の影響をも含めて考察する。

　第2部「諸問題の構造的分析」においては，日本の経済社会をめぐる諸問題から，「景気循環とその構造」，「少子高齢化と人口」，「労働と格差」，「エネルギーと原子力発電」の4つの課題をとりあげる。

　第1の「景気循環とその構造」においては，第3章で景気循環のモデルと戦後日本の景気循環の実態について分析し，第4章では，今世紀に入ってから「長期にわたる好景気」といわれる「いざなみ景気」と「アベノミクス景気」について立ち入って論じたい。

　第2の「少子高齢化と人口」においては，第5章でいわゆる高齢化社会といわれる通説について，第6章でいわゆる少子化社会といわれる通説について，それぞれ批判的な検討を行う。巷でいわれている人口をめぐる議論に批判的視角を提起し，今後の議論につなげたい。

　第3の「労働と格差」においては，第7章で戦後日本の階層構造の実態と変容に関して分析し，第8章で労働と格差の問題について総合的な考察を行う。今世紀に入り，労働をめぐる環境は厳しさを増し，格差の拡大は深刻な事態に至っている。こうした問題に正面から向き合い，展望を示す。

　そして，第4の「エネルギーと原子力発電」においては，第9章で原子力発電をめぐる諸問題について考察し，第10章では原子力発電の闇の問題として原発と軍事に関して考察する。様々な世論調査によれば，例外なく多くの国民が原発の廃止を望んでいるが，現政権の方針はその方向に向かってはいない。そうした事情を踏まえ，一部で進められようとしている原発の再稼働や新設の動向の背後にある闇をえぐり出す。原発は，経済性，安全性の観点のみならず，あまり話題にされない背後にある問題，すなわち軍事に関しても分析の眼差し向けるべきであろう。

　以上，10の章によって本書は構成されている。このようにみると，かなり広域な問題を扱っているとはいえ，断念した部分もある。領域的にも財政，金融あるいは技術の問題など論ずべき課題は残されているし，また，考察の深みにおいても甚だ不十分かも知れない。こうした点に関しては，小生のネットで公開されている他の論考，そして，SGCIME

編『現代経済の解読』第3版（御茶の水書房）などで補っていただきたい。
　いずれにしても，現代日本の経済と社会に対する思考の視座を，若干でも提供することができれば幸いである。

現代日本の経済と社会　目次

はしがき ──────────────────────── 4

第1部　経済社会の史的展開

第1章　日本経済の軌跡
　　　　　―日本経済の歩みとこれから― ──────── 11

はじめに ───────────────────────── 11
1. 戦前の日本経済 ───────────────────── 11
2. 戦後改革と復興 ───────────────────── 13
3. 高度経済成長 ────────────────────── 16
4. 2つのショックと「中」成長 ─────────────── 17
5. バブル経済と90年代不況 ──────────────── 19
6. 「いざなみ景気」と世界金融危，そして「3.11」──── 21
7. 結語 ──────────────────────────── 24
［補論］アベノミクスについて ─────────────── 25

第2章　アメリカ発金融危機と日本経済
　　　　　―2008年危機とその後― ─────────── 35

はじめに ───────────────────────── 35
1. 今何が起こっているのか ──────────────── 35
2. 世界危機発生の構造 ────────────────── 41
3. 中長期的分析 ────────────────────── 44
4. 今後の展望 ─────────────────────── 49

第2部　諸問題の構造的分析

A．景気循環とその構造

第3章　経済成長と景気循環
　　　　　―デフレーションと短期循環― ────────── 57

はじめに ───────────────────────── 57
1. これまでの短期循環 ────────────────── 57

 2．90年代短期循環の経緯——景気政策とデフレ—————— 62
 3．デフレとその意味するところ———————————— 68
 4．デフレの実態とその要因—————————————— 73
 5．まとめ———————————————————— 82
 ［補論］シュンペーターとハンセンの複合循環論—————— 84

第4章　「いざなみ景気」と「アベノミクス景気」
   —第14循環と第16循環を考える— ———— 95

 はじめに————————————————————— 96
 1．戦後の短期循環————————————————— 96
 2．第14循環とその帰結——————————————— 98
 3．第16循環の進行と現況—————————————— 101
 4．結びにかえて—————————————————— 104

B．少子高齢化と人口

第5章　高齢化社会論の批判的検討
   —日本は本当に高齢化社会なのか— ———— 109

 はじめに————————————————————— 109
 1．高齢化社会とその問題点—————————————— 109
 2．通説的な高齢化社会論と通説的な高齢化社会論批判——— 112
 3．根底的な高齢化社会論批判のための準備作業—————— 115
 4．高齢化社会論の意味とその批判——————————— 119

第6章　少子高齢化化社会論の実相
   —少子高齢化は如何なる意味で危機なのか— — 123

 はじめに————————————————————— 123
 1．戦後の人口論と問題の所在————————————— 123
 2．高齢化社会論とその批判—————————————— 125
 3．少子化社会論とその批判—————————————— 130
 4．結びにかえて—————————————————— 137
 ［補論］人口とGDP成長率—————————————— 139

C．労働と格差

第7章　階層構造の実態と変容　—階層秩序化する日本社会— 145
はじめに 145
1．70—80年代の論争 145
2．90年代以降の階層化論 149
3．世襲化の問題 152
4．階層変容のメカニズム 154
5．総括と結論 156
［補論］階級と「収奪・搾取」 158

第8章　労働と格差の現状と課題
　　　　　—労働者をめぐる状況と格差— 165
はじめに 165
1．労働と資本 166
2．労働をめぐる昨今の実態 168
3．不安定雇用や格差を生み出した構造 175
4．最近の労働をめぐる動向 180
5．今後の展望 184
［補論］生活に対する満足度 185

D．エネルギーと原子力発電

第9章　脱原発とエネルギー
　　　　　—3.11東日本大震災をふまえ自然エネルギー革命へ— 193
はじめに 193
1．肥大化する費用 194
2．原子力発電と核兵器 196
3．部分思考の陥穽 198
4．エネルギーと現代社会 200
5．エネルギー浪費社会からの超出 203
6．結語 206
［補論］原発事故の被害想定とその隠蔽 207

第10章　原子力発電の闇
　　　　―原発と軍事をめぐる実像― ── 213

はじめに ── 213
1．核兵器の開発とプルトニウム ── 215
2．潜水艦の原子力化 ── 217
3．原子力発電 ── 219
4．核燃料サイクル構想 ── 223
5．核燃料サイクルの意味 ── 226
6．総括 ── 229

参考文献 ── 233

あとがき ── 239

索引 ── 242

第1章　日本経済の軌跡
—日本経済の歩みとこれから—

はじめに

　戦後，70年余が経過した。また，明治から数えると，第2次大戦をはさんで，戦前・戦後ともにほぼ70年ということになる。明治から70年の一つの帰結が大戦であるとすると，戦後70年の帰結は何なのか？

　そして，今日に至る経済社会の状況は，明治初期と敗戦直後の2つの大きな改革によって形作られているといえないだろうか？　今日の状況を理解するには，こうした観点が不可欠であろう。

　本第1章の主題は，戦後70年余にわたる日本経済の軌跡を辿ることにあるが，まず，戦前の経済概況の確認から議論を開始したい。そして，その後に戦後の過程を分析することにしよう。

1．戦前の日本経済

　明治維新（1868年）によって日本の近代化が開始されたことは周知のことだが，今日の日本経済の発展の基礎は，ある意味で江戸・徳川時代にまで遡って求められる。

　産業発展の推移からみると，江戸時代において，農業では，新田開発が進み[1]，肥料の導入や農具の改良なども進められた[2]。これらが生産量と生産性の伸張に寄与したことはいうまでもない。工業においては，絹織物・綿織物などの繊維，醸造，陶磁器，製塩の他，多くの産業が発達し，各地に自然特性を活かした産地も形成された。また，これらを支える交通インフラもかなりの程度発展した。東廻り・西廻り海路の確立，五街道などの道路網の整備などにより，物流や市場が拡大した。大阪に米の先物取引市場が世界に先駆けて成立したことは有名である[3]。

また，注目すべきことに，教育水準の高さがあげられる。むろん義務教育などはないが，寺子屋が各地に普及し，計算力や識字の高さが認められている。ちなみに，江戸末期での識字率は世界の最高水準であったといわれる[4]。こうした経済社会の基礎の上に開国がなされ，明治維新に至ったといえる。

　とはいえ，このように江戸期においては一定の経済社会的な基礎があったものの，欧米諸国の産業，技術あるいは制度などとは隔たりが大きいことも事実である。明治政府は，欧米諸国に追いつくべく制度の改革や新制度の確立を維新直後から目指した。そして，これらの改革ないし確立が今日の経済社会に至る第1の節目をなしていることは強調されてよい。その大きなスローガンが富国強兵であった。

　政治的には，廃藩置県（1871年）や秩禄処分（1876年）による中央集権化と身分制の廃止が大きな意味をもつが，他に，明治の三大改革として学制（1872年），兵制（1873年）そして税制（地租改正，1873年）の導入も注目される。また，経済的には，殖産興業政策のもと，官営模範工場の建設，交通や通信網の整備，貨幣・銀行などの金融制度の確立などが注目すべきこととしてあげられる。

　これらを経済や財政の面から整理すると，地租改正の実施，貨幣金融制度の確立，株式会社制度の導入の3点がとりわけ重要である。第1の地租改正は[5]，直接的には政府の税収の安定的な基盤を形づくるとともに，領主的土地所有を廃絶し私的土地所有権を認めることで後の地主小作制（寄生地主制）を導くものになった。第2の近代的な貨幣金融制度は資本主義に不可欠なものであり，それが確立された意義は大きい。もっとも，貨幣金融制度の確立には曲折があった。新貨条例（1871年）や国立銀行条例（1872年）の発布，日本銀行（1882年）の創設がなされたものの，貨幣法（1897年）の公布によって円が実質的に金本位制の貨幣になるには日清戦争（1894年）での賠償金を前提としなければならなかったことを銘記すべきである[6]。ここに至って初めて国際的な貨幣通貨システムに参入しえたといえる。そして，第3の株式会社制度の導入は，官営模範工場の払下げの受け皿になるとともに，後の財閥形成の前提に

もなるものだったが，長い目でみれば，産業の発展と不可分であった[7]。
このように簡単にみても，明治初頭の諸制度の導入や改革は，今日の資本主義の基本骨格を与えるものであったことは明らかである。

　また，こうした戦前の経済の構造を今日のそれと比較した場合，その特質を寄生地主制と財閥に集約して考えることができる。

　寄生地主制は，その起源を江戸時代に求めることも可能だが，前述のように，地租改正と土地私有制の採用によるところが大である。こうして一方での大土地所有と他方での小作農とに分解していったが，1900年頃には小作地率はほぼ半分に達していたといわれる。いうまでもないことだが，これは戦後の農地改革まで続いたのである。また，財閥は，政商から成立したものが多いが，その経済的影響力は強大だった。三井・三菱・住友・安田財閥を4大財閥，さらなる，中島・浅野・古河・鮎川（日産）・大倉・野村を加えて10大財閥というが，当時それらは日本の商業，金融業および鉱工業において5割以上を支配していた。

　戦前の日本の社会と経済は，農村や農業においては寄生地主が，都市や工業・商業においては財閥が強大な社会経済的な力を擁していたといえる[8]。

　また，政治や外交の観点からふり返れば，日本は，明治維新（1868年）および西南戦争（1877年）の後，日清戦争（1894年），日露戦争（1904年），第1次世界大戦（1914年）とほぼ10年おきに戦争を繰り返しているとともに，1920年代末の金融恐慌（1927年），世界大恐慌（1929年）などから深刻化する長期不況の脱出口を戦争に求めていったといえよう。満州事変（1931年）からはじまる15年戦争は1945年に日本の無条件降伏によって終結したことはいうまでもない[9]。

2．戦後改革と復興

　戦後70年を辿るに当たり，全体を実質GDP成長率の視点から俯瞰すると，短期の景気循環を含みながら，概ね高度成長期，中成長期，長期不況と転換期の3つの時期に区分して把握できる（図表1-1）。こうし

た枠組みを前提に、まず高度成長に至る戦後改革から日本経済の歩みを概観していこう。今日の日本経済を形作っている第2の節目が戦後改革である。

図表1-1　実質GDP成長率

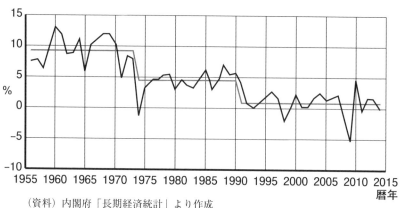

（資料）内閣府「長期経済統計」より作成

　終戦直後の日本では、鉱工業生産の能力が戦前の3割程度しか残っていないという状況にあり、D.マッカーサーの率いる占領軍による戦後改革はこうした惨憺たる状態から開始された。当初、占領軍の対日管理方針は非軍事化と民主化におかれた。戦前の諸制度を日本軍国主義の経済社会基盤とみなし、これらを解体、刷新するところにあった。経済の再生もこうした方針を貫くものとして意図されたといえる。もっとも、その後の冷戦の発生とともに対日政策は大転換することになるが、ともあれ、戦後改革は、端的には非軍事化（陸海軍の解体）、教育改革（小学校から大学までの6・3・3・4年制）、財政改革、選挙改革（女性普通選挙）など多岐にわたるが、とくに経済的には以下の三大改革が特筆に値する。

　その第1は財閥解体（1945〜52年）であり、持株会社の解体、独占企業の分割などが進められた[10]。高度成長期の日本企業は競争的性格が強かったが、その前提が整えられたといえる。第2は農地改革（1947〜50年）であり、それは不在地主がもつ小作地を政府が買い上げ小作人に安く売却するものであった[11]。自作化した農家による農業生産は大幅に拡大した。またそれに加えて、農村は、復員軍人や引揚者などを

吸収するとともに，後の労働供給地として意味をもった。第3は労働民主化（1946～49年）である。労働三法（労働組合法・労働関係調整法・労働基準法）の制定により，実質的に初めて労働運動が合法化され，労働組合の影響力は大きなものになった[12]。

　以上がよく知られる戦後改革の概略だが，ここで，連合国最高司令官として全権をもって改革を推進したD.マッカーサーの政治経済思想と政策に立ち入っておこう。というのも，マッカーサーは，アメリカ共和党のさらなる右派に属していたにも拘わらず，日本で行った政策は，上述のように，民主党的どころか社会主義的とまで評価されるものだったからである。この一見矛盾する事態をどのように理解することができるのか。その第1は，マッカーサーの目に映った当時の日本の状況に関係する。戦後のあらゆる面での惨状はマッカーサーの想像を超え，日本人を西欧なみに教化すべきだという使命感がマッカーサーに生まれたといわれる[13]。そして第2は，同行のスタッフに関してである。政治的に全権を掌握しているからとはいえ，彼一人では膨大な実務を含む戦後改革を遂行することは不可能であり，そこにはスタッフの思惑もあったといわれる。日本に来た若手官僚の多くはかつてのニューディーラーであり，彼らは，ニューディールの理念を日本で再び実現しようと考え日本の占領行政に参加したといわれる。そうだとすれば，こうした，マッカーサーとニューディール官僚との使命感や理念が重なり合ったところに，戦後改革が実現したといえるのではないかと思われる。

　戦後改革は世界的にも類をみない画期的なことであったことはすでにみたとおりである。しかし，それだからといって直ちに経済が復興したわけではない。日本経済は，戦後インフレの直中にあったのであり[14]，インフレからの脱却が焦眉の課題となっていた。インフレを克服するには，一方では破壊された生産を再開し軌道に乗せること，他方では金融と財政を正常化することが要をなす。前者を担うべく試みられたのが「傾斜生産方式」（1947年から）であり[15]，後者のそれがドッジ-ライン（1948年[16]，シャウプ勧告（1949年）である。しかし，傾斜生産方式の評価については必ずしも定説があるわけではなく，また，ドッジによる超均衡

財政は，確かにインフレを一定程度解決したものの，財政の引締めによる安定恐慌を生じさせる副作用をもたらした。

　こうした経済問題をある意味で「解決」したのが，朝鮮戦争とそれに伴う特需であった[17]。特需の規模は，直接・間接を含めると，戦闘の激化した数年間では，当時の日本の輸出の3分の2に相当する金額であった[18]。特需の規模がいかに大きかったかがわかる。その後，朝鮮戦争の鎮静化によって若干の景気後退に見舞われるが，1952～3年頃に国民総生産は実質で戦前の水準に回復していった[19]。そして，この特需が高度成長への契機になったことは周知のとおりである。

3．高度経済成長

　高度成長とは，1950年代中盤から20年間近くに達する経済のハイテンポな拡大をさすが，それは，65年を転換期として前半の第1次高度成長と後半の第2次高度成長とに分けられる。第1次高度成長は，「神武景気」,「岩戸景気」,「オリンピック景気」の3つの短期循環を含むものだが，それは民間設備投資主導型の高度成長として特徴付けられる。「焼け跡」から出発したがゆえに，急速な設備投資が進められたのである。もっとも，第1次高度成長では，貿易の赤字基調が最大の問題であり，「国際収支天井」と呼ばれた。これが3つの短期循環を引き起こした背景にある[20]。その後，東京オリンピックの翌年である1965年に「昭和40年不況」と呼ばれるリセッションにおちいり，戦後初の国債発行を余儀なくされる事態になった[21]。もっとも，このころ失業率が低下した。過剰人口が枯渇し，労働力不足がささやかれるようになった。当時は人口が増加傾向であるにも拘わらずである[22]。

　だが，この不況は長引くことはなく，第2次高度成長に引き継がれた。第2次高度成長は，「いざなぎ景気」と「列島改造ブーム」の2つの短期循環からなるが，それは輸出主導型の高度成長として特徴付けられる。それまでの設備投資と技術革新の成果が現れてきたのであって，輸出は伸張し，貿易の赤字基調は克服された。それゆえ景気の引締め政策を余

儀なくされることがなく,いざなぎ景気は当時としては戦後最長の好景気になったのである[23]。

こうした高度成長は奇跡的とも呼ばれたが,その要因をめぐっては,それを「後進性」と「戦後性」に求める大内力の見解が正鵠を射ている。すなわち,日本の高度成長は,日本が後進国ゆえに可能になったのであり,またそれは日本が敗戦国になったがゆえに可能だったという論理である。したがって,その2つの要因が消滅すれば高度成長も内在的に終焉することが示唆されるものでもあった[24]。

ともあれ,高度成長は,所得とそれを前提とした消費を著しく増加させた。1人当たりの実質国民所得は1955年から70までに5.9倍,1人当たりの実質消費支出は同年に4.3倍に増加した。具体的には,第1次高度成長期のテレビ,洗濯機,冷蔵庫といった「3種の神器」,そして,第2次高度成長期のカラーテレビ,カー,クーラーの「3C」の流行は,高度成長そして大衆消費時代を象徴するものである。「一億,総中流」という言葉も生まれた。

しかし,高度成長は,他方では陰の部分も生み出していったことに注意しなければならない。例をあげるならば,米以外の食料自給率が極端に下がることにみられるような食料・農業問題,人口の大都市集中による人口偏在によって生じる過疎・過密問題[25]などが発生するとともに,また公害・環境問題がとりわけ深刻化した[26]。「くたばれGNP」は,こうした諸々の状況から生まれた言葉である。

4. 2つのショックと「中」成長

高度成長の限界は,前述の高度成長の要因が消滅すること,つまり本質的に内在的なものであるが,現象的には,ニクソン・ショック(1971年8月),それに続く,オイル・ショック(1973年,第1次)という2つのショックによってもたらされた。

ニクソン・ショックとは,当時のアメリカ大統領,R.ニクソンが「金ドル交換の一時的停止」を含む,国際(経常)収支の改善,国内景気の

回復を狙う一連の「新経済政策」を発表し，これによってドルが金に裏付けられない単なる一国の通貨となったこと，すなわち，固定相場制が事実上終焉したことをさす[27]。

この背景には，「流動性のジレンマ」と呼ばれる状況があった。「ドルの二面的性格」とも呼ばれるもので，一方で，流出したドルは各国が固定相場性を維持し，貿易拡大をはかる基礎となるが，他方で，それはドルの信認低下，IMF体制の動揺を招くことになる。そうした状況が進行していたのである。それを端的に示しているのが，アメリカの金保有高と対外債務残高の推移である。

1950年代から10年毎に金保有高と対外債務残高をみると，50年には対外債務に対して十分な金保有があるが，60年には僅かながら逆転し，そして70年には，対外債務のうち金に裏付けをもつのは4分の1程度に過ぎなくなっていたのである（図表1-2）。

図表1-2　アメリカの金保有高と体外債務残高

（100万ドル）

	金保有高	対外債務残高
1950年	22,820	8,393
1960年	17,804	18,686
1970年	11,072	41,830

（資料）櫻井毅他『経済学Ⅱ』有斐閣，1980年，より一部修正

ニクソン・ショックの後，その年の12月にIMFスミソニアン会議(1971年)で為替レートを調整して固定相場制への復帰（例えば，1ドル＝308円，17％の円切り上げ）が決められたが，なし崩し的に変動相場制に移行した。「管理なき管理通貨制」，つまりIMF体制の実質的崩壊がはじまったのである。これはきわめて不安定な国際通貨体制であり，後に景気のバブルとバーストを引き起こすことになるが，当時は，変動相場制の「レート調整効果」により貿易赤字は何ら問題にならないという説も語られたことがある[28]。

当時のアメリカは，ベトナム戦争の泥沼化などにより，一方では財政赤字が拡大し，他方では経常赤字が膨らんでいた。それにもかかわらず，

変動相場制のもとでアメリカはさらなる景気浮揚対策を実施し、経常赤字の規模は1971〜73年の年平均で145億ドルに達した。このことは、裏を返せば、各国のアメリカへの輸出の拡大を意味し、結果的に世界的な好景気が到来した。

世界的な景気拡大は、また一次産品価格の高騰をもたらした。原油価格もその例であり、そうした中で生じたのが石油危機（オイル・ショック、第1次、73年）であった。オイル・ショックは、OPEC諸国が第4次中東戦争を契機に原油価格を4倍に引き上げたことによるといえるが、そのような政治的背景ばかりでなく、こうした経済的要因が背景にある。つまり、ニクソン・ショックとそれに続く世界的な景気拡大がなければ、おそらくはオイル・ショックも発生しなかったと考えられる。

そして、オイル・ショックは先進各国に甚大な影響をもたらしたのであり、日本も例外ではなかった。とりわけ石油を産出しない日本はその影響が大きく、1974年には戦後初めてのマイナス成長に転落した。当時は、石油の枯渇もささやかれ、トイレット・ペーパーや洗濯洗剤の買占め事件も生じ、社会問題になった。スタグフレーションという言葉も流布し[29]、石油資源のない日本はもっとも打撃が大きいと思われた。

しかし、後の推移は予測とはかなり異なるものになった。確かに、オイル・ショック以降は、高度成長は過去のものになったとはいえ、諸外国と比較すると、日本の経済成長率は相対的に高い水準を維持し、注目された。「中」成長の時代である。その背景には、産業構造の転換、ハイテク化、省力化、減量経営などがあるといえる。このころ、「Japan as No.1」（エズラ・ボーゲル）、「日本的経営」、「会社主義」などの言葉が現れたことを記しておきたい。

5．バブル経済と90年代不況

オイル・ショック以降のこうした日本経済の中成長期は、一方では諸外国に比べると相対的に高い成長率を示し、他方では巨額な貿易黒字を抱えた時期といえる。裏を返せば、アメリカが大幅な貿易赤字に苦しむ

事態であり，アメリカとの間に貿易摩擦が激化した。「強すぎる日本」などともいわれた。

こうした状況でなされたのが「G5プラザ合意」（1985年）である。G5プラザ合意とは，国際（経常）収支の不均衡を是正すべく，先進5ヵ国が協調して為替相場をドル安・円高に誘導するという合意に他ならない。むろんそうした合意がなされても，具体的には各国の為替市場への協調介入がなされても，市場がその方向に反応するとは限らないが，このときは，協調介入が奏功し，実際に市場は急速なドル安・円高に進んだ[30]。

このような円高によって日本経済は「円高不況」に見舞われ，財界などからは景気拡大策が求められた。こうした要望を踏まえ，政府は大幅な財政金融政策を実施した。そして，その金融緩和政策によって国内からの，および円高によって海外からの資金調達の増大により，企業金融の状況はいわゆる「金余り」の観を呈するに至った。金余りの資金が土地と株式への投機に向かったのであり，それがバブル景気を引き起こした。地価も株価も数年でほぼ4倍になったのである。

だが，当然ながら1986年から発生したバブル景気は永遠に続くものではなく，90～91年をピークとして崩壊し，4倍に跳ね上がった地価も株価も元の価格に戻った[31]。そうした中で，銀行の不良債権の問題が露呈するとともに，製造業でも過剰な設備投資や金融的損失の実態が明らかになるなど，バブル崩壊の惨状はこれまで考えられないものであった。そして，当然ながら深刻な不況に陥った。バブルの最中にはバブルという認識も言葉もなく，それが崩壊してから初めてその実態を知ることになったのである。

バブル崩壊の原因に関しては，地価や株価などの資産価格の暴騰を押さえるために日銀による公定歩合の引き上げ，大蔵省による行政指導としての総量規制などが考えられる。そして，そうした政策の失敗を指摘する説もある。しかし，重要なことは，バブルが崩壊したことではなく，バブルが発生した背景を吟味することではないか。ともあれ，バブルの崩壊は深刻な不況を惹起した。それは，短期的にはバブルの後遺症，つ

まり，銀行を中心とした不良債権の未解決，企業の過剰な設備投資などに起因する。

　そして，この短期的と思われていたバブル後遺症は長引き，1990年代には「失われた10年」といわれる状況に至り，最近では「失われた20年」ともいわれる。戦後初めて長期にわたるデフレが進行し，労働環境が著しく悪化した。就職氷河期という言葉がそれを端的に示しているが，そうした中で，労働の規制緩和が進められた。パート・アルバイト・契約・派遣，など労働者の非正規化が拡大した[32]。企業業績は回復していったが[33]，労働分配率は低下し，実質賃金も下落した。一方でいわゆる正規労働者の超長時間労働があり，他方で就職氷河期であるという構造は，どうみても異常である。そうした中で，格差問題が顕在化し，社会問題にもなるが，それは当然の帰結である[31]。

　こうした労働環境の悪化は，景気の低迷に起因することは間違いないが，そればかりではない。端的にいえば，1986年に施行された労働者派遣法とその後の数回の「改正」により，非正規労働が常態化し固定化していったのである。そして，それの下地となったのが日経連『新時代の「日本的経営」－挑戦すべき方向とその具体策』（1995年）である。労働者を「長期蓄積能力活用型」，「高度専門能力活用型」，「雇用柔軟型」の3つのグループに大別し[35]，第3の「雇用柔軟型」では，大量の非正規労働者を想定している。バブル崩壊以降の景気低迷や内需減少の根底には，労働をめぐる問題が大きく横たわっていると考えられる[36]。「失われた10年」，「失われた20年」と呼ばれる長期にわたる停滞の背景には，こうした労働や実体経済の問題が大きく影響している。不景気によって労働環境が悪化するとともに，労働環境の悪化によって不景気が長期化したといえるのである。

6．「いざなみ景気」と世界金融危機，そして「3.11」

　もちろん，「失われた10年」，あるいは「20年」といわれる1990年以降においても景気の「山」は確認されている。景気基準日付[37]を念

頭において概観すると，バブル景気は第11循環であり，その後には，1997年を「山」とする第12循環，2000年を「山」とする第13循環，そして，2002年からはじまり，08年を「山」とする第14循環が確認されている。そして，この第14循環は，景気拡大が戦後最長であり「いざなみ景気」と命名されている[38]。もっとも，実質GDP成長率は，1%前後であり，「実感なき好景気」ともいわれている。いざなみ景気は，国内的には，「新3種の神器」（デジカメ，DVDデッキ，薄型テレビ）のブームとされているが，いずれも高度成長期のような需要の盛り上がりではない。

では，この景気拡大の背景は何か。その前提となるのは，それまでの長引く景気の低迷による雇用や設備の過剰の解消があげられる。とりわけ非正規化など労働環境，雇用状況の悪化は，企業側からみれば低コストの環境が整ったことを意味する。そうした前提のもとでアメリカや中国への輸出が拡大した。いざなみ景気は典型的な外需主導型の景気拡大だといえる。また，輸出の拡大は，タイムラグを含みつつ設備投資の拡大に向かったものの，労働分配率の引き下げから民間最終消費や民間住宅の需要の伸びはきわめて小さいものであった。先の，「実感なき好景気」に加えて，「賃金なき回復」，「雇用なき景気」と呼ばれる所以である。

そうしたいざなみ景気にも拘わらず，バブル崩壊以降のデフレは長期化していた。それに対して，政府・日銀は，デフレを貨幣的現象とみなし，ひたすら金融緩和政策を続けていったが，その効果は発揮されない。というのも，デフレは，貨幣的現象ではなく，実体経済に起因していたのであり，その大きな要因はすでにみた労働環境，雇用状況の悪化にあった。

したがって，こうした外需依存の景気は，外需の低迷と共に終焉をむかえることになった。第14循環の終わりである。その契機が，2008年に発生したリーマン・ショック，すなわちアメリカ発の世界金融危機に他ならない[39]。このアメリカの金融危機の全体像に関しては詳述できないが，サブプライムローンにみられるような本来的に無理な貸付や金融商品の開発が住宅バブルをもたらし，その帰結としてバーストに至っ

たといえよう[40]。アメリカ発の金融危機は，世界的金融危機に拡大し，日本にも影響を及ぼした。それはまた，「百年に一度」の経済危機ともいわれたりした。

　もっとも，日本の金融機関は，かつてのバブルの反省（？）から，サブプライム関連の金融商品をさほど多く購入していないので，当初はダメージが小さいと思われた。しかし，現実には，欧米よりも景気の悪化は深刻だった。それは，先にみた「いざなみ景気」が輸出依存型景気であったことから当然でもある。2009年の輸出増加率は，前年比でマイナス24.2％と，戦後最大の減少率であった。輸出が大幅に減少したのであるから，景気が悪化するのは当然であるが，実質GDP成長率は，マイナス5.5％（2009年）と，戦後最悪を記録した。労働者の「派遣切り」などという事態も起こったのである。

　その後，景気は輸出の回復もありやや持ち直すものの，2011年の「3.11東日本大震災」の発生により，再び状況は一変した[41]。「3.11大震災」は，地震，津波，そして原発災害という3重苦をもたらした。地震と津波はそれ自身はいうまでもなく自然現象だが，原発災害はどの角度からみても人的災害である[42]。原発は，安全でもなく，安価でもなく，クリーンでもないことが誰の目にも明白になった[43]。

　その後，復興の「特需」もありフローに限ってみると統計的には回復しているようにみえる側面もある。また，2011年が第15循環の上昇局面にあったことも影響している。しかし，ストックにおいての大災害は統計的には計り知れないところがあり，とりわけ原発災害は現在も続いている。放射能は放出され続けているのであり，こうした点は十分に認識しておくことが必要である。

　第15循環は，欧州の経済危機の影響をうけ収束するが[44]，その後，2012年秋11月頃から新たに第16循環がはじまったと考えられる。この第16循環は，ほぼ第2次安倍政権の成立と重なる。その意味で政権にとって幸運な滑り出しのはずであった。しかし，打ち出された政権の経済政策であるアベノミクスは実体経済の認識において誤りがあるといわざるを得ない。

それは，この数年の実体経済の状況に明確に現れている。強引な金融緩和によって，円安が誘導され，実際に大幅な円安になったものの，傾向的に貿易赤字に至り，それが解消しないという事態が起きている。また，企業利益の拡大にも拘わらず，実質賃金の伸び悩みは未だ底を打っていない。これらは政策的なものである。第 16 循環は，すでに下降局面にはいり，日本経済は短期的には失速状況に向かっているように考えられる。短期的にはそのような状況だが，最後にやや長期的に視野に立ち課題や展望について考えてみたい。

7．結語

かなり大まかではあるが，明治期からの足跡を視野に入れながら戦後 70 年の日本経済の軌跡を辿ってきた。こうした分析を踏まえると，どのような課題がみえるだろうか，あるいはどのような展望を描くことができるだろうか。この答えは，抽象的ながらこれまでの考察の中にあるといえよう。

その第 1 は，経済成長を今後どのように考えるべきかという問題である。高度成長を吟味しながら，その要因とそれが終焉をむかえる内在的な構造を明らかにした。そこでみたように，すでに高度成長の要因は昨今では存在することはなく，いたずらに成長を求めることは必ずしも有意義ではないということであった。「くたばれ GNP」という表現は多義的ではあるが，そうしたことを鋭く問うたものであった。そして，経済成長をどう考えるかは，以下の労働問題と環境問題に直結する。

第 2 は，雇用や労働の問題である。日本の労働時間の長さがしばしば問題にされ，しかしかつてはそれが経済成長の礎とも考えられてきた感がないわけではなかった。そうした風潮の中で，すでに述べたように，一方でいわゆる正規労働者の超長時間労働があり，他方で新規卒業者にとってあい変らず「就活」が求められるという構造が存在する。これらは，どうみても異常である。ここでは詳細に展開できないが，何らかの形でワークシェアリングが必要であろう。また，巷でいわれているよう

な，少子高齢化論にかんしても根本から吟味が必要であろう[45]。

また，第3は，環境の問題である。かつては公害の深刻さが叫ばれ，昨今ではこうした問題は環境問題としてより広く捉えられている。環境問題は，裏を返せばエネルギー問題であり，経済成長にも関係する。環境と成長はトレードオフの関係にあるという指摘もある。確かに，これまでの高度成長はエルネギー浪費型であり，それなくしては成立しなかったともいえる。しかし，一方では成長の限界を自覚し，他方でこれまでの環境破壊型のエネルギーとは異なる自然エネルギーを確立することは，こうした問題を克服する可能性をもつ。

そして，最後には，金融化の問題である。固定相場制の崩壊以降，外国為替そのものが商品化し，土地や株式の一層の商品化が進んだ。そして，住宅ローンなどの債権も商品化し，これらが全て投機の対象となってきた[46]。日本におけるバブル景気の発生と崩壊，アメリカでのサブプライムローンの拡大からリーマン危機に至る過程は，こうしたことを如実に示している。こうした事態は，「犬が尾を振るのではなく，尻尾が犬を振り回している」と表現されたりするが，このように，実体経済から遊離した金融経済の肥大化は経済混乱の一因である。むろん，こうした混乱こそがビジネスチャンスとする輩もいないわけではない。しかし，そうした実体経済からかけ離れた経済は，正常ではない。金融のルールを確立し，これらを何らかコントロールすることが必要であろう。

以上，数点にわたって，課題や展望をまとめてみた。明治から戦前の70年，そして戦後70年をふり返り，将来を見据えたい。

［補論］アベノミクスについて

本稿では，アベノミクスにたいして全面的に検討をすることはできないが，補論として核心的な点だけ確認しておきたい。周知のように，アベノミクスは「3本の矢」として示され，その内容は「大胆な金融政策」，「機動的な財政政策」，「成長戦略」であった[47]。3本の矢などというと，何か新しいもののように感じられるが，もともと経済政策は，マクロ政

策とミクロ政策に分けられ，前者は金融政策と財政政策からなる。後者のミクロ政策は，日本では伝統的に産業政策と呼ばれている。その意味では，3本の矢といっても新しい経済政策体系ではない。また，第3の成長戦略に関しては必ずしも明示化されていない。そこで，第1の金融政策と第2の財政政策について検討しよう。

　まず，第1の大胆な金融政策についてである。アベノミクス金融政策の前提となる現状認識は，簡略化して示せば，デフレを「貨幣的現象」と捉える点につきる。それゆえ，金融政策すなわち金融緩和によってこれを解決できるとする。この背景には，「貨幣数量説」がある。貨幣数量説の考え方は古くから存在しているが，フィッシャーの「交換方程式」が知られており，その式は，MV=PT（貨幣量×貨幣の流通速度＝物価×取引量）で示される。つまり，貨幣の流通速度と取引量が一定ならば，貨幣量と物価は比例関係にある，という考え方に他ならない。貨幣量を増やせば物価は高騰するので，すなわち金融緩和を実施すれば，デフレは解決するという論理である。

　そして実際に，この数年間でマネタリーベースを2012年11月の120兆円の水準から2016年11月では400兆円にまで増加させている[48]。単純にいえば，貨幣量を3倍以上にしているのであり，先の式に従えば，物価も3倍以上に上昇しているはずである。しかし，現実はそうではないことは明らかである[49]。昨今デフレは，単なる金融現象ではないことはいうまでもない。

　では，第2の財政政策はどうか。アベノミクスの財政政策は，ひと言でいえばバラマキの放漫財政である。それ以前からの政治の負の遺産も重なってのことだが，国債の累積はさらに増大し，1000兆円を越えている。日本の1年間のGDPが500兆円程度であり，また，1年間の税収が50兆円強であることを考えると，国債の累積赤字額がいかに大きいかわかる。そうした中で，一方では消費税の増税を，他方で法人税の減税を行い，総体としてはバラマキをするという政策の方向性にはどのような論理があるのか。この背景にはあるのが「トリクルダウン理論」と呼ばれるものである。それは，「富める者がより富めば，貧しい者に

も自然に富が滴り落ちる」，つまり，トリクルダウンするという理論である。このトリクルダウン理論が主張され政策的に用いられたのは，歴史的にはレーガン時代のアメリカであった。しかし，富裕層をさらに富ませれば貧困層の経済状況が改善することを裏付けるデータは存在しないといわれる。むしろ反対に，OECDによる実証研究では，貧富の格差の拡大が経済成長を大幅に抑制することが結論づけられている[50]。トリクルダウン理論で，景気の回復を図るのは理論的にも，実証的にも根拠がないといわざるを得ない。

　もっとも，最近では，「シムズ理論」なるものが喧伝されている。これは，プリンストン大学教授のシムズ (C. A. Sims, 1942-) が提唱した「物価水準の財政理論によるインフレ醸成政策」と呼ばれるものである。シムズ理論のエッセンスは，①ゼロ金利のもとでは金融政策が有効性を失う，②そこで，追加的財政が大役をなす，というもの。その場合の追加的財政は，将来の増税や歳出削減を前提にした通常の財政赤字ではなく，インフレによるファイナンスを前提にした財政政策によってインフレ醸成を狙うというものである。早い話，財政赤字を垂れ流せば必ずインフレになり，その財政赤字の帳尻はインフレが解決するというものである。こうした「理論」を，アベノミクスの金融理論のブレーンである浜田宏一（内閣官房参与，米エール大学名誉教授）は，「目からうろこ」だと高く評価しているという。

　アベノミクスの第1の矢である金融政策もひどい俗説に基づくものであったが，その第2の矢であるシムズ理論による財政政策は（まだ本格的に実施されていないが），経済により一層の混乱をもたらすだけだろう。

図表 1-3　アベノミクス 2 年間の主な変化

	2012 年 7〜9 月	2014 年 7〜9 月	増減幅
正規の労働者数	3,327 万人	3,305 万人	22 万人減
非正規の労働者数	1,829 万人	1,952 万人	123 万人増
雇用者報酬（賃金、実質）	62 兆 2,827 億円	61 兆 8,507 億円	4,320 億円減
個人消費（実質）	78 兆 9,303 億円	76 兆 8,117 億円	2 兆 1,186 億円減
ワーキングプア（年収 200 万円以下）	1,090 万人	1,119 万 9 千人	29 万 9 千人増
貯蓄なし世帯の割合	26.00%	30.40%	4.4 ポイント増
大企業の経常収支（資本金 10 億円以上）	7 兆 160 億円	11 兆 856 億円	4 兆 696 億円増
富裕層（資産、100 万ドル以上）	263 万 7 千人	272 万 8 千人	9 万 1 千人増

（資料）新聞等より作成

　以上，簡単にみたような状況をみただけでもアベノミクスの評価は明らかであろう[51]。この間のアベノミクスの結果の全体像をまとめると（図表 1-3），その実態は一目瞭然である。実体経済の疲弊が進んでいるといわざるを得ない。

［註］
1）新田開発の規模を全国計で米の生産量で示すと，石高は，江戸時代初期の 1800 万石から，中期の 2500 万石，後期の 3000 万石へと大幅に拡大した。
2）刈取のさいに用いられる「鎌」や，脱穀用の「千歯」などの農具は，江戸期に開発ないし改良が進められた。その後，農具の大改革が行われるのは，戦後の高度成長とともに普及した耕耘機からはじまる機械化の時代においてである。
3）1730 年頃，大阪市北区堂島浜に堂島米会所が開設されていた。そこでは，現物取引である正米取引と，先物取引である帳合米取引が行われていた。現代の商品先物市場の仕組みが整えられていたといえる。
4）幕末期においては，武士の識字率は 100% であり，庶民層でも男子では 50% 程度は読み書きができた。ちなみに，同時代のイギリスでの識字率は 20〜25% だと推定されている。
5）地租改正時の税率は地価の 3% である。これは収穫量の 3 分 1 近くに達するものであり，きわめて高額の税であったといえる。
6）日清戦争による清国からの賠償金が金本位制確立の基礎になったのである。賠償金は 2 億テールといわれ，これは当時の日本の税収の 4 倍強に当たる。

7) 株式会社制度の導入には精確な帳簿が不可欠となるので，複式簿記や企業会計の知識や制度もこの時期に導入された。
8) ここで日本資本主義論争について考察すべきであるが，多くの研究があるので割愛する。大内力 [1962～63] を参照のこと。
9) 終戦記念日は，日本では8月15日があげられることが多いが，外国からみれば必ずしもそうではない。終戦（戦勝記念日）を日本が降伏文書に調印した9月2日とする国やその翌日とする国もある。
10) 銀行は集中排除の対象とされなかったこと，またその後，冷戦のもと独占禁止政策が緩和されるとともに銀行を核とした旧財閥系グループが復活したことには注意を要する。
11) このころの小作人の耕作地は1町歩程度が多いが，その代金は「長靴2足分」といわれている。小作農からすれば，ほぼ無料で土地を取得できたことになる。
12) この当時，「昔陸軍，今総評」という言葉が生まれたことは象徴的である。ところで当初は，労働民主化は，反軍国主義勢力の育成を目指すものだったが，冷戦にはいり労働運動の体制内化に利用された。さらなる，現在ではそれさえも形骸化している。
13) マッカーサーは，以下のように述べたといわれる。「日本は12歳の少年，日本ならば理想を実現する余地はまだある」(米議会上院軍事，外交合同委員会聴聞会，1951年5月5日)。なお，磯村隆文 [1975] も参照のこと。
14) いろいろな統計があるが，敗戦直後から1949年までのインフレ率は約250倍だったといわれる。
15) 傾斜生産方式とは，基幹産業である鉄鋼と石炭の生産に資材や資金を重点的に投入して循環的に両部門間の生産を拡大し，それを契機として産業全体の拡大をはかるというものである。というのも，鉄鋼の生産には石炭（コークス）が不可欠であり，また石炭の増産には鉄鋼が不可欠であるという関係があるからだ。有沢広巳による傾斜生産方式の着想のもとにはマルクス『資本論』第2巻に述べられている「再生産表式」があったといわれる。
16) ドッジが，超均衡財政政策を実施したことのほか，1ドル＝360円の固定為替レートの設定をしたことも忘れてはならない。
17) 当時は軍事に関する需要は，国際収支統計上は貿易外勘定に計上された外貨収入であるので，特需といわれた。昨今では，特別な出来事によって通常をはるかに超える需要が生じることを広く特需ということもある。
18) 特需の総額は53年までに24億ドル，55年までの累計で36億ドルに達した。ちなみに，当時の日本の1年間の輸出額は10億ドル程度であった。
19) 1956年の『経済白書』で用いられた「もはや戦後ではない」という言葉は，流行語にもなった。しかし，それは著者の意図とは異なり，かなり誤解されてきた言葉でもある。この意味を，「苦しい戦後が終わり，いよいよ明るい未来が開ける…」と理解するのは誤りである。そうではなく，これは，「今

までは戦後というマイナスからの出発なので成長の伸び代があったが，戦前の生産水準にまで回帰してしまった今後は困難があるだろう …」という意味である。もっとも，その後の日本経済は著者の杞憂をよそに高度成長を遂げたのであって，ある意味で，「誤解」は「正解」になったのである。

20) 景気が過熱すると輸入が増加し貿易赤字が膨らむ。これを抑えるには景気を沈静化するしかなく，当時は金融の引締めによってなされた。そして，貿易赤字が解消すると金融の引締めを解除，それによって景気は好転していた。「stop and go」政策などともいうが，こうした貿易赤字によって景気の上限が画されていることから「国際収支天井」と呼ばれた。第1次高度成長の3つの短期循環は，こうして生じたといえる。なお，田中史郎 [2000] を参照のこと。

21) 財政法（第4条）では，赤字国債の発行を禁止している。にもかかわらず，1965年にはオリンピック後の景気対策のため，特例法を制定することによってこれが破られることになった。翌年からも国債発行がなされるが，それは建設国債として発行されたものであり，今日まで継続して発行されている。その後，赤字国債は石油危機後の1975年に発行され，バブルと消費税の導入による税収の増加期（1990～93年）を除き，今日まで発行され続けている。その規模は拡大の一途である。

22) 明治以降の人口にかんする議論を概観すると，妙なことがわかる。人口が5000万人も達していなかった明治期から海外への移民が奨励された。戦後は，高度成長期には人口が9000万人を突破したにも拘わらず人口＝労働力不足が叫ばれた。また，バブル景気のさいには高齢化を理由に外国人労働者の受入れが議論され，その後は，少子化＝人口不足論が議論されている。人口が1億2000万人を突破しているにも拘わらずである。

23) 「いざなぎ景気」では貿易赤字の懸念がなくなったがゆえに，景気引締めの必要性がなくなった。好況の長期化した理由の1つである。この点に関しては，本書，第3章を参照のこと。

24) 大内力 [1963] を参照のこと。

25) 人口の過疎過密問題は，「都会の不満と田舎の不安」という言葉で表現されたりした。

26) 四大公害裁判（四日市ぜんそく，熊本水俣病，阿賀野川水銀中毒，イタイイタイ病）がまずあげられるが，それ以外にも，排気ガス公害，廃熱公害，騒音公害など枚挙にいとまがない。

27) 多くの先進国は1973年に変動相場制への移行を表明し，またIMFでは76年にこれを承認することになるが，実質的には固定相場制の崩壊は71年にはじまったといえる。

28) レート調整効果とは，きわめて単純に為替レートと貿易（輸出入）のみを考えた場合，為替レートの変動により，貿易の大幅な不均衡は起こらないと考えられることをさす。すなわち，「貿易黒字（輸出増加，輸入減少）→円高

→貿易赤字（輸出減少，輸入増加）→円安→貿易黒字（輸出増加，輸入減少）→……」となるように，為替レートの変動によって貿易が循環的に安定すると想定される。したがって，国内の経済政策や景気政策は，貿易赤字（黒字）を考慮に入れずに，あくまでも国内政策として位置づけることができると考えられた。しかし，それは机上の空論であることは実証的にも明らかである。

29) Stagflation とは，Stagnation と inflation の合成語であり，不況とインフレの同時発生を意味する。資本主義の常識からいえば，不況時は物価が下落し，好況時には物価が上昇する。しかし，オイル・ショック後には，そのような常識が成立しなかった。こうした事態に「経済学の第 2 の危機」（J.V. ロビンソン）という言葉も生まれた。

30) プラザ合意以降の 1 年間で，為替相場は，およそ 1 ドル＝ 240 円から 140 円へと，大幅な円高に振れた。

31) 日経平均株価については，1989 年の大納会（12 月 29 日）に最高値 38,915 円 87 銭を付けたのをピークに暴落に転じ，1990 年 10 月 1 日には一時 20,000 円割れと，わずか 9 ヶ月あまりの間に半値近い水準にまで暴落した。

32) 最近は完全失業率がやや改善されたが，それは非正規雇用の増大によるものである。

33) 企業のいわゆる内部留保の累積がその一端を示している。

34) 格差の問題や構造に関しては，本書，第 7 章を参照のこと。

35) やや詳しく 3 グループの労働者のカテゴリーを示そう。第 1 の「長期蓄積能力活用型」とは，これまでの幹部や管理職などの「ホワイトカラー」に近いものと考えられる。いわゆる終身雇用で，昇級もあり，賃金もそれ相応に上昇する労働者ということになる。それに対して，第 2 の「高度専門能力活用型」とは，特殊・専門的な技術や知識をもついわゆる「その道のプロ」を想定すればよい（たとえば通訳やプログラマーなど）。雇用期間は年契約など有期であり，比較的高給ではあるが，昇級や賃金上昇はない労働者である。そして，第 3 の「雇用柔軟型」だが，これがいわゆる非正規労働者に当たる。むろん，有期の雇用であり，昇級や賃金上昇はなく，そもそも低賃金を前提して考えられている。

36) 昨今の労働問題の全体像に関しては，本書，第 8 章を参照のこと。

37) 景気には「山」と「谷」の循環があることを前提に，その日付を確定したもの。内閣府（旧経済企画庁）が公表している。戦後，これまで 15 回の景気循環が確認されている。

38) 「いざなみ景気」に関しては，本書，第 4 章を参照のこと。

39) リーマン・ショックとは，大手の投資銀行であるリーマンブラザーズがサブプライムローンと呼ばれる住宅ローンで大規模な損失を計上し，破産したことをさす。

40) サブプライムローンとは，低所得者向けの住宅ローンをさす。当初の返済は低めに，数年後からは高い返済になる仕組みなので，そもそも無理のある設

定だが，住宅ブームで住宅の担保価値が上がれば，より低い金利のローンに切り替えることもきる。しかし，利上げや住宅ブームの沈静化によって住宅価格が値下がりをしめると，返済延滞や債務不履行の問題が浮上した。金融機関はハイリスクながら高い収益を狙えるこの市場に参入していた。また，こうした債権を証券化して，金融機関やヘッジファンドなどに販売する動きも広がり，それを世界各国の投資会社や銀行などが購入して運用していた。そうした中で，住宅ローンの焦げ付きが増えるにつれて，これが世界金融危機に発展した。こうしたことに関しては，本書，第2章を参照のこと。

41）「3.11」大震災と地域問題関しては，田中史郎 [2012a] を参照のこと。
42）原発に関しては，本書，第9章を参照のこと。
43）原発を含むエネルギー問題に関しては，田中史郎「エネルギーと選択の視座」，大内秀明他『自然エネルギーのソーシャルデザイン』鹿島出版会，2018年を参照のこと。
44）2010年からはじまったギリシャ，スペイン，ポルトガルなどの通貨・財政危機をさす。ソブリン危機ともいう。
45）さらなる，労働や雇用の問題を人口問題としてみた場合，いわゆる少子高齢化論が語られる。しかし，現状を少子高齢化社会と捉える通説には，大きな誤解がある。本書，第6章を参照のこと。
46）こうした問題を「過剰商品化」として把握することについては，田中史郎 [2012b] を参照のこと。
47）このところ新「3本の矢」として，希望を生み出す強い経済（名目GDP600兆円達成），夢をつむぐ子育て支援（出生率1.8へ回復），安心につながる社会保障（介護離職ゼロ）が示された。しかし，それは政策というより，単なる目標を述べたものであるので，ここでは，旧「3本の矢」を検討の対象とする。
48）これを欧米と比較すると，日本のマネタリーベース増加の異常さが明らかになる。ユーロ圏もアメリカもリーマン危機以降にマネタリーベースを増加させたが，2016年時点でみると，両者ともGDP比で20～30％の水準であるのに対して，日本のそれは80％程度になっている。
49）いくら金融緩和をしても効果が出ない状況を，「穴」の開いたバケツに水を入れるようなものだということがある。そうしたことに対して，極端な理論もある。それは，たとえ「穴」が開いてもそこから漏れる以上に注水をすれば，必ずバケツの水の量は増加するはずだというものである。大胆な金融緩和，あるいは異次元の金融緩和とはこういう意味であるというわけだ。
50）OECD, "Focus on Inequality and Growth - December 2014"
51）本文においては，アベノミクスをもっぱら経済政策としてみてきた。しかし，その特質はむしろ経済政策以外，すなわち政治や行政において顕著に認められる。すなわち，一言でいえば，アベノミクスと呼ばれる一群の政策は「クローニー資本主義」と呼ぶにふさわしいものである。クローニー資本主義は，

しばしば「縁故主義」などとも訳されるが，一族や縁故，取り巻きなどが大きな利権をもつ政策や体制である。多くは，発展途上国にみられる独裁的な体制の一つといえる。そのようないわば前時代的な政策がアベノミクスに色濃く漂っている。たとえば，様々な経済特区や法人税における特別措置など，特定の個人や集団に対する利益誘導がすさまじいことは周知のことであろう。これらが，新古典派的な市場至上主義的な政策と対をなして進められている。したがって，アベノミクスを対象とする場合には，一方の新古典派的な自由主義の側面と他方のクローニー資本主義の側面を判別しつつ検討することが必要であろう。

第2章 アメリカ発金融危機と日本経済
―2008年危機とその後―

はじめに

　2008年に発生したアメリカ発の「金融危機」は，世界を未曾有の経済危機に陥れた。日本でも例外ではない。周知のように，この金融危機は，いわゆるLehman Crisis（リーマン・ショック）を契機として，発信元のアメリカはいうまでもなく，ヨーロッパや日本をも巻き込んで，世界中に伝播したのである。今回の経済混乱は，1929年恐慌＝30年代不況以来のものであり，どのように大げさに語っても，言葉がまだ足りないほどである。

　そうした状況にあって，本第2章では，まず，何が起こっていたのかを確認し，その上で，その構造，なかんずく危機発生の構造を明らかにするとともに，それが日本経済にも多大な影響を与えた要因と実相をも解明しよう。そして，最後に今後の経済のあり方を抽象的ながら模索したい。

1．今何が起こっているのか

　この間，「未曾有の…」や「百年に一度…」などの形容句を伴って，昨今の経済状況が語られている。また，日本では，高止まりの失業率，2008年末の「派遣切り」や，それに対する「派遣村」の創設といった事態がことの深刻さを象徴している。では，一体，何が起きて，それがどうなっているのだろうか。まず，幾つかの資料に基づいて，現状を確認することから始めよう。

　今回の危機は，アメリカ発の金融危機であることはよく知られている。それを象徴するのがアメリカ大手の投資銀行の一つであるリーマン・ブ

ラザーズが2008年9月に破綻したことであった。いわゆる「リーマン・ショック」ないし「リーマン危機」と呼ばれたことは記憶に新しい。当初は，これはアメリカ金融の問題であり，日本には大きな影響がないのではないかともいわれたが，実際は，ある意味でアメリカ以上に大きな困難を背負わせられたといえる。この点は，後に立ち入ることにして，まず，ほぼ同時期にアメリカの五大投資銀行の全てが消滅した事実を図表2-1で確認しておこう。

図表2-1　投資銀行の破綻

Goldman Sachs（資産総額1.1兆ドル）	⇒商業銀行に転換（08.9.21）
Morgan Stanley（資産総額1.0兆ドル）	⇒商業銀行に転換（08.9.21）
Merril Lynch（資産総額1.0兆ドル）	⇒Bank of Americaによる買収（08.9.15）
Lehman Brothers（資産総額0.6兆ドル）	⇒破綻（08.9.15）
Bear Steans（資産総額0.1兆ドル）	⇒J P Morganによる買収（08.3.16）

（注）資産総額の大きい順に記述してある。
（資料）内閣府『世界経済の潮流』2008 II，より作成。

　アメリカでいう投資銀行とは，日本では銀行というより証券会社に近い業務を行っているが[1]，それが五大投資銀行として存在していたことは知られている。図表2-1にみられるように，2008年春のモルガンによる買収を皮切りに，秋には全ての投資銀行が買収・業種転換・破綻などにより，消滅したのであった。いうまでもなく，これはアメリカ金融史の中で特筆されるべき事柄であろう。

　こうした投資銀行の消滅はいわば象徴的な出来事だが，経済全体をみるには，GDP成長率を概観するのが至便である。もっとも端的に全体の状況を示すのが実質GDP成長率だからである。

　図表2-2にみられるように，第1に，中国のGDP成長率は一貫して10％内外の高いパフォーマンスを示しているが，2008年から09年にかけて大幅に落ち込んでいる。第2に，日米欧の成長率は，2002年（いわゆるITバブルの崩壊）をやや例外として，中国ほどではないものの，安定した成長を示していたが，やはり2009年にかけての落ち込みは激しい。これら日米欧の2008年第3四半期の成長率はいずれもマイナスで

ある。とりわけ第3に，日本はマイナス4.3％というひどい落ち込みになっているのである。また，このグラフだけでは分らないが，下落幅が戦後最大であることを強調しておきたい。

図表2-2 実質GDP成長率

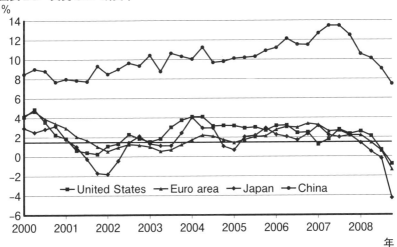

（資料）IMF [2009], *International Financial Statistics* より作成。

以上のことは明白であろう。「世界危機」ないし「世界同時不況」といわれる所以である。では，株価の変動はどうだろうか，図表2-3で確認しよう。

図表2-3 日経平均・NYダウ

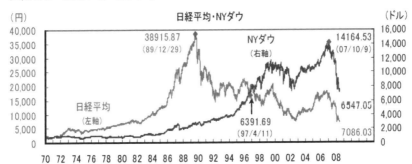

（資料）際投信投資顧問株式会社（http://www.kokusai-am.co.jp/company/profile.html）Webページより作成。

みられるように，第1に，アメリカの株価水準（NYダウ）は，2002年のITバブル崩壊による低落はみられるものの，長期傾向的に上昇していた。やや短期的にみると，2002年から始まる景気拡大局面では株価は急上昇していたが，2007年秋をピークとして急落しているのである。第2に，日本の株価は，かつて1980年代末のバブル景気をピークとしてその後は下落傾向にあるものの，2002年から始まる景気拡大局面（「いざなみ景気」）では[2]，上昇を続けた。しかし，アメリカと同様に，この間急落している。また，第3に，今世紀に入ってからの日米の株価の変動はかなりシンクロしているが，当然のことながら，それは先の実質GDP成長率よりもやや早く下落を開始している。株価は景気の先行を示すものなのである。

続いて，労働市場の主要統計である完全失業率と有効求人倍率の推移を図表2-4でみてみよう。日本おける労働市場にも影響は明確に現れているのである。第1に，当然ながら完全失業率と有効求人倍率は相反的であり，景気の状況を反映している。たとえば，好景気のときには完全失業率は下落傾向にあり，有効求人倍率は上昇傾向にある。

この二つの指標からみられる戦後の労働市場（雇用状況）の動向は，次のようになる。すなわち，第2に，雇用状況は，高度成長期にはきわめて良好であったが，その後バブル景気の時期を除き傾向的に悪化していった。そして第3に，2002年から始まるいざなみ景気においては，状況に若干の改善がみられるものの，2008年からのアメリカ発金融危機＝世界同時不況に至り，それは悪化している。図表2-4では分からないが，月別の資料をみると，2009年4月以降の値では，完全失業率は5％を越え，有効求人倍率は0.5を下回っている。いずれの値も，敗戦直後の混乱期を除けば，ほぼ最悪の事態である。

図表 2-4 実質 GDP 成長率

凡例: 完全失業率（左目盛り） ／ 有効求人倍率（右目盛り）

（資料）総務省統計局「労働力調査」(http://www.stat.go.jp/data/)
　　　　厚生労働省「有効求人倍率」(http://www.mhlw.go.jp/toukei/) より作成。

　以上のような3つの指標で明確のように，この間の経済の後退はまさに未曾有のことだといってよい。世界経済危機，世界同時不況といっても過言ではない状況である。

　また，日本においては，先の統計にも明らかなように，こうした中で労働問題（失業，派遣，パート，アルバイト，ワーキングプアなど）が深刻化していったのである。

　この間のいざなみ景気の時期は，それまできわめて高かった完全失業率はやや低下し，有効求人倍率も増加傾向にあった。しかし，08年以降は，それらが急速に悪化していた。これらはすでに確認したことだが，このようなことが生じた前提には，以下のことが進行していた。少し遡ると，この間のいざなみ景気においては労働指標の改善がみられるものの，それはこれまでとは内実が異なっていたのである。

図表 2-5　非正規職員・従業員の割合（男女別，年齢別）

		総数	15～24歳	うち在学中を除く	25～34歳	35～44歳	45～54歳	55～64歳	65歳以上
男	2000年	11.7	38.1	19.7	7.3	3.5	3.8	16.3	47.3
	2008年	19.2	44.4	28.6	14.2	8.2	8.0	27.6	67.9
女	2000年	46.9	43.9	27.0	33.6	52.7	53.0	53.5	59.6
	2008年	53.6	48.3	35.4	41.2	55.0	57.5	64.0	70.1

（注）ここでいう「非正規」とは、「パート，アルバイト，派遣，契約，嘱託」労働者をさす。
（資料）総務省「労働力調査」，より作成。

　図表 2-5 にみられるように，今景気拡大においては，労働需要のかなりの部分は，非正規労働によって賄われていたのであった[3]。20歳代前半では，男女とも非正規労働者の割合が同世代労働者全体の3割内外になっている。こうした不安定雇用が，昨年末の「派遣切り」に象徴される問題の底流にあることはいうまでもない。

　また，この間の自殺者の増加もこうした経済状況と無関係ではない。

図表 2-6　自殺者数の推移

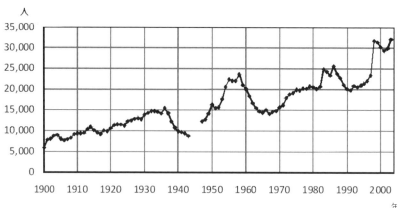

（資料）警察庁『自殺の概要資料』（http://www.npa.go.jp/toukei/）より作成。

図表2-6にみられるように,これまでの自殺者増加のピークは,いずれも景気の後退期に対応しているが[4],1998年以降はその人数が年間3万人を突破している。この11年で人口33万人の中都市がすっかり消滅してしまったことになる。

2. 世界危機発生の構造

(1)サブプライムローンの仕組み

以上のように,この間の状況を数種の資料によって概観してきた。それぞれ細部にわたって検討すべき問題ではあるが,先を急ごう。こうした経済状況はどのように生じたのであろうか。よく知られているように,今回の危機の直接の契機は,アメリカのサブプライムローン問題にある。まずこの問題を概観する。

サブプライム問題とは何か,こうしたことから確認しよう。そもそも,サブプライムとは,アメリカにおいて,貸し付けられるローンのうち,優良顧客(プライム層)向けでないものをいう。通常のローンの審査にはとおらないような信用度の低い人(つまり,低所得者)向けのローンであり,高金利である。主に,住宅や自動車を担保として行われている。今回は,その一部に返済が滞り,不良債権化が生じていたのであった。

何故,不良債権化したのだろうか? こうした点に関しては,その返済方法に注目しなければならない。住宅サブプライムローンの返済方法として,傾斜的返済方法がとられていた[5]。つまり,当初は返済額が少なく,数年後から返済額が徐々に多くなるという仕組みである。そのため借り手は自分の返済能力を無視した借り入れを行うことが可能となり,実際にそのような貸し付けが増加していた。これはきわめて意図的な「貸し込み」である。

本来(?)は借り手の所得が増加することを見越しての傾斜的返済方法の筈であった。もっとも,実際にはそれほど所得は上昇していなかったようだ。だが,たとえそうでなくても住宅価格が上昇し続けていれば,矛盾は表面化しない。住宅価格が上昇していれば住宅を担保に借り入れ(ホームエクイティローン)が可能であり,それをもって返済もできる。

また，最悪の場合でも，住宅価格がかなりの程度に上昇してさえいれば，住宅を売却することによって返済が完了すると共に，売買差益すら得ることが可能だった。こうして，住宅ローンを組めないような低所得層にまでこのローンが広がり，ブームはブームを呼んだ。先の株価の推移から明らかなように，アメリカはこの間，高水準で長期の景気拡大期にあった。しかし，住宅価格は2005年をピークに下落に転じたのである[6]。

　こうして，サブプライムローンの多くは破綻した。とりわけ変動金利分（傾斜返済型）の破綻は著しく，2007年第4四半期には，延滞率は20％，差押率は8％程度まで上がり続けている（経済産業省『通商白書』2008年，30頁）。サブプライムローン残高は，1兆4000億ドルで，これは住宅ローン全体の1割程度だという（経済産業省『通商白書』2008年，28頁）。

(2)証券化の問題

　サブプライムローン残高がきわめて大きく，これが今後とも大問題になることは明らかだが，じつはその実態以上に影響は拡大している。それが「証券化」の問題である。

　サブプライムローンで個人に融資した会社（銀行やノンバンクなど，これら最初の貸し手を「オリジネーター」という）は，回収リスクの一部を回避・転嫁する目的でその債権を証券化（金融商品化）し，売却するところから，このメカニズムは始まる。箇条書き風に要点をまとめておく。

　「証券化プロセスの第1ステップ」。銀行やノンバンクなどのオリジネーターが住宅ローンをプールし，パッケージ化してSPV（特別目的会社 Special Purpose Vehicle）に転売する[7][8]。回収不可能によるリスクを回避するためである。

　「証券化プロセスの第2ステップ」。SPVが証券をトランシェ（Tranche）分けしてリスクとリターンの異なるRMBS（Residential Mortgage Backed Securities）を組成する[9]。そして，RMBSをヘッジ年金基金，投資信託，SIV（後述）などの大口投資家へ売却する[10]。このように債権を証券化することがSPVの目的なのである。

「証券化プロセスの第3ステップ」。しかし，リスクの低いものは売れやすいがリスクの高いものはなかなか引き受け手がいない。こうした場合，リスクの高いものをさらに束ねて，それを裏付け資産にCDO（Collateralised Debt Obligations）を組成する[11]。これもさらにトランシェ分けすることでリスクの低いものを作ることができるという。

「証券化プロセスの第4ステップ」。組成したCDOを再び大口投資家へ売却する。しかし，必ずしも全てが売れるわけではない。そうした場合，売れ残ったリスクの高いCDOを束ねて再びCDOを組成する。そしてこれを繰り返すのである。この際に，リスクを計量し，格付けに科学的根拠を与えたのが金融工学に他ならない[12]。

こうして，サブプライムローンを複雑に組み込んだ証券が世界中で販売された。その一つ一つがどのような組成によってなされたものかは，誰も知らないことになったのである。というより，むしろ内容を分からなくするために，組成を繰り返していったといってよい。そうした中で，科学的装いを施した金融工学が蔓延（はびこ）ったわけである。しかし，そうであるがゆえに，今回のようにいったん危機が勃発すると，さらに危機感が増幅したといえる。

「証券化プロセスの第nステップ」。こうした中で，CDS（credit default swap）という金融商品が登場する。CDSとは，リスクだけをとりだし，第3者に肩代わりさせる金融商品である。リスクを引き受けた人には，その対価として定期的に保証料を支払う仕組みである。実際に貸し倒れなどが起きたら，その第3者は損失を被るが，そうでなければ，「濡れ手に粟」の保証料を得ることができる。これまでは，リスクを分散化するという方向で証券化がなされていったが，CDSにおいては，そのリスクそのものをあえて商品化するというわけである。いわば究極の金融商品ともいえる。

このように，何でも金融商品化できるのである。需要が見込まれれば，その対象が何であれ商品化できる。あたかも，新品種のリンゴや，新デザインの家電製品を作るように，である。

そして，危機感が現実のものとなった。サブプライムローン債券の破

綻により，リーマンブラザーズの倒産や AIG 保険への公的資金投入が余儀なくされるなど，2008年9月にアメリカ金融危機が発生したことは，すでにみたとおりである。

　アメリカでは，7000億ドル（約70兆円）の公的資金を投入する「緊急経済安定化法」が2008年10月3日に成立し，世界恐慌のおそれはとりあえず収まったが，金融危機は継続し，世界同時不況の様相を呈している。また，破綻してから思えばきわめて危険（リスキー）な商品でもあるにもかかわらず，その隠蔽に手を貸したのが金融工学であることも明白になったのである。

3．中長期的分析

(1)サブプライムへの道—中期的視点から—

　では，何故このような事態が生じたのか，その背景をその中期的（直接的），および長期的な構造分析から解明したい。まず，前者の中期的・直接的な契機を探っていこう。

　この問題の直接的な契機は，1995年に求められる。当時のクリントン政権下の財務長官であったルービンは，いわゆる「強いドル政策」あるいは「ドル高政策」と呼ばれる政策を打ち出した。そして，強いドルを前提とし，またそれを実現せしめる様々な金融緩和措置がとられた。その象徴的なものは，「金融近代化法」である[13]。これはアメリカの「金融センター」，「金融帝国」成立の幕開けだとも評されている。実際，この1990年代中葉より，経済の金融化が世界的に進んだといえる。

　図表2-7にみられるように，金融資産の対名目GDP比は，80年の1倍強から06年においては3.5倍へと拡大した。むろん，この間，2000年前後の「ITバブル」とその崩壊があるので，必ずしも一直線に進んだわけではない。しかし，経済の金融化すなわち，実体経済の拡大よりも金融部門の拡大が大きく上回るという状況が生じた。そして，これは世界的に進んだのであって，いわゆるグローバル化した。

　では，なにゆえルービンの行った，いわゆる「強いドル政策」が問題

となるのか。一般的には，貿易上有利なように自国通貨（アメリカの場合にはドル）の為替安を求めるものだが，それと反対の政策，つまりドル高容認，ないし積極的にドル高誘導政策をとったからだ[14]。

図表 2-7　金融資産と対名目 GDP 比

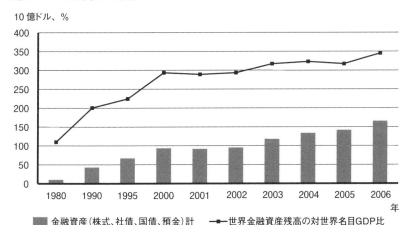

（資料）『通商白書』2008 年版より作成

　たとえば，ドル高になれば，アメリカの貿易の赤字はより拡大する方向に働く。しかし，ドル金利を高めれば，アメリカに対する投資が増大し資金が流入する傾向になる。資金の流入が経常収支の赤字を上回る量であれば，その資金をアメリカの金融市場で運用しながら，世界の各国のとりわけ成長が見込まれる製造業や，資源関連産業へ投資できる[15]。そして，それはまた利益を生ませることができるということになる。実際，アメリカへは外国からの投資が急増し，株式や債権の価格上昇によるキャピタルゲインを獲得するという構造が確立した。これは，2000年前後の IT バブルを経て，この間のサブプライム問題を引き起こした住宅バブルが崩壊するまで，拡大していったといえる。グローバルマネー循環とその破綻にほかならない。

　別ないい方をすれば，アメリカは大幅な貿易赤字を出しつつ，その果実を享受していたといえる。つまり，アメリカ国民は全体としては，自

らの生産以上に消費をすることができ，そのような豊かな生活を保障されたのである。そして好景気に沸いたことはすでにみたとおりである。

　本来ならば，大幅な貿易赤字は国家にとって大問題である。それゆえ一般に，各国政府は為替（自国通貨）を切り下げ，少しでも貿易の黒字を目指す筈である。しかし，1995年以降のアメリカは，貿易赤字を縮小するという政策をとろうとはしなかった。いわば「居直った」ともいえる。「アメリカ経済が強いから，外国から資金が入ってくるのであって，資本収支は大幅な黒字である」，「経常収支の赤字は，何ら問題ではなく，実際，住宅ブームで，それまではマイホームを買えないような人も，今，買い始めているのではないか…」と。このようにして，サブプライムローンの破綻に至る住宅バブルが形成されていったのである。

(2) 戦後史の中のサブプライム問題——長期的視点から——

　これまで，サブプライムローンや証券化のメカニズムを明らかにし，そして，それを直接的に導いたルービンの「強いドル」政策を概観した。しかし，ここで疑問が生ずる。「強いドル」政策は，それまでの常識を覆すものであることはすでに述べたが，そうだとしたら何故，そのような選択をしたのか。あるいは，強いられたのか。より長期的な視点から考えなければなるまい。

　大まかに戦後の世界経済を総括してみよう。第二次世界大戦の終結をもって，戦後世界が出発する。そのときの世界経済に占めるアメリカの地位は圧倒的であった。アメリカは，世界のGNPの4割，金準備に至っては世界の70％以上を独占していた。アメリカは戦争を通じてスーパーパワーを持つ国になっていたである。

　それゆえ，冷戦体制のもと，戦後の西側世界経済は，アメリカを軸に構築されていった。IMF-GATT体制がそれである。ここでとりわけ注目すべきは，IMFの通貨体制だが，それは，一方で金（きん）とドルをリンクさせ，他方でドルと各国通貨をリンクさせる体制である[16]。

　しかし，1950年代後半から開始される世界的な高度経済成長は，不均等な発展を示した。日本やドイツの工業化によって，1960年代末には，

アメリカとその他の各国との経済力の格差は著しく狭まった。もはや，アメリカは経済においては必ずしもスーパーパワーを発揮できるものではなかった。その端的な表れが，貿易構造にみられる。1960年代末においては，アメリカは貿易においてはかろうじて黒字であったが，冷戦のもとでの対外軍事支出は増加の一途をたどり，それらの収支のツケは対外流出ドルの滞留となって表面化した。そして，その幾分かは兌換請求され，1960年にはアメリカの金保有高と対外債務残高はほぼイーブンとなり，1970年には前者は後者の4分の1程度になった。つまり，金に裏付けされたドルは，わずか4分の1程度でしかなかったのである。

「金1オンス＝35ドルを保障する」というアメリカの建前は，完全に破綻した。それが，1971年の金ドル兌換の停止を宣言したニクソンショックに他ならない。ここに，IMF体制は実質的に崩壊したといえる。それまでの固定相場制は終焉し，その後は変動相場制に移行したのである[17]。

ニクソンショックは，戦後の高度成長期において，日本やドイツのキャッチアップにより，アメリカの工業力・経済力が相対的に低下したことに起因したものであるが，それにも拘わらず，ドル市場は世界最大であり，ドルは基軸通貨としての地位を保っていた。ドルには金の裏付けがないにも拘わらず，である[18]。こうした事態は，アメリカが，金の保有量に束縛されることなくドルを増発できるという特権を手に入れたことを意味している。この意味は実に大きい。

こうした中で，アメリカ産業の優位性を保つには，この特異な性格を持つドルを利用する以外にはなかった。1970年代央に始まる世界的な金融ビッグバンは，そのようなアメリカ金融業による，アメリカ金融業のための金融市場整備に他ならない。

まず，1970年代半ばにアメリカの証券市場改革がビッグバンとよばれ，その後，イギリスで1980年代中盤に証券市場改革が，そして，1990年代末に日本でも同様な改革がなされた。いずれも，規制を緩和し市場原理を大幅に取り入れようというものである。そして，この集大成というべきものが，すでにみた1999年の「金融近代化法」であった

といえる。

　このような状況が続く中で，一方では，コンピューターなどの情報技術が飛躍的に進歩し，他方では，ソ連に代表される東側経済は混迷を深め，1980年代末には相次いで崩壊した。先の情報技術は，冷戦の終焉のもと，開放されたインターネット技術へと進化し，また，これらが金融技術とも繋がっていった。金融業ないし金融商品は，製造業やその生産物とは異なり，実体的なモノの生産や流通がないのであって，情報技術と親和性がとりわけ高いからに他ならない[19]。

　産業革命いらい産業の軸は製造業であったが，それらを生産コストの安価な途上国におしやり，先進国ではもっぱら情報と金融が産業の中心となっていった。つまり，先進国においては，製造業の生産性の上昇から利潤を獲得するのではなく，金融やそれを操作する情報から利潤を獲得するという経済構造ができあがっていった。

　先進国では，生産を実体とした経済の拡大ではなく，そのような生産実体の根拠のない，いわば商人資本的な利潤の追求が唯一のものとなったといえる。それが，1980年代後半からの日本・世界におけるバブル経済であり，その破綻であった。その過程で，市場の失敗はもとより，1970年代とは異なった意味で政府の失敗が喧伝され，新保守主義的なイデオロギーのもと，制度的な「改革」が進められていった。

　日本おけるバブルは株・土地に代表されるものであったが，今回のアメリカのそれは住宅バブルであったといえる。日本におけるバブルの契機は円高不況からの脱却を錦の御旗とした金融緩和政策とその失敗にあり，他方，アメリカのそれはいわゆるITバブル崩壊の不況からの脱却を目指した金融緩和政策とその失敗にある。いずれも政府の政策的な過誤が含まれているが，それは，不況脱出策としてはある意味で必然でもあった。

　バブル崩壊不況からの脱出に超大型の財政金融政策が動員され，それで生じた金融の弛緩が次のバブルを準備するという構造[20]，すなわち，「バブルリレー」や「バブル循環」と呼ばれるような構造が成立していったといえる。

4．今後の展望

　以上のように，今回の金融危機の現象およびその歴史的意味について考察してきた。そこで最後にこれらを踏まえて，今後の展望を考えたい。もっとも，それはある種，抽象的にしか表現できないものであるが…。

　すでに，中期的，長期的視点から分析を加えてきたが，それらを前提とすると，以下のようなことがいえよう。

　第1に，中期的分析の視点から主張できることである。それは，世界的な金融秩序の回復が求められるという点につきる。1929年世界の世界恐慌の教訓のもとで成立した「グラス・スティーガル法」の意義を再確認すべきだといいかえてもよい。アメリカにおいて，これを覆すべく，「金融近代化法」がつくられたが，それが今回の金融危機の前提としてあったがゆえに，それへの反省は不可欠である[21]。また，そうした法改正，すなわち，金融規制の緩和から生み出されてきた様々な金融商品に格付けを行う理論となった金融工学の問題点も明確にすべきであろう[22]。

　また，日本においても「日本版金融ビッグバン」などと呼ばれ，この間，金融の自由化がかなり進められたが，反省すべきだろう。

　そして第2に，長期的分析の視点からは以下のようにいわざるを得ない。それは，ドル体制に変わる，新たな国際的な金融制度の確立が展望されるということである。これはまさに大問題であり，簡略に述べることはできないが，幾人かのエコノミストは，たとえば世界中央銀行の設立などを構想している[22]。根本的な解決には，通貨制度や中央銀行制度をどうするかという点を抜きにしては考えられないのである。

　以上の二つのことは，むろん日本だけに当まる問題ではないが，そこで，やや焦点を絞って日本の問題を考えてみよう。

　ところで，どうしてアメリカ発金融危機が日本にも影響を与えたのだろうか？　当初は，既述のように，日本の金融機関は，かつてのバブルの経験により，サブプライム関連の金融商品をあまり買っていないので，

影響も軽微だといわれた。しかし，実際はそうではなかった。なぜだろうか？

これを考えるうえでポイントとなるのは，2002〜2008年までの長期にわたる「好景気」にある。この好景気はいざなみ景気と呼ばれていることをすでに述べたが，その構造を確認してみよう。

図表2-8　GDP支出項目別対前年度増加率

年度	経済成長率	民間最終消費支出	民間住宅	民間企業設備	政府最終消費支出	公的固定資本形成	財貨・サービス輸出	輸入
1998	−1.5	0.3	−10.6	−8.2	2.6	1.5	−3.9	−6.7
1999	0.7	1.1	3.5	−0.6	4.1	−0.6	6.0	6.7
2000	2.6	0.7	−0.1	7.2	4.3	−7.6	9.5	9.7
2001	−0.8	1.4	−7.7	−2.4	2.8	−4.7	−7.9	−3.4
2002	1.1	1.2	−2.2	−2.9	2.1	−5.4	11.5	4.8
2003	2.1	0.6	−0.2	6.1	2.6	−9.5	9.8	3.0
2004	2.0	1.2	1.7	6.8	1.7	−12.7	11.4	8.5
2005	2.3	1.8	−1.2	6.2	0.8	−5.6	9.0	5.9
2006	2.3	1.1	−0.2	5.5	1.1	−8.8	8.3	3.1
2007	1.8	0.9	−13.5	2.1	2.1	−6.3	9.3	1.7
2008	−3.2	−0.5	−3.1	−9.6	0.3	−4.4	−10.2	−3.7

（資料）「日本統計年鑑」総務省統計局（http://www.stat.go.jp/data/nenkan/indexhtm）より作成。

図表2-8にみられるように，2002年から2007年までは連続プラス成長をとげた。いわゆるいざなみ景気である。そこで興味深いのは，第1に，「輸出」の伸びが10％内外の高い水準であったこと。第2に，それに反して，「民間最終消費支出」の伸びは1％程度と低い水準のままであったこと。つまり第3に，いざなみ景気は，「輸出主導型」の景気拡大であり，この表からは読み取れないが，さらにいえば，アメリカと中国への輸出が伸張したことに多くをおっていたのである。

では，なぜ「民間最終消費支出」や「民間住宅」などの内需が伸びなかったのだろうか，疑問が生じよう。日米貿易摩擦が問題となった1980年代，バブルが崩壊した1990年代，そして今世紀に入ってからも，一貫して内需拡大型を目指すべきだといわれていたにもかかわらず，で

ある。

　じつは，その理由は分かりやすい。既述のように，いざなみ景気における雇用の拡大は，非正規職員・従業員の増大によってもたらされたからだ。ここで詳細を論ずることはできないが，2000年以降，一方では労働分配率が下がり続け[24]，他方，企業の経常利益は上昇を続けていた[25]。つまり，労働者の紡ぎ出した付加価値の増加分の配分が，企業には多く，労働者には少なくなったといえる。このような状態では，内需が拡大しないということは，あまりにも当然である。こうした背景には，すでにみた労働者派遣法に代表される，労働市場の不健全性が存在する。

　繰り返しになるが，この間のいざなみ景気の内実は，輸出主導のそれだったのである。それゆえ，アメリカのサブプライム危機―リーマンショックによる景気後退はアメリカの輸入を減退させ，そのことが本国以上に日本に危機的な状況を生じせしめた。輸出の対前年度増加率が08年ではマイナス10.2％になっていることはそうしたことを意味している。

　このように総括できるとすると，少なくとも，以下の点を主張しなければならない。すなわち，第1に，堅調な内需拡大を目指すことが求められよう。しかし，それはいわゆる高度成長を目指すものではない。むしろアンバランスな経済成長に依存しない社会の形成が求められる。景気が回復すれば全てが解決するというイデオロギーを超えた，マクロ経済モデルを模索しなければならない。その際，トリクルダウン理論と呼ばれるものを正面から批判するとともに[26]，農業を含めた産業構造の見直し，地域に根ざした経済を構築する道を探らなければならない。環境問題も視野に入り，「スモールイズビューティフル」というスローガンも浮かぶだろう[27]。

　そして，第2には，雇用の安定，および社会保障全般の整備が問われる。一言でいえば，セイフティネットの強化（広義の社会保障）に他ならない。労働分野においては，派遣労働の禁止，パート労働の時給アップ，ワークシェアリングなどが考えられる。また，健康医療関連として

は，疾病保険の整備，さらに，老後の問題にかんしては年金制度の立て直しがあげられる。その他として，教育費の無償化などにかんしては，長期の展望のもと，整合性の高い制度設計が求められる。そうした場合，ここでは深く立ち入れないが，「ベーシックインカム」という思想と制度が考察に値する[28]。

みられるように，実体のない金融主導の経済からの脱却をどう図るかが問われているということである。抽象的にいえば，生産と生活を見直すことである。すなわち，富とは何か，という古典派経済学以来の課題を再確認すること，そして，生活にとって必需なものは何か，が問われなければならない。それはまた，所得の再分配を通じた格差の是正，そして環境問題にも繋がってゆくだろう。日常生活の課題を世界に見るとともに，世界経済の課題を生活の中に求めるという思考が鍵をなすのである。

[註]
1) アメリカの投資銀行は，日本でいえば銀行ではなく証券会社に近いことは本文で述べたとおりである。ただし，日本の証券会社の業務が株式の委託売買に偏っているのに対し，アメリカの投資銀行は，引受業務，M&A，仲介業務，トレーディング業務を中核とし，さらに資産管理業務，年金ビジネス等まで多角化を進めていた。
2) 日本では，この間（2002年から07年までの69ヵ月）長期的な景気拡大が続いた。これは期間だけをとれば，過去最長の「いざなぎ景気」（57ヵ月）を越えるものであり，戦後最長となった。しかし，それは，非正規従業員の拡大にみられるように，人件費を削減しての企業収益の増大によるものであった。多くの国民からすれば，好景気といっても実感に乏しい。よって，恒例によって長期的な好景気には名前がつけられるのだが，今回のそれは，「かげろう景気」や「実感なき景気」などともいわれた。だが，どうやら「いざなみ景気」（「いざなぎ」並？）と名付けられた。
3) ここでは，深く立ち入れないが，1986年施行され，その後，相次いで「改正」された労働者派遣法の問題点はあまりに大きい。とりわけ，1999年の改正によって派遣労働の対象業務がネガティブリストに変えられ，また，2003年には対象業務が製造業にまで及ぶと共にその期間が大幅に延長された点は，特筆すべきである。こうした点に関しては，本書，第8章を参照のこと。
4) 1936（昭和11）年は，「2.26事件」の勃発した年として知られているが，そ

の背景には世界大恐慌から続く長期不況の存在がある。1958（昭和33）年は，「鍋底不況」からまだ脱し切れていない時期である。また1986（昭和61）年は，「円高不況」に重なる。そして，1998（平成10）年の「アジア通貨危機」による不況は記憶に新しい。

5) たとえば，「Interest Only Loan」と呼ばれるものは，当初の数年間は金利部分のみの返済で，その後徐々に返済額が増していく方式のローンである。なお，「Pay-Option ARM」と呼ばれるものは，当初の返済額が利子部分にも満たないものであり，そのツケは当然ながら数年後に回ってくることになる。

サブプライムローンに占めるこれらの割合は，2002年においては3%未満に過ぎなかったが，2005には50%を超えていたという（伊藤元重［2009］）。

6) 「米国住宅価格指数」によれば，1990年代に入り住宅価格は徐々に上昇し，2005年のピークでは，1990年代前半と比較すると，20%程度上昇していた。しかし，2008年には，ピークより40%ほど下落している。

7) ここで，ノンバンクとは，モーゲージバンク（mortgage bank）などの住宅金融専門機関をさす。モーゲージバンクとは銀行のように預金を集めて融資を行うのではなく，ローンを証券化することによって投資家から集め，その資金を元に住宅ローンなどの融資を行う機関のこと。アメリカではフレディマック（連邦住宅金融抵当金庫 Federal Home Loan Mortgage Corporation, FHLMC）やファニーメイ（連邦住宅抵当公庫 Federal National Mortgage Association, FNMA）などの政府系金融機関もローンを引き受けて証券化するなど，流動化を図っていた。

8) SPVとは，自らは利益を獲得するという目的がなく，証券化やプロジェクトファイナンスにおいて資金調達や資産の小口化のために使われる「器」としての事業体の総称。企業が不動産などの保有資産を流動性の高い形式（証券）に換えるために作る。これによって資産の流動化を図るのが目的である。

9) トランシェ分けとは，ある債権をリスクの高いものと低いものに分け，優先劣後構造を作ること。最も上の階層をシニア（格付けは通常AAA格），次の階層をメザニン（典型的にはAA～BBB格），最劣後階層をエクイティと呼ぶ。

10) RMBSとは住宅ローン担保証券といわれ，住宅ローン債権を証券化した金融商品をさす。

11) CDOとは社債や貸出債権で構成される資産を担保として発行された資産担保証券をさす。

12) 金融工学とは，確率論などを応用しリターンやリスクの管理などを行う研究をいう。なお，金融工学の問題性は，すでに早くから指摘されている。たとえば，塩沢由典［2000］を参照のこと。

13) 「金融近代化法」とは，別名，「グラム・リーチ・ブライリー法」（GLBA = Gramm-Leach-Bliley Act）とも呼ばれる。この法律によって，それまでの「グ

53

ラス・スティーガル法」(1933 年銀行法, Glass-Steagall Act)はとってかわられた。「グラス・スティーガル法」とは, 1929 年世界恐慌の経験を前提とし, 金融の安定を図るものであって, 銀行, 保険, 証券のそれぞれを分離するという大原則に基づいていた。しかし,「金融近代化法」によって金融業務を分けていたこれらの垣根が撤廃され, 金融機関の相互提携・相互参入が可能になった。金融に関するあらゆる業務が, 金融持株会社を創設することで, 一つの母体で運営されることが可能になったのである。以降, 米国のみならず, 世界中で, 金融コングロマリットが誕生することになった。こうしてグローバル資金循環が出来あがったのである。

14) 他の通貨に対して, ドルの金利を上げれば, ドル建て債権の運用が有利になるので, ドルは買われ, ドル高となる。たとえば, こうした金融政策がドル高政策の一つである。

15) 周知のように, 国際収支は大まかにいって①経常収支, ②資本収支, ③外貨準備増減によって構成されている。かりに外貨準備の増減がないとすれば, ①経常収支と②資本収支の絶対値は等しくなる。たとえば, 日本では, 貿易では黒字を出しているが, それによって得られた外貨は, アメリカやアジアなどの外国への投資に向けられている。別ないい方をすれば, 日本全体としては, 丹念に物を作りそれを外国に売って金を稼ぐが, しかし, それを消費に回すのではなく, 将来のために外国にせっせと投資している。そういう国際収支の構造をしている。アメリカは, まさにその反対なのである。

16) アメリカ政府は金 1 オンス = 35 ドルを保障するがゆえに, 各国はドルとの為替相場を保持することが求められた。つまり, 後者にあっては固定されたドルとの相場のもとで大幅な貿易不均衡(貿易赤字や貿易黒字)を生じさせないよう, 国内景気をコントロールすることを義務づけられたことを意味する。

17) 世界の通貨制度は, 大きくは金本位制か管理通貨制かに区分でき, 戦後の IMF 体制は, アメリカをやや例外として, 管理通貨制といえる。しかし, ニクソンショック後の変動相場制は, いわば「管理できない管理通貨制」であり, 様々な金融の暴走はここから始まるといっても過言ではない。

18) 金との兌換を喪失したドルがなにゆえ, その後も基軸通貨の地位に留まっているのか, 当時こうした論争がなされた。ドルで売買される市場が他通貨のそれと比較すると圧倒的に大きく, また, 主要な貿易財の一つである原油がドルによって売買されていたこと, それらがその要因として考えられている。

19) インターネットに代表される情報通信技術と, 金融にかかわる産業の親和性ないし補完性に注目すべきであろう。いずれも, 収穫逓増(費用逓減)が著しく, ミクロ理論の前提としていた逆 S 字型の費用曲線が成立しないからである。

20) いわば世界的な過剰資本が滞留しているのであるが, そこにはさらにいわゆるオイルマネーなども含まれる。

21) 金融秩序の回復と整備，金融の規制強化，経済理論から導かれる金融ルール（株式自己保有の禁止，持株会社の禁止，株式の短期売買への規制，レバレッジの規制，証券化商品や金融派生商品（デリバティブ）の規制）の確立などが考えられよう。
22) NHK取材班『マネー資本主義』に次のような一節がある。「多くの金融機関がデータを集めたところ，貸し倒れの発生率はきわめて低い状態が続いていた。…では，それ（住宅価格）が下がり始めたらどうなるのか。しかし，そんなデータは，この30年間存在しない。存在しないようなことは心配しない」。つまり，予測の前提となるのは過去の実績であり，過去にそのようなことがなければ今後とも起こらない…，という信じられないことを前提にしている。恣意性の入らない科学とはこういうことだというわけである。やや飛躍していえば，30歳の人は過去において一度も死んでいないので，つまりそのような科学的なデータがないので，その人は今後とも死なない…というようなものである。この30歳を50歳，70歳にしていけば，人間の寿命は永遠に続くことになる（？）。
23) たとえば，宮崎義一［1992］などをあげておく。これは，日本のバブル崩壊後に上梓された著作だが，著者の最後の結論は，「世界中央銀行」構想であった。
24) 労働分配率には，様々な定義（計算方法）があり，その定義によって値はかなり異なる。したがって，ある一時期を対象にするには意味がないが，時系列的に趨勢や傾向を把握するさいには意味をもつ。いざなみ景気の開始の2002年と，そのピークの2007年とを比較しよう。①「雇用者報酬／（雇用者報酬＋法人企業所得）」で定義される労働分配率は，85.8から84.2に，②「1人当たり雇用者報酬／就業者1人当たりGDP」で定義される労働分配率は，70.2から64.9に，③「人件費／（人件費＋経常利益＋支払利息・割引料＋減価償却費）」で定義される労働分配率は，63.5から59.5に，それぞれ低下している（労働政策研究・研修機構［2009］）。
25) たとえば，『経済財政白書』（2007年版）には，以下のような記述がみられる。「今回の景気回復局面を通じて企業収益は改善傾向が継続している。全産業の売上高は，2007年1—3月期で前年比6.3％増と16四半期連続増加しており，経常利益では同7.4％増と19四半期連続の増加が続くなど好調な動きが続いている。水準でみても既に2003年度にはバブル期を超える水準にまで回復し，さらにそれを上回る増加を続けている。」
26) トリクルダウン理論（trickle-down theory）とは，富める者がより豊かになれば，貧しい者にも自然に富が浸透するという理論あるいは思想である。「金持ちを儲けさせれば貧乏人もおこぼれに与（あずか）れる」ということ。かつての麻生首相の経済理論らしき発想は，唯一これだった。しかし，こうした思想は理論的にも実証的にも成立しないことは明らかである。
27) 「スモールイズビューティフル」とは，E. F. シューマッハー［1986］による。

28)「ベーシックインカム」(Basic income) とは最低所得保障と訳される。政府が全ての国民―年齢や性別かかわらず―に対して毎月（年）最低限の生活を送るのに必要とされている額の現金を無条件―資産や収入などにかかわりなく―で支給するという構想である。たとえば，毎月 8 〜 9 万円をベーシックインカムとして，全国民に給付すれば 100 〜 120 兆円程度の資金が必要。しかし，年金・生活保護・失業給付金・各種の手当てを原則的に無くし，また，それらを行うための多大な手続きにかかる諸経費を無くせば，可能かもしれない。GDP の 20％強の費用なのだから…。これは，「働かざる者も，食うべからず」から「生きる者，全ては食う権利を持つ」という，スローガンへの転換である。

第3章 経済成長と景気循環
―デフレーションと短期循環―

はじめに

　政府の公式発表によれば,戦後幾多の景気循環（短期循環）が確認されている。しかし,それは同様の繰り返しではなく,ほぼ10年毎に特徴のあるパターンを示している。とりわけバブル崩壊の90年代以降は,それまでとは比較にならない状況のもとでの循環となっている。実質経済成長率がゼロないしマイナスになっていると共に,これまで予想だにしなかったデフレーションという状況が生じているのである。

　本第3章においては,こうした点を踏まえ,これまでの景気循環を簡単に総括するなかで,90年代以降の景気循環に焦点を絞り,その実態の解明を試みたい。その際に1つのキーワードとなるのは言うまでもなくデフレである。

1. これまでの短期循環

　先の政府の公式発表による短期循環とは「景気基準日付」をさす。そこでは,これまで13回の短期循環が確認されているが,しかし,それらはほぼ10年を周期として6種類のパターンに類型化して把握することが可能である。予めそれらを列挙すれば以下のようである（図表3-1）。それぞれの短期循環パターンに関してそのあらましを示しておこう[1]。

図表3-1　景気基準日付

	短期循環	谷	山	谷	期　　間		
					拡張	後退	全循環
第０期パターン	第1循環		1951年 6月	1951年10月		4ヵ月	
	第2循環	1951年10月	1954年 1月	1954年11月	27ヵ月	10ヵ月	37ヵ月
第Ⅰ期パターン	第3循環	1954年11月	1957年 6月	1958年 6月	31ヵ月	12ヵ月	43ヵ月
	第4循環	1958年 6月	1961年12月	1962年10月	42ヵ月	10ヵ月	52ヵ月
	第5循環	1962年10月	1964年10月	1965年10月	24ヵ月	12ヵ月	36ヵ月
第Ⅱ期パターン	第6循環	1965年10月	1970年 7月	1971年12月	57ヵ月	17ヵ月	74ヵ月
	第7循環	1971年12月	1973年11月	1975年 3月	23ヵ月	16ヵ月	39ヵ月
第Ⅲ期パターン	第8循環	1975年 3月	1977年 1月	1977年10月	22ヵ月	9ヵ月	31ヵ月
	第9循環	1977年10月	1980年 2月	1983年 2月	28ヵ月	36ヵ月	64ヵ月
	第10循環	1983年 2月	1985年 6月	1986年11月	28ヵ月	17ヵ月	45ヵ月
第Ⅳ期パターン	第11循環	1986年11月	1991年 2月	1993年10月	51ヵ月	32ヵ月	83ヵ月
第Ⅴ期パターン	第12循環	1993年10月	1997年 5月	1999年 1月	43ヵ月	20ヵ月	63ヵ月
	第13循環	1999年 1月	2000年11月	2002年 1月	22ヵ月	14ヵ月	36ヵ月

（資料）http://www.esri.cao.go.jp/jp/stat/di/011221hiduke/betsuhyou2.html　より作成

(1)戦後混乱から高度成長期までの短期循環

　やや結論の先取りになるが，上の区分にしたがって，第０期パターンから順に概観していきたい。第１循環より以前にはそもそも公式な日付はなく[2]，戦後の混乱やインフレのなかで，また第1，2循環は「特需」などの外部的な要因によって生じたものであって，自立的な循環過程とはいえない側面を持つ。それ故，明確なパターンの確認を確認することは出来ない。「第０期」というのはその意味である。

　とはいえ，第２循環の後退局面は，輸出の停滞と好景気による輸入の拡大によって必然化した外貨準備率の減少ゆえ行われた金融引締を契機にもたらされた。いわゆる「国際収支天井」が覆い被さってきたわけで，このパターンは，続く短期循環のそれであり，その「先駆け」ともいえる。必ずしも，自立的な循環過程を否定しきれない側面を合わせ持つのである。

　ついで第Ⅰ期パターンについてである。これを構成する第3，4，5循環は，それぞれ「神武景気」，「岩戸景気」，「オリンピック景気」と呼ばれており，典型的な高度成長期の短期循環で，いずれの循環も基本的に

は類似したパターンを示している。「金融緩和を梃子とした景気上昇局面への転換→消費・設備投資需要の拡大→好景気→輸入の増大による国際（経常）収支の悪化→金融の引締め→景気の後退→国際収支の回復→金融緩和…」という一連のサイクルがそのパターンである。つまり，潜在的に消費と投資が旺盛であり，「国際収支天井」によって一時的に景気にストップがかけられるが，金融の緩和さえ行われれば，景気は回復に向かうというパターンである。こうした短期循環のパターンは当時「ストップ・アンド・ゴー」と呼ばれたが，その意味で金融政策は有効に機能したといえる。こうした循環を繰り返しながら高度成長が持続したのである[3]。

だが，こうした3回の短期循環を通して状況に変化も見られた。すでに岩戸景気の際にいわれ始めたことだが，この10年間に失業率はほぼ限界の1.2％程度まで下がり，概ね完全雇用が実現するとともに，他方，それまでの旺盛な設備投資によりその過剰化が目立ってきた。第3，4循環は金融緩和により景気が速やかに回復したのに対して，第5循環の下降局面である「65年不況」においてはそれからの回復のために国債の発行を余儀なくされたのはここに原因があるといえる[4]。ともあれ，65年までを第1次高度成長期といい，通説通りそれを設備投資主導型と総括してよい。また，後の布石のために付け加えておけば，固定相場制のもとで，物価が安定していたこともこの時期の特徴である。

さらに第Ⅱ期パターンを見ておこう。先の第3，4，5循環に対して，「いざなぎ景気」，「列島改造景気」と呼ばれる第6，7循環を別個にくくることが出来る。前者では，既述のように，景気の天井は国際（経常）収支の悪化にあり，それを回避すべく金融の引締めによって景気は後退局面に入るが，その後，国際収支が改善されると共に金融の緩和が行われれば，景気は速やかに上昇局面に移行するという循環を繰り返した。

しかし，後者は異なっている。第6循環の「いざなぎ景気」と呼ばれる景気拡大局面が長期間継続したのは，端的にいって「国際収支天井」が無くなったからである[5]。工業製品の輸出が，輸入以上に拡大したのだ。第6，7循環の景気の天井は「コスト・プッシュ・インフレ」に変

化したといえる。失業率はほぼ前期と同様に1.2％台に貼り付いたままだが，有効求人倍率は0.7倍（65年）から1.7倍（73年）程度に急上昇していった。そこで，インフレを抑制すべく金融の引締政策が実施された。それによって景気は後退期にはいるが，それからの回復には，金融緩和だけでは不十分であり，建設国債を発行するといったより積極的な景気刺激策を必要としたのである。いわゆるケインズ的景気政策が導入され始めた時期といえる。そしてさらに，石油危機（第7循環の下降局面）からの脱出には，建設国債ばかりではなく，赤字国債も発行されたことは注目に値する[6]。

この第Ⅱ期は高度成長の後半に当たり，それは輸出主導型の高度成長と言われるが，ここにおいてもそれを可能にした一要因である固定相場制の影響は無視しえない。ともあれ，景気拡大の天井が国際（経営）収支の悪化から，コスト・プッシュ・インフレに変わったことを確認しておきたい。

(2)安定成長期以降の短期循環

では，第Ⅲ期パターンはどうだろうか。高度経済成長が終焉後の第8，9，10循環は，いわゆる中成長期（安定成長期）の循環であって，それまでのような名前は付けられていない。景気の拡大期といえどもそれまでのような飛躍的な経済成長率ではなかったからである[7]。ともあれ，それらの景気後退へのきっかけは，第8循環が変動相場制以降の初めての大幅な円高，第9循環が第2次石油危機，第10循環が更なる円高，というように，いわば外生的な事情によるものではあるが，いずれもその回復の契機には積極的な財政・金融政策が必要だった。既述のように，75年に初めて実質的な赤字国債が発行されたのは象徴的なことであり，その後は赤字国債の発行が恒常化したのである。

ともあれ，この時期が日本における本格的なケインズ的財政政策の実施された時期であったといってよい。景気回復にむけて有効需要を積極的に喚起する政策がとられ，そしてそれは当然にもマイルドなインフレを伴いつつなされていったのである。とりわけ，第10循環の後退局面

である「円高不況」からの脱出には，それまでの史上最低の低金利政策，ならびに超大型の財政政策が余儀なくされた。こうした政策の効果もあって当時深刻に捉えられた「円高不況」は結果からすれば比較的短期に回復し，景気は軌道に乗った。しかし，それがバブルだということはその崩壊後に明確になることであった。

こうして，90年代に入り込む第Ⅳ期パターンに至る。第11循環は「バブル景気」とのその崩壊過程である。既述のように，「円高不況」からの脱出は，公定歩合の史上最低への引き下げ，公共投資の拡大などによって底を打つことでなされた。積極型の財政・金融政策と，さらに逆石油ショックによって，良好な内需主導型の拡大が長期にわたって続いたように見えた[8]。しかし，それがバブルだったことはいまや明白である。詳しく述べよう。

85年9月のG5プラザ合意で，米国の貿易赤字を是正するためにドル安・円高誘導が表明され，実際に国際金融市場もそのように反応し猛烈な円高になった。これが第10循環後退局面である「円高不況」に他ならない。日銀は，余りに急激な円高を懸念して，それまでとは反対に，86年4月から「ドル買い円売り」を88年1月まで続けた。これは政策的な失敗といってよいが，ともあれこうして外貨準備が急増し，国内に「過剰流動性」の発生，マネーサプライの急増といった，いわゆる「金余り現象」が出現した。金融機関や産業企業は，この状況を利用してエクイティファイナンスで資金を集め，それを株や土地の投機にあてるという行動に出た。円高や石油価格の低落によって，一般物価は上昇せず（むしろ下落），地価や株価だけが暴騰したのである。

その後，87年のブラックマンデーにより株価が一旦下落し，バブルが崩壊するかに見えたが，大蔵省・日銀は株価の下落を糊塗する政策を継続した。この間も86～89年にかけて金融緩和政策は続けられた。とりわけ，87年から89年までは公定歩合2.5％というそれまでの最低の超低金利政策が継続されたのである。

だがその後，バブルは予想に反してあっけなく崩壊したことは周知の通りである。崩壊のきっかけは，外資系証券会社の「現物売り」からと

されている[9]。もちろん，その前後に，89年5月からの公定歩合の引き上げ，90年3月の大蔵省の不動産向け融資の「総量規制」といった一連の政策転換がなされたが，ともあれ，こうしてバブルは崩壊に至ったのであった。

第Ⅳ期パターンは，第11循環だけであり，それを1つのパターンというのはやや違和を感じるが，それまでのパターンとは異なっており，このようにカテゴライズすることが適当だろう。こうして，90年代の長期不況に突入することになるが，この点に関しては節を改めて考察したい。

2．90年代短期循環の経緯—景気政策とデフレ—

90年代以降の景気循環とは，第11循環（バブル）の後半，第12循環，第13循環の前半を指す。これらを2つに分け，これまでの議論を踏まえDI一致指数（図表3-2）を参照しながら経済政策（図表3-3）を軸に立ち入って見ておこう。

政府発表では，第11循環（バブル）の終焉は93年10月になってい

図表3-2　DI一致指数

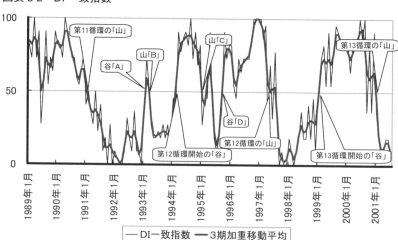

（資料）内閣府「景気動向指数」より作成

るが、それ以前の 91 年 6 月には証券不祥事の発覚も加わって株価は急激に下げ続けていたのであった。DI 一致指数や株価から見ると、バブルの実施的な崩壊はそれより 1 年以上前の 92 年初頭といってよい（谷「A」）。また、第 12 循環の「山」は 97 年 5 月となっているので、92 年初頭から数えると、60 ヶ月を超える景気拡大期となるが、実態はそうではない。その間に 2 回の景気の「山」（山「B」と山「C」）、と 2 回の景気の「谷」（第 12 循環開始の「谷」と谷「D」）があるといえる。

図表 3-3　90 年代以降の景気対策

名称	時期	首相名	事業規模	主な内容
総合経済対策	1992年8月	宮沢喜一	10兆7000億円	公共事業　中小企業対策
新総合経済対策	1993年4月	〃	13兆2000億円	新社会資本整備　公共事業
緊急経済対策	1993年9月	細川護熙	6兆1500億円	公共事業　規制緩和
総合経済対策	1994年2月	〃	15兆2500億円	所得減税　公共事業
経済対策	1995年9月	村山富市	14兆2200億円	公共事業　特別減税
総合経済対策	1998年4月	橋本龍太郎	16兆6500億円	公共事業
緊急経済対策	1998年11月	小渕恵三	23兆9000億円	社会資本整備　所得減税
経済新生対策	1999年11月	〃	約18兆円	公共事業　創業支援
新発展政策	2000年10月	森喜朗	約11兆円	IT環境　高齢化　都市基盤

（資料）植草一秀 [2001]、田中隆之 [2002]　などより作成

(1) バブル崩壊から第 12 循環の前半まで

バブル崩壊後 92 年 3 月に初めての財政的景気対策がなされたが（しかしこれは「真水」を一滴も含まないものだったといわれる[10]）、その後の株価の下落に見られるように景気は回復せず、同年 8 月に「総合経済対策」が打ち出された。これはこれまでの史上最大の景気対策であり、その事業規模は 10 兆 7000 億円に達した。また、93 年 4 月には予算成立直後に前回を上回る、事業規模 13 兆 2000 億円に上る「新総合経済対策」がとられた。またこの間、公定歩合は 3 度にわたって引き下げられ、93 年 2 月には 2.5% になっていた。

こうした政策効果もあって DI 一致指数や株価は下げ止まりからやや回復基調に転じ、93 年 6 月に経済企画庁より「景気回復宣言」が出された。バブル崩壊後の第 1 回目の景気の「山」（山「B」）がそれである。

しかし，93年夏に株価は下落し，景気は下降し始めた。これには，①この年が記録的な冷夏であったこと，②自民党の野党への転落という国政の混乱が生じたこと，③ゼネコン疑惑が発生したこと，などがその要因としてあげられる。ゼネコン疑惑に関して敷衍すれば，ゼネコンに関連した汚職問題がクローズアップされたことにより公共事情に対する不信が爆発し，その執行が遅延するという事態が生じた。いったんは回復に向かった景気は腰折れになった。バブル後の第2回目の景気の「谷」だが，景気日付によれば，第11循環終焉（第12循環開始）の景気の「谷」は93年10月となっているので，これがそれに当たる。

　景気の悪化にもかかわらず，記録的な支持率で93年8月に細川政権は成立した。9月に「緊急経済対策」（事業規模6兆1500億円）を執行したものの，他方，94年2月のいわゆる「国民福祉税構想」の失敗もあり，さらに大型の景気対策を迫られた。同年同月に，所得税減税を含む総額15兆2500億円の，これまた史上最大の景気対策である「総合経済対策」がなされた。なお，公定歩合は93年9月には1.75％にまで引き下げられていた。こうした，①政策効果や，②前年とはうってかわった夏の猛暑もあって，94年夏からはDI一致指数や株価は回復していった。第2回目の景気の「山」をむかえたのである（山「C」）。すなわち，92〜94年の景気対策はそれなりに効果を発揮したといえる。もっとも，それらによって財政政策も金融政策も限界に近づいていることはいうまでもない。

　しかし，こうした中で94年ころからGDPデフレータが下がりはじめ，実質金利は上昇し始めた。それによって株価も更に下落をはじめ，また急激な円高が進行し1ドル80円台の水準にまで達した（実質金利が上昇したのだから円高に振れるのは当然だが）。そして，95年にはいり，「阪神淡路大震災」や「地下鉄サリン事件」が発生したこともあって，景気は下降した。95年は，このように記録的な円高が進むとともに，株価はバブル以降最安値の水準まで落ち込んだ。景気の「谷」に至ったのである（谷「D」）。

　こうした中で，景気対策は金融と財政の総動員されたものになった。

金融的には，日銀が2度にわたり金利を引き下げ，公定歩合は0.5%に至った。また，財政的には，95年9月に総額14兆2200億円にのぼる「経済対策」が決定された。

確かにこうした政策は奏功し，95年後半からDI一致指数や株価も上昇に転じ多くの景気指標は上向きに転じていった。こうして96年には実質GDP成長率は3.5%となり，バブル崩壊以降最高のパフォーマンスを示すことになった。景気日付によれば，第12循環の「山」は97年3月になっている。

ここまでが，第12循環の前半だが，幾つかの留意すべき点を述べよう。既述したように，ここで注目すべきは，①繰り返し，大型の財政金融政策がとられ，それは一定の成果を達成したとはいえ，②財政，金融政策が限界に達しつつあること，そして，③このころから，名目成長率が実質成長率を下回るという事態が，つまり，GDP計算上でもデフレの傾向が明確になってきたことである。ちなみに，バブル崩壊後もっとも実質成長率の高かった96年では，既述のように実質GDO成長率が3.5%であるのに対して，名目GDP成長率は2.6%と，その差は0.9ポイントにもなっていたのである。

(2)第12循環の後半から第13循環へ

だが，この第12循環の景気後退は急速だった。既述のように，94年2月の「総合経済対策」では，その規模が15兆2500億円だったが，その中には5兆5000億円の減税が含まれていた。また，そのうち2兆円が時限的な特別減税，3兆5000億円が税率変更による制度的減税であった。そこで，これに引き合う財源問題が景気の浮揚した96年以降に議論に上り，財政再建論へと収斂していった。97年には，消費税の5%への税率引き上げ，2兆円の特別減税の打ち切り，そして2兆円程度の国民負担増となる医療保険制度の改革が実施された。これらを合計すると結果的には9兆円にのぼる引締（デフレ）政策ということになる。この過程で97年に三洋証券，北海道拓殖銀行，山一証券などの破綻による金融不安が発生したことは衝撃的だったといえる。

こうして第12循環の景気拡大は97年5月で終わりを告げ，99年の景気の「谷」へと下降していったのである（公式発表では，第12循環終焉（第13循環開始）の「谷」は99年1月になっているが，DI一致指数からみると，それはそれより早く訪れているといえよう）。
　では，第13循環はどうか。98〜99年不況からの脱出はより困難であった。先の金融不安が蔓延し，株価もバブル以降最安値を記録し続けていた。97年にやや持ち直したデフレ傾向も，98年以降は一段と悪化してきた。また，ここでは立ち入れないが，この時期に発生したアジア通貨危機の影響も少なくなかった。
　したがって，とられるべき政策は以前にも増した規模にならざるを得ない。98年4月に事業規模16兆6000億円の「総合経済対策」，同年11月に同23兆9000億円の「緊急経済対策」，99年11月に同18兆円の「経済新生対策」と矢継ぎ早に超大型の財政的対応がとられた。また，金融政策としては，99年2月には短期金利（無担保コール・オーバーナイト物金利）を0％付近まで近づけるといういわゆるゼロ金利政策がとられることになった。
　確かにこうした政策の効果もあって，99〜00年にかけては，株価がやや持ち直し，DI一致指数も上昇した。実質GDPもやや持ち直したのである。景気日付によれば，00年10月が第13循環の「山」とされている。
　だが，株価が持ち直し，景気回復の兆しが見えてくると，再び財政再建論が浮上し，またゼロ金利解除論も高まってきた。事実，00年度予算は一般歳出が切りつめられる等の緊縮型財政となり，ゼロ金利政策も00年8月には廃止された。こうした経済政策上の転換もあって，それ以降，景気は再び下降局面に入っていったのである。
　以上，みられるように政府の景気対策は，確かにその政策の効果は無いわけではないが，景気がどうしようもなく冷え込むとそれに対処し，その効果もあって景気がやや上向きになろうとすると，しかしそれを止めてしまうといういわば場当たり的なものであった。90年代においてはそれが4回繰り返された。そしてそれは規模を拡大しながらなされた

のである。ちなみに，92年から97年までとられた経済対策の事業規模は60兆円弱だが（これももちろん巨額だが），98年から00年までのそれは70兆円弱に達している。その場当たり的ないわばジグザグな政策を批判することは易しいが，問題はより深いところにあるといえる。つまり，政策が場当たり的にならざるを得ない状況が潜んでいたのである。

すなわち，それは金融政策においても財政政策においても，いわゆるケインズ的経済政策が限界に達しているということに他ならない。ケインズ的政策は，60年代後半から導入され，70年代および80年代前半まではかなりの成果を上げてきたと評価しても良い。しかし，90年代においてはその限界が金融政策においても財政政策においても明白になったのである。

超低金利ないしはゼロ金利政策を実施した以上はそれを超える政策が基本的にはないという金融政策の限界がその1つである。そしてそれは，①単にゼロ金利以下はあり得ないという名目的な限界と，それ以上に，②ゼロ金利であるにもかかわらずデフレによって実質金利が高止まりのままであるというより深刻な問題を孕んでいる。

そしてもう1つは，これまた度重なる長期にわたる財政出動の結果である国債・地方債の膨大な債務残高であり，これまた財政政策の限界といわざるを得ない。それには，①確かにその限界がどの程度かは定かではないが，累積債務残高がGDPのおよそ1.4倍にも達するという問題と，②デフレ状況においてはそれがそれ以上に深刻になるという問題が存在する。地方を合わせた政府部門の公債債務残高はこのころ700兆円近くに達しており，デフレによってその重さが増しつつある。デフレがとりあえず所与のものとすれば，なんとしてでもこれ以上の公債の発行は押さえなければならないという圧力が働くのは当然である。

このように見ると，金融・財政政策において，それがジグザグになることはある意味で当然の帰結であるといえる。そしてその間にデフレーションというこれまで考えられなかった現象が生じていた。そこで，デフレについてその影響ないし意味するところを整理しておこう。

3．デフレとその意味するところ

　この間，わずかながらデフレーションという状況がだれの目にも明らかであり，またその累進化すなわちデフレ・スパイラルも生じているともいわれている。こうしたことは戦後はじめての現象であって，デフレ・スパイラルに明確な定義はないが，物価の下落と不景気とが相互累進的に進行すること，といっておこう。そうだとすると，現下の状況はマイルドながらそうしたスパイラルのなかにあるといえる。そこでデフレないしデフレ・スパイラルの意味をやや理論的にまとめておきたい。

(1)大内力のインフレ論

　デフレないしデフレ・スパイラルを理解するには，その対極であるインフレ論，その中でも大内力のそれが大いに参考になる。大内理論の骨子は以下の引用に示される。

　「恐慌を引き起こしている資本の絶対的過剰を解消させるように…それがフィスカル・ポリシーの本質的な意味である。…ここではA－G－Wという交換関係において，A－G＞G－Wという関係が入るのであり，このG＞Gの関係を権力的につくりだす…（これが）ケインズ的体制なるものの本質なのである。」[11]

　また，引用で中略した部分には「金本位制を廃棄しておき，国家権力によって貨幣価値を…動かしうるということが前提とされなければならない。」[12]と，その前提条件である管理通貨制の意味が確認されている。

　見られるように，「A－G＞G－W」の左辺の「G」は賃金の価値を，右辺の「G」はそれによって生活資料を購入する際の貨幣の価値をさすが，ここでのポイントは，その2者の関係が等式で結ばれるのではなく，左辺に対して右辺が小となる不等式になるという点である。すなわち，インフレが進行し続けることにより，労働者（家計）が取得する賃金（貨幣）の価値が，それを用いて購買する際には目減りしているということが示されているのである。

　インフレが持続すれば，資本（企業）にとっては，①資金の借入コス

トが軽減し，また②製品価格が引上げられるという利益を得られる。だがそれに加えて，企業は，③実質賃金の引下げ，ないしは上昇の緩和を容易になしえ，資本蓄積を円滑にすることができる，ということがここでの強調点である。そしてこうした構造があってはじめて，現代資本主義は延命し続けているというわけであろう。管理通貨制度を前提として成立するケインズ的財政金融政策すなわちフィスカル・ポリシーは，必然的にマイルドなインフレを伴うものであり，そこにこそその本質があると述べられているのである。

大内理論をこのように理解できるとすれば，仮にインフレでなければ，それはこうしたメカニズムは働かないということを意味している。すなわち，インフレ傾向がなければ，あるいは更にデフレという事態が発生すれば，現代資本主義はきわめて困難な状況に陥るということ，これである。それゆえ，これを踏まえてデフレ，就中デフレスパイラルの構造を考えると以下のように整理することが出来よう。

(2) 単純なデフレモデル

大内のインフレ論が，労働者と資本家の2者の関係で示されているので，まず，もっとも分かりやすい企業と家計の2部門モデルで考えてみよう。そうした場合，デフレないしそのスパイラルのモデルは，「物価の下落→企業収益の悪化→設備投資，および雇用と賃金の抑制→需要の減少→物価の下落→…」という単純な形で示すことができる。したがってここでは，a 企業収益の悪化，そしてそこから派生する b 雇用や賃金の抑制，c 設備投資そして d 需要の低迷が問題となろう。

まず，デフレから生じる企業の収益悪化と雇用・労働賃金についてみておこう。物価の一般的下落によって，①仕入れ価格と販売価格のマイナス・ギャップ，および，②製品在庫価値の減少が生ずるが，それに加え重要なのは，③賃金や雇用の抑制もかかわらず，労働分配率の上昇が起こることになる。インフレ時には（名目）賃金が一定ならば実質的な賃下げになり，反対にデフレ時には（名目）賃金が一定ならば実質的な上げになるという点がポイントである。

巷での通説とは逆に，日本の労働者は能力主義にさらされているが[13]，それはインフレ時には摩擦無く貫徹されやすい。インフレ時にはそれによる実質賃金の低下が生じているので，いわば「アメ」の政策によって，企業（資本家）は賃上げを武器に労働者間の競争を引き出すことが容易にできる。これによって能力差による賃金政策を抵抗なく行えるのであって，またそれを通して労働生産性の上昇も期待できる。名目的な賃上げと労働分配率の低下を共存させることが可能なのである。

　しかし，デフレ下においては事態は反対になる。賃金が減少しつつあるにもかかわらず，労働分配率が上昇する事態が生じる。実際，賃金は90年代に入り「春期賃上げ率」，「平均時給」とも下がり続けているにもかかわらず，「労働分配率」は80年代の70〜75％の水準から，90年代には80％を超える水準になっている[14]。こうした事態は以上のような論理から説明づけられる。デフレ下においては，企業収益の悪化，すなわち利潤圧迫の構造が横たわっているのである[15]。

　ついで設備投資の問題を見ておこう。一般的にいって，設備投資は長期的には供給に影響を与えるが，短期的には需要にとって重要な意味を持つ。ここでは後者が直接的な問題となる。①先に示した「労働分配率」の上昇は企業利潤を圧迫する傾向にあり，投資意欲が抑制される側面を持つとともに，②デフレ下においては資金的な側面からも投資は抑圧的になる。地価・株価などの下落は，保有資産価値を減少させ，バランスシートの悪化をもたらし[16]，③日本的な特殊性もないわけではないが，借り入れの際の担保資産を減少させる。④また，デフレによる実質金利の上昇ないし高止まりは借り入れ資金コストを上昇させることになる。デフレによってこのいずれの事態が生じても設備投資は減少することになるといえる。

　そうしたメカニズムにより，自己金融で賄える一部の企業を除いては深刻な資金不足に陥り[17]，それが投資需要の減少を招いている。90年代においては，設備投資は短期的な変動はあるものの抑制傾向にあることは周知のことである。その原因の1つにバブル期の過剰投資が挙げられているが[18]，そしてその要因を無視できないが，そればかりではなく，

デフレの影響も大きく，とりわけ，90年代後半からの投資需要の減少にはこうした構造がその背後あると思われる。

また，国内需要に大きなウェイトを占める家計の消費支出の減少もこの間の顕著な特徴の1つだが，それもこれまでの文脈から次のように整理できる。家計部門は資金提供部門であり，その限りでは，デフレによって金融資産の価値は上昇することになるが，これはあくまでも一般的ないし平均的な話であって，実態はそうではない[19]。①住宅ローンを抱える家計ではデフレから生じる実質金利の高止まりは大きく影響し，そうした家計の消費は減少する方向に作用する。また，②先に見た賃金の引き下げ，そしてそれ以上に，③リストラ（解雇）による心理的影響も大きい。一般的な賃下げ以上に，リストラは恐怖に近い心境を惹起させていると考えられるのである。

需要に直接の影響を持つので，この点立ち入っていえば，一般的な賃下げとリストラによる雇用不安との差異は大きい。仮に名目的な賃下げがあっても，実質賃金がそれまでと等しければ，その限りでは単に家計の名目上の規模が小さくなるだけであり，実質的な消費は変化せず，したがって消費性向には影響を与えない。しかし，雇用不安はそうではない。雇用不安が広がれば，生活の防衛を余儀なくされ，実質的な消費も控えざるを得ない。消費性向そのものを低下させる方に力が働く。事実，消費性向の推移を見ると，それは90年においては77%であったが，99年には71%まで低下している[20]。これまで不況期においては，消費額は減少しても，消費性向は低下しないと考えられていたが，デフレ下においてはそうではないのである。この間の消費の冷え込みはこのように理解できよう[21]。

このように，単純な企業と家計の2部門モデルで見ても，デフレの影響が深刻になることは理解できるが，それに，財政・金融，そして為替レート・貿易・対外投資などの海外要因を考慮すると，その点は一層明らかになる。続けて整理しておこう。

(3) その他

まず，財政部門を考えてみよう。すでに見たように，高度成長の前半までは健全財政が保たれていたが，その後半すなわち60年代後半では建設国債が，そして70年代以降の安定成長以降には建設国債に加え赤字国債も発行され，その後バブルの一時期を除けば，それが恒常的になっていた。これまではインフレが常態だったので，その累積債務も実質的に軽減されてきた。だが，デフレになればこうした状況は一変する。①累積された公債は実質的に重くなり，②税収は，たとえその実質的な金額が不変であっても，デフレ故に減少する。そして実際の税収は，不況故それ以上に落ち込んでいるのである。

　地方を含めた公債発行残高は700兆円近くに達していることは既述した。そこで，デフレの年率が1％だとしても，実質債務は年に7兆円ほどふくらむことになる。これは，最近の年間税収が40兆円台であるので，その約15％にもなる。単に，デフレによるマイナス分を補填するだけでも15％の増税を余儀なくされる。デフレが継続する限り，こうした状態から脱することはほぼ不可能に近い。

　また，現実には財政出動の波及効果が減少していると言われているように，その効果はより少ない。90年代以降の財政政策がジグザグであったのは，こうした点に原因がある。

　ついで銀行等の金融部門を考えてみよう。まず，①ゼロ金利まで下がってしまったことにより政策的手詰まり状態になるが，そればかりではない。②デフレ下においては，ゼロ金利にもかかわらず，実質的には金利高止まりという事態になる。実質金利は，名目金利マイナス・インフレ率（ないし，プラス・デフレ率）となるので，デフレが進行するにしたがって実質金利は上昇することになる。実際，90年代後半は実質金利が3％程度の高止まりであった。

　また，市中銀行においては，①地価等の下落によるストック・デフレから不良債権の拡大が生じ，銀行の体質が弱体化するとともに，②それによっていわゆる貸し渋りといった事態にもなっている。デフレによる金融逼迫，そしてそれによる不況という悪循環に至っているといえる。

　さらに為替レート，直接投資，貿易などの海外部門を考慮に入れると

どうなるか。デフレが唯一の要因ではないが，為替レートはデフレになれば円高傾向になる。現実には，80年代中葉から円高が進行したが，ともあれ，デフレが持続すればそれが高止まり要因の1つとなる。そしてそうなると，それは直接投資や貿易に多大な影響を及ぼすことになる。

むろん，80年代末からの冷戦の崩壊，そしてグローバリゼーションといった状況を背景としてではあるが，為替レートの変化と直接投資には密接な関係があることは言うまでもない。円高になれば，当然にも直接投資は拡大する。これは，知られるように，①国内での投資需要の減少をもたらすとともに，②とりわけ地場産業の空洞化を深刻化させ，必然的に雇用不安を引き起こすことになる。すでに見たように，投資需要と消費の低迷に帰結するわけである。

そして，このような円高と直接投資の増大は，貿易に影響を与える。直接的には輸入における影響が大きい。①単純に円高に振れただけでも輸入が増大するが，そればかりではない。②円高によって直接投資の拡大することを述べたが，それによって，輸入の増大する構造が出来上がる。工業，農業を問わず，日本からの直接投資によって安価に生産された商品の販売先のかなりの部分は日本であり，それを日本から見れば，安価な商品の輸入ということになる。実際，90年代には，アジアへの直接投資の累計額よりも，単年度の輸入額の方が大きいのである[22]。こうした安価な商品の輸入は当初は「価格破壊」という言葉で呼ばれ歓迎されたが，事態は深刻である[23]。

以上，デフレの及ぼす影響を理論的に整理したので，続いて，この間のデフレの実態を総括しつつ，それによって明らかになるその要因について分析しよう。

4．デフレの実態とその要因

(1)デフレの実態

まず，株価と地価に代表されるストック・デフレを見ておこう。

株価は，日々きわめて激しく変動しているが，大まかな趨勢を辿るた

めに，年平均で表した［図表3-4］を参照しながら見てみる。株価は，名目GDPをトレンドとして比較してみると，80年代中央まではほぼ似たような拡大曲線を描いている。しかし，それ以降89年までは異常に上昇しているのであって，いわゆるバブル現象を呈しており，その後の90年代中盤以降には名目GDPと比較してみてもかなり低水準で推移しているといえる。バブル期においては，名目GDPを遙かに上回る高値を，そして，その崩壊後には，それを下回る水準に下落しているわけである。

ちなみに，80年の日経平均株価（年平均）は7千円を超えていなかったが，89年では3万4000円（年平均）に，一日の終値のピークでは3万8,915円に達していた。そして，90年代後半では株価水準は1～2万円を前後しているのである。したがって，株式資産の総額は，ピーク時の四分の一に落ち込んだことになる[24]。この逆資産効果はきわめて大きいことは確かであろう。また，ここで注目すべきは，株価はこの20年間に激しく上昇し下落したが，その上昇のピークが89年12月であるという点である。続けてみる地価よりも早い時期にピークをむかえていたのである。

次に地価の変動も概観しておこう。「全国市街地価指数」で見ると，大まかにいえば，地価も株価とほぼ同様な形で上昇，下落している。地価は，80年代央までは名目GDPとほぼ同程度に上昇しており，バブル期ではそれを超える上昇を示し，そしてその後は，名目GDPと比較しても遙かに下落している（図表3-4）。

地価統計には，「全国市街地価指数」「商業地価指数」「工業地価指数」「住宅地価指数」そして「最高価格地価指数」などがあるが，最も大きく変動したのは，「最高価格地価指数」である。この間の下落状況をみると，「最高価格地価指数」の2000年の値はピーク時の4割弱に，また，「全国市街地価指数」のそれは，4分の3程度までに減少している。株価の変動よりは小さいものの，地価の変動の大きさもきわめて大きいことはまちがいない[25]。

また，ここで留意すべきことは，変動幅だけでなく，その変動の位相である。［図表3-4］で明らかなように，上昇の起点も，そのピークも

株価よりも地価の方がやや遅い。それぞれの下落の開始であるピークは，株価が89年末なのにたいして，地価は91年である。

ともあれ，この間の株価と地価の下落の大きさはきわめて大きく，これら2つの資産減，すなわちキャピタルロスは，1,200兆円近いといわれている。これは，名目GDPの2.5から3倍程度にも達しているのである[26]。こうした資産デフレは，次に見るフロー・デフレに影響を与えていると共に，またそれに規定されてもいる[27]。

図表3-4 名目GDPと株価・地価

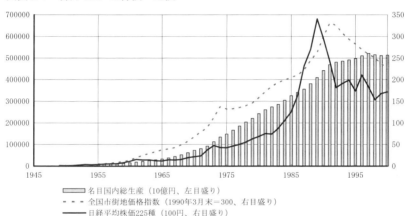

（資料）経済統計年鑑編集部［2002］より作成

では，フロー・デフレはどのようになっているのか，この点を次に見ておこう（図表3-5）。

フローの値を示すものには，「GDPデフレータ」，「消費者物価指数」，「卸売物価指数」，「輸入品物価指数」などがある。それぞれを順に見てみよう。

戦後は石油危機時の狂乱物価後の一時期をやや例外として，各種の物価指数は全て上昇傾向にあることは周知の通りなので，ここでは80年以降を対象としておく。

もっとも包括的な物価指数であるGDPデフレータから概観しよう。GDPデフレータ（指数）は，80年代以降にも上昇を継続しそれが，下

方屈折するのは93～94年である．ちなみに，80年からピークまでは，23ポイントと上昇し，2000年にはそれから4～5ポイント下落している．GDPデフレータ（指数）が下落するということは，名目GDPが実質GDPを下回ることになるのであり，この意味するところは大きい．

次に消費者物価指数を見てみる．消費者物価指数は市場性をもつ消費財とサービスの価格の変動を対象としているため，そこには税金や住宅購入費などが含まれていないが，ともあれ，その変動は先のGDPデフレータときわめて似たような変動を示している．しかし，やや異なる点は，その上昇のピークが98年と，GDPデフレータのそれよりもやや遅れていること[28]．また，その変動幅は，80年からピークまでの上昇局面では25～26ポイントと，GDPデフレータのそれよりもやや大きく，また，ピークからの2000年までの下降局面ではその値が，1ポイント程度と，それよりもやや小さいことである．

続いて卸売物価指数を見よう．卸売物価指数にはその目的から当然にもサービス価格は含まれないが，ともあれ，それは先の2つとは相当に異なった変動を示している．卸売物価指数は，82年にピークをむかえ，とりわけ，86年以降は急激に下落している．2000の値をピークと比較すると，概ね15ポイントも下落しているのである[29]．

そして，これら3つの物価指数よりも遙かに変動幅が大きいのが輸入物価指数である．輸入物価指数のピークの年および，その下落曲線は先の卸売物価指数とかなり類似しているものの，その変動幅は比較にならないほど大きい．むろん，円ベースの輸入品物価は，為替変動の影響が大きいが[30]，ともあれ，それは，82年をピークに大幅に下落し，その下落幅をピークと2000年で比較すると，134ポイントにも達する．

また，輸入物品に関して重要なことは，製品輸入比率が80年代より高まってきたことである．製品輸入比率は，80年において2割程度であったが，90年では5割超に達し，さらに2000年には6割を超えている．たとえ，輸入品の数量が多くなくても，それが国内製品との価格競争を通じて「価格破壊」の牽引役になったことはいうまでもない．

図表 3-5　各種物価指数

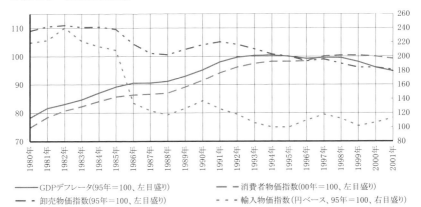

（資料）経済統計年鑑編集部［2002］より作成

　以上，概観したストックとフローの状況を要約すると以下のようになろう。すなわち，時系列的にいって，まず80年代前半に輸入価格が先行して大幅に下落し，その後，卸売物価も輸入価格ほどではないが同様に下落した。ここで注目すべきは，この時期はまだ，いわゆるバブル景気が崩壊する以前であるということである。その点は後に立ち入ることにして，ともあれ，この後90年には株式バブルが，そしてその2年ほど後には地価バブルが崩壊している。そして，こうしたバブル崩壊がだれの目にも明らかになった90年代中葉にGDPデフレータと消費者物価が相次いで下落していったのである。

　たしかに，GDPデフレータと消費者物価の下落幅は数字で見る限りこの5年で数パーセントである。しかし戦後一貫してインフレが常態となっていたので，デフレ率の値が僅かでも，それは実感としては「それまでのインフレ率＋デフレ率」となる。60年から90年までのインフレ率は，石油危機などの影響もあって必ずしも一定ではないが単純平均をとると5〜6％であり，それがいわば常態なので，たとえ，1％のデフレであっても，実感としては6〜7％のデフレとなるわけである。これまでの経済システム，つまり，財政，金融，企業行動，そして家計の消

費行動などが，いわばインフレを暗黙の前提として構築されていたので，それに変化が生じたことへの対応は，予想以上に大きいといわざるを得ない。

このように，これまで考えられなかった，そして実際に戦後は存在すらしなかったデフレはどのような要因で生じたものなのか。続いて検討しよう。

(2)デフレの要因

一般的に，デフレの要因を説明するには，供給要因説，需要要因説で行われ，また，やや視角は異なるが，金融要因説，そして海外部門要因説なども存在する。順に見ていこう。

供給要因説とは，それを単純にいえば過剰供給がデフレの要因だとするものである。しかし，国内に限定した場合，数年後の供給量に影響する「設備投資名目 GDP 比率」は 90 年代に入り減少傾向にあり，また，「製造工業稼働率指数」は更に下落傾向にある[31]。確かにバブル期には，設備投資も活況を見せ，供給能力は大幅に拡大したと考えられるが，それ以降はそうではない。90 年代以降では明らかに供給は減少しているのであって，国内の供給要因説でデフレを説明することは出来ないといえる。実際，このような供給過剰説を採っている論者は皆無である。もっとも，供給の問題をその時系列的な視点からみたが，それはやや片面的である。供給が過剰か否かは，あくまでも需要との関係でいえることであって，過剰供給と過小需要は同一実体の表裏の表現に他ならないのである。

では，需要要因説はどうか。国内総支出は「民間最終消費支出」，「民間住宅」，「企業設備」，「民間在庫品増加」，「政府最終消費支出」「公的固定資本形成」，そして輸出マイナス輸入である「財貨・サービスの純輸出」で構成されるが，これを「国内民間需要」，「国内公的需要」，および「輸出」に大別して，対前年増加率をみてみる。国内民間需要と国内公的需要との関係は，既述のように景気の変動に対応して，前者の落ち込みを後者が補完する形で財政出動がなされていたので，前者が減少

する際には後者が増大するという傾向が強い。とはいえ，国内民間需要の規模は国内公的需要の3倍強のウェイトを持っているので，これら両者を合計した国内の総需要の対前年増加率は国内民間需要のそれに大きく影響を受ける。その値を80年代と90年代とを比較すると，短期の景気変動によって変化しつつも，国内の総需要の対前年増加率は，80年代においては5〜6％の水準を前後していたが，90年代おいては0〜2％の水準を前後するに至っている。また，輸出は，その対前年比増加率の変動が大きいが，90年代に入って増加しているとはいい難い。したがって，90年代においては内外を含めた需要は減少していわざるを得ない。もちろん，こうした需要の停滞には，先に見たストック・デフレの影響，すなわち逆資産効果そしてリストラなどの影響を無視できない。しかし，国内需要の減少がデフレの真の要因であるか，あるいはむしろそれはその結果であるかは，判断が難しい。こうした統計は因果関係を示しているわけではないのである。

　では，金融要因はどうか。デフレを金融的要因とする考え方に関しては多少の説明が必要であろう。これをきわめて単純にいえば，デフレを貨幣的現象として把握し，金融的な逼迫がデフレを引き起こしているという説に他ならない[32]。銀行の貸し渋りなどもこうした議論で説明するものである。したがって極論すれば，その解消には，いわゆるインフレターゲットを設定し，徹底的な金融緩和を実施することだという主張に至る。「まず，日銀がインフレ目標の実現に強くコミットした上で，大量のマネー需要を飲み込む以上に，マネーを供給し続けることが必要である。」[33]という主張がその典型であろう。こうした議論の前提には，いわゆる貨幣数量説があり，それは，貨幣量とその流通速度の積は，物価と総商品取引量の積に恒等的に等しくなるというものである。確かに，貨幣数量説にしたがって，そして貨幣の流通速度が一定だという前提を置けば，そして総商品取引量（現物経済）に変化が無ければ，貨幣供給量と物価は正の相関関係示すことになる。しかし，問題は貨幣の流通速度が必ずしも一定ではない点にある。一般に先進国のそれはかなり安定しているが，90年代以降の日本では，この値が減少傾向にある。貨幣

の流通速度の逆数である,「マーシャルのk」は,80年には1.4程度であったものの,漸次上昇し,2000年には2.5を上回る値を示している[34]。したがって,こうした事実を踏まえるならば,単純な貨幣数量説を前提として,デフレを金融要因と結びつける説は説得的とはいえない。もっとも,貨幣の流通速度の減少を遙かに上回る量の貨幣量を供給すれば,デフレはその限りでは解消するだろう。しかし,そうした場合にはいわゆる金融のモラル・ハザードが生じ,最悪の場合には,高インフレと不況の同時発生,つまり,ハイパー・スタグフレーションという事態になる可能性すらあるといえよう。近年,なにゆえマーシャルのkが増大したのかが明らかにならない限り,金融要因説は説得的とはいえない。

そうなると,海外要因説はどうだろうか。この場合には2つの経路が考えられる。その一つは,中国などのアジアからの安価な商品の輸入によって国内のデフレが生じるということ,そしてもう一つは,日本からの直接投資によって国内の投資需要が減少するとともに,それが輸入にも跳ね返り,デフレを引き起こすということ,それである。前者から順に見ていこう[35]。

前者に関しては,すでに肯定・否定の両論がある。その否定論は以下のような統計を重視する。中国からの輸入の対GDP比をとると,日本の場合には1.2％程度であり,その影響は大きいとはいえず,また,その比率が日本より高い国においては香港を例外としてほとんどはデフレにはなっていないという事実を強調するわけである[36]。だが,これには反証も存在する。先進23カ国の消費者物価指数の平均をとると,70年代にはかなりの乱高下が見られるものの10％のラインを前後していたが,80年代の前半には急激に下落し,90年代には2％の水準になっている。未だデフレとはいえないが,長期の傾向としては少なくともディス・インフレだというわけである。更に2000年に入ってからのデータであるが,カナダ・ドイツ・アメリカ・イタリア・フランスなどでも卸売物価はマイナスになっている点が強調される。そしてその原因を,必ずしも中国との関係だけではないが,世界的な情報技術を軸とする第3次産業革命と冷戦崩壊後のグローバリゼーションに求めている。広い意

味でデフレ＝海外要因肯定論といえよう[37]。

そしてこの議論は，後者の先進国から主にアジアなどへの直接投資の増大という事実に裏打ちされることになる。これは，一方では，80年代後半からの情報通信技術の飛躍的な進歩によって生産拠点を海外に構築することが容易になり，また，他方では，80年代末からの冷戦構造の崩壊によって，それが単に技術的に可能になったばかりでなく，政治経済的にも現実のものとなったこと，そして，90年代においては，これら2つの要因が相乗的に増大してきたという理解に基づいている[38]。また，ここで付言しておけば，生産拠点となったアジアなどの途上国においては，経済的急成長を遂げつつあるものの未だ1人あたりの所得額が相対的に小さく，その国内需要よりも供給が遙かに凌いでおり，それが猛烈な輸出ドライブになっているという。これを日本に引きつけていえば以下のようである。海外への直接投資の増大によって，①国内の投資需要が減少し，②それが労働力の過剰をもたらすとともに，雇用状況を悪化させ，消費を低迷させる。いずれも国内需要を減少させる方向に作用するわけである。そして更に，直接投資によって海外で生産された安価な商品は国内に輸入されることになるが[39]，それは，①国内で低価格で販売されるという直接的な影響と，②そうした安価な商品と競合する国内生産の商品はそれに対抗するために価格引き下げを余儀なくされるという間接的な影響をもたらすことになる。いずれも物価を下落させる方向に働く。こうして需要減少と物価下落の圧力は相乗的にデフレを強めているというわけである。

とはいえ，やや一般論になるが，むろんデフレはある要因が一方的に他の要因を規定しているとはいえないのであって，いずれもが原因であるとともに結果でもあるという形でスパイラル化していると把握するのが正当であろう。

しかしながら，この間の価格下落の時系列的な順序の意味するところは大きい。種々の価格下落の様態を再度確認すれば次ようである。80年代中盤にまず①輸入価格が大幅に下落し，そして②卸売物価の下落が生じた。その後に③株価と④地価が相次いで下落し，90年代に入り⑤

GDPデフレータが傾向的にマイナスになり，その中葉以降は⑥消費者物価も下落していったのである。このような時系列的な推移は必ずしもデフレの構造的要因を現すものではないが，重要な傍証になる。

5．まとめ

　以上のような議論を踏まえると，以下のように言うことが出来る。これまでの展開を逆に辿りながら総括してみよう。

　まず第1に，この間の長期にわたるデフレは，その要因として，単なるバブルの崩壊ばかりでなく，需給要因，金融要因，海外要因などが考えられる。おそらくそれらが複合的に作用して生じているのであって，デフレがスパイラル化するということはそういう意味である。とはいえ，デフレ現象を時系列的に見ると，まず，80年代中盤に輸入価格が大幅に下落し，そしてその後を追うように卸売物価の下落が生じた。これはバブルの崩壊以前の事態だが，その後に株価と地価が相次いで下落し，そしてやや緩やかながら90年代に入りGDPデフレータが傾向的にマイナスになり，その中葉以降は消費者物価も下落していったのである。このような時系列的な推移は必ずしもデフレの構造的要因を現すものではないが，重要な点を示唆している。情報技術の飛躍的発展と冷戦の終結と共に始まった経済のグローバル化は，いずれも80年代末から生じ90年代に加速していったのであって，そのことと無関係であることはあり得ない。

　第2に，その要因はともあれ，長期にわたってデフレがスパイラル化しつつ継続することは，経済に危機的な状況をもたらす。現代資本主義はインフレと親和的であり，それを前提として成立してきたことを述べた。わずかなデフレであっても影響は甚大にならざるを得ない。企業，家計，そして政府といった経済主体は，戦後一貫したインフレを前提としてその行動基準としてきたといってよいが，その前提が崩壊すると言うことは，その行動基準の変更を迫られる。平たくいえば，これまでのインフレ率にデフレ率を加えたものが実感としてのデフレとなり，これ

を行動基準とせざるを得ない。デフレを押さえ込む政策が不必要というわけではないが、これまでのインフレを前提とした種々の制度も変更を余儀なくされているのである。

そして、第3に本稿の主題とする短期循環についてであるが、その点は以下のように総括されよう。

すなわち、92～93年、94～95年、96～97年、99～00年の景気拡大期には、いずれも超大型の財政的対策、超低金利といった、積極的な政策がとられており、反対に、93年の景気後退には冷夏という不可抗力もあるが、95年、98年、01年の後退期には、それぞれ円高に対する対応不足、消費税の引き上げ、ゼロ金利解除などの景気にとってマイナスの政策がとられている。その意味で、これらの政策は一定の成果ないしマイナスの成果を上げているといえるのであって、経済政策が有効性を失っているわけではない。政策効果によって景気上昇がやや見え始めると政策転換がなされ、当然ながら株価やDIなどの景気指標は悪化するが、そうすると再度景気拡大策を実施するといういわばジグザグの政策がとられてきたといえる。そして政策がジグザグにならざるを得ない要因としては財政金融政策の限界があったのであり、それはマイルドながらデフレがスパイラル化しているという状況に規定されていたことを既に見た。

こうした90年代の短期循環を戦後の短期循環のパターンのなかで位置づけると次のようになる。第0期パターンはともあれ、高度成長期の第Ⅰ，Ⅱ期パターンの景気の天井はそれぞれ国際（経常）収支の悪化とコストプッシュによってもたらされ、景気の回復にはそれぞれ金融政策と建設国債の発行という措置が執られた。安定成長期である第Ⅲ期パターンにおいては、景気の天井は円高と石油危機といった国際的要因によって生じ、また不況からの回復には赤字国債が動員された。第Ⅳ期はバブルとその崩壊である1つの短期循環だが、それは円高不況から脱出のため金融・財政両面からの拡大政策によってもたらされ、その崩壊はいわゆる外人株の「売り」から始まった。政策的な失敗も指摘されているが、ともあれ、こうして90年代の第Ⅴ期パターンの短期循環が開始

されることになった。その第Ⅴ期は全体が不況色で塗りつぶされ感もある。そこでの短期循環は既に見たジグザグな政策に規定されるところが大であるが，しかし，それは単なる政策的な失敗を超えてデフレに規定されたものであったといえる。90年代の短期循環をこのように把握することが出来るのである。

［補論］シュンペーターとハンセンの複合循環論

　すでに古典的といえる複合循環論は今日の近代経済学の主流派からは忘れ去られ，また，マルクス経済学においても恐慌論ないし景気循環の理論的，実証的な研究は続けられているものの，複合循環論を俎上に載せた研究はあまり見当たらないように思われる。

　もちろん，そうした現状にはそれなりの原因があるのであって，本来ならば，そうした点に立ち入って検討し，それらを十分に批判した上で試論を展開しなければならないが，議論を先に進めたい。

　経済活動には様々な「浮き沈み」があり，これを単なる「変動」と捉えるか，あるいは何からかの「循環」と把握するかは，経済学上の大きな問題だが，それを循環と捉える試みはすでに知られている。また，短期から長期まで，様々な循環のあることが確認されており，それぞれの循環にはその発見者の名前が冠されていることも周知のとおりである。

　そして，こうした短期から長期にわたる様々な循環の合成体ないし複合体として現実の景気循環を捉えようとしたのが複合循環論である。こうした複合循環論としてつとに知れ渡っているのがシュンペーターとハンセンのそれである。この2つの理論を紹介しよう。

1. シュンペーターの複合循環論

　まず，1939年に発表された『景気循環論』に基づいて，シュンペーターの議論を概観しよう。シュンペーターは，景気の二局面循環モデルである「第一次接近」，その四局面循環モデルである「第二次接近」の考察ののち，「第三次接近」を試みる。前二者が，「単一循環の仮定」（単一

循環論）であるのに対して，後者は，「三循環図式」（三循環同時存在モデル）ないし複合循環論のモデルと呼ばれている。

その著『景気循環論』において以下のように述べている。「これまでのところ，われわれの研究対象には，…循環の単一の継起だけがあり，その各々はすべてその先行のものや後続のものと同型のものであると考えてきた。…しかし，われわれの理論的な図式には，このことを保証するものはなにもない。なぜに循環的発展過程が丁度ひとつだけの波状運動を惹起するかという理由はなにもない。反対に，循環的発展過程は，同時的に進行し，その過程でお互いに衝突しあう無数の波状変動をひきおこすものと期待すべき多くの理由がある。また，われわれが経済的時系列のどのグラフからあたえられる印象も単一循環の仮定を支持するものではない。反対に，読者は，さまざまの長さと強度をもち，お互いに重なりあっていると思われる多くの変動があると仮定するほうがはるかに自然であるということを納得するためには本書中の図表のどれかをしらべてみさえすればよい。」（シュンペーター［1939, 1958〜1964］Ⅰ，238頁）

このような議論をふまえ，シュンペーターは有名な複合的なサイン・カーブのグラフ，および，その「第一階差」（一次微分）のグラフを示す。いうまでもなく，このグラフは，1つのコンドラチェフ波動の中に6つのジュグラー循環を含み，また1つのジュグラー循環の中に3つのキチン循環を含むというモデルであるが，この点についてシュンペーターは以下のように述べる。

「しかし，1ジュグラー循環内にふくまれるキチン循環の数，あるいは，1コンドラチェフ循環内にふくまれるジュグラー循環の数がいつも同一であるべきだと仮定することには，著者はなんらの合理的な理由もみることはできない。しかしながら，われわれの時系列の研究から，われわれがそうであるという大まかな印象をうるのである。」（同上，257頁）

ともあれ，こうしたモデルを前提として，これまで3回の大不況と呼ばれた「1825〜1830年，1873〜1878年，1929〜1934年」（同上，257頁）の不況は，それぞれの循環の下降局面が一致したものとして例示される。

そして特徴的なのは，これら3循環存立の原因が全て同一の「革新」に求められている点である。
　「ちがった次元の循環の同時的存在を期待するために与えられる諸理由からして，われわれにとって，一つ以上の循環運動の存在を認めるやいなや生まれる問題は，干渉の問題だけであって，異なった動因の問題ではない…という結論がうまれる。…革新，その直接の，および終局的の効果，および体系によるそれらへの反応は，たとえ，革新のさまざまの型およびさまざまの種類の効果がそれぞれちがった役割を演じるかもしれないけれども，それらすべての共通な『原因』である。」(同上，255頁。なお，247頁にも同様な記述がある。)
　以上が，シュンペーターの複合循環論の概要といってよいと思われるが，数点の疑問が生ずる。
　その第1は，この複合循環論にはいわゆるクズネッツ循環が考慮されていない点である。クズネッツにかんしては，「われわれは，S.S.クズネッツ教授(『生産と価格の世紀的変動』1930年)とC.A.R.ワードウェル博士(『大循環のための経済的与件の研究』1927年)とをあげておこう。かれらは，それぞれほぼ25年および15年の平均の周期を見い出した。」(同上，242～243頁)とあるが，これらは複合循環のモデルには含まれていない。ワードウェルはともかくも，クズネッツ循環にかんしては，なぜそれが無視されたのか不明である[40]。
　その第2は，この点がより根本的だが，この複合循環モデルは，統計データから厳密に帰納されたもののではないという点である。サイン・カーブで景気循環を記述しようとしたことからも示唆されるように，このモデルはいわば純粋な理念的イメージである。すでに引用したように，シュンペーター自身は，「われわれの時系列の研究から…大まかな印象をうける」と述べ，また別の箇所では「われわれの観察は，循環期間についての多くの周知の見積もりと大体一致しており…」(同上，258頁)と述べるに留まる。
　こうした点は批判の対象になって当然ではあるが，シュンペーターにとっては，何よりも歴史的な「印象」や「大体一致」が重要な意味をも

つものと考えられたのではないかと思われる。

そして第3の点は，三循環の生起する原因に関してである。すでにみたように，この点をシュンペーターはすべて同一の「革新」をもって把握していたが，そのように断定することが可能なのかという問題である。というのも，今日では，短期・中期・長期の循環それぞれを別個の要因で説明することが通説になっているからに他ならない。

だが，こうした点には立ち入らず，シュンペーターの複合循環論の大枠が確認できたとして，続いてハンセンの議論を吟味しよう。

2．ハンセンの複合循環論

続いて，1941年に発表された『財政政策と景気循環』をテキストとしてハンセンの議論を吟味しよう。ハンセンは，その著において，明確に4循環による複合循環論を展開しているといってよい。当時のアメリカの資料に基づきながら，「小循環」「主循環」「建築景気循環」「長期波動」を取り出し，その発生の原因や根拠をそれぞれ示している。

建築循環はその名称が循環の原因を示しているように工場と住宅の建築変動によるものをさすが，主循環と小循環の生ずる原因は以下のように述べられている。すなわち，主循環の上昇局面では「実投資率」の増加がみられるが，それを，「在庫商品」と「固定資本」への投資に区分すると，主循環の上昇局面で，在庫品の状態によって小不況が表れるというような関係だという。主循環の発生根拠を固定資本への投資の変動，小循環のそれを在庫への投資の変動として把握しているといえよう。また，長期波動の原因に関しては，技術・企業・資源あるいは領土などの進歩や拡大をとる説，戦争に重点をおく説，および金や価格の変動を重視する説をそれぞれ吟味し，それまで確認された3つの長期波動に即して具体的にその原因を明らかにしている（ハンセン［1941, 1950］5─25頁）。

さて，4循環のそれぞれの周期に関してだが，それは以下のように述べられている。

まず，主循環と小循環の周期にかんして。「例をアメリカに引けば，景気の主循環は平均して8年強の長さを持ってきている。…主循環の頂

点の間には普通小循環の峰が1つないし2つあるのだから，小循環の長さは大（主）循環のそれの半分よりも幾らか少ないということが分かる。…小循環の長さは最短2年から最長6年にわたり，大部分は3年と4年の間をでておらず，平均は3年4カ月強である。」（同上，7～8頁）と。

建築循環と主循環の周期にかんして。「建築景気の循環はその長さにおいて平均17年と18年の間にあり，景気主循環の長さのちょうど2倍に近いといえるわけである」（同上，9頁）。また，以下のようにも述べられている。「要するに，建築景気の降り坂の途中に起こった不景気は，通常きびしくまた長く，それに続く景気回復は建築業のスランプから来る悪影響のために抑止されまた後らされるのである」（同上，13頁）と。

そして，長期波動と主循環の周期にかんして。「長期繁栄時代の各々の中には4つの主な回復期と3つの主な不況期とが見られ，これに反して困難時代の各々では2つの主な回復期と3つの主な不況期とが起こっている。「長期波動」の頂点や最低部のような転向点は主循環の景気不景気の転向点と合致している。…すなわち繁栄時代の間に起こった循環は平均して7.3年の長さを持っており，困難時代に起こった主循環は平均9.8年に及んだということが分明する。」（同上，20～21頁），「大体において，諸国の経験は右に掲げた長期変動の周期にならっている。」（同上，21頁）と。

したがって，以上をまとめると，50～60年の周期がある長期波動の中に17～18年周期の建築循環が3回あり，また1回の建築循環の中に8年強の周期の主循環が2回あり，さらに，1回の主循環の中に3年強の周期の小循環が2回から3回発生するということになる。これがハンセンの4循環景気モデル，ないし複合循環論といえよう。

ハンセンは，このように長期波動・建築循環・主循環・小循環の4種類の景気循環を重層的に位置づけ，それぞれを，それらの発生の原因と，それらの周期を確定することによって解明したものといえる。

このハンセンの複合循環モデルを先のシュンペーターのそれと比較すると，以下のように結論づけられよう。

第1に，ハンセンが，シュンペーターのように先験的にサイン・カー

ブの複合によって景気循環を表現しなかった点である。ハンセンは，ここでは明確に引用しなかったが，あくまでもそれまでの統計データに忠実に対応しており，このような先験的な方法を否定したものと思われる。すなわち，実証性という点で優れているといえよう。

　第2は，ハンセンが，4種類の景気循環の原因を，シュンペーターのように単一の原因から説明する方法を採らなかった点である。先のこととも関連するが，ハンセンは，当時明らかにされたそれぞれの循環の発生原因や根拠を正当に継承しているといえる。すなわち，小循環，主循環，建築循環，そして長期波動のそれぞれの原因を商品在庫の変動，固定資本への投資の増減，工場と住宅建築景気，そして技術・企業・資源あるいは領土などの進歩や拡大，ないし戦争に求めているのであった。見られるように，これらの点は今日では常識として受け入れられていることであるが，こうした点が明確に示されているのである。

　以上が複合循環論として知られるシュンペーターとハンセンの複合的な景気循環モデルといってよかろう。これまで検討したように，この2つのモデルのうち，ハンセンのモデルのほうが実証性にとみ，また，応用性にもとんでいると思われる。そこで，ハンセンのモデルを踏まえ，日本における景気循環過程の研究が次の課題になる。その点については予備的な検討を公表したことがあるが[41]，詳細な研究は今後に譲ることにする。

［註］
1）この点に関しての詳述は田中史郎［2001］を参照されたい。
2）いわゆる公式日付はないが，大内力［1978］には，第1循環以前の循環が示されている。
3）この第Ⅰ期および次の第Ⅱ期は，いわゆる「後進性と戦後性」論で説明が付けられる。本書，第1章を参照されたい。
4）この65年不況からの脱出の際に発行された戦後初の国債は，法制上の問題でいわゆる「赤字国債」であるが，内容的には「建設国債」といえる。それ以降74年までは全て建設国債として発行された。ちなみに，その後に赤字国債が発行されたのは，第1次石油危機による75年の不況時である。なお，65年不況は，労賃上昇による利潤の圧迫とそれによる資本の過剰という図

式で説明が付けられるのであって，いわゆる資本過剰論が適用されると思われる。
5) この点に関しては，篠原三代平［1994］を参照されたい。篠原は「ドッキング仮説」と命名しこれを説明している。
6) 赤字国債が本格的に発行されたのはこの時である。なおこの後，赤字国債はバブル期を除き，恒常的に発行されることになる。
7) 高度成長が終焉をした契機は石油危機だといってよいが，たとえそれが無くとも成長率は大幅に鈍化したといえよう。というのは，高度成長の要因を「後進性と戦後性」に求められるとすれば，その終焉は長期にわたる高度成長によりその要因が消滅した点に求められるからである。
8) このバブル景気の長期化を先の「ドッキング仮説」からもそれなりに説明付けられる。篠原三代平［1994］を参照されたい。
9) 宮崎義一は，以下のように述べている。「（90年）2月21日にはじまり，日本のブラック・マンデー（90年10月1日）に至る株価暴落の引き金は，日本の証券業者による「大量売り」であるより，裁定取引に習熟していた外資系証券業者による大量の「現物売り」による裁定取引の解消であった…」と。宮崎義一［1992］を参照されたい。
10) 植草一秀［2001］，11頁。
11) 大内力［1970］，277～278頁。
12) 大内力［1970］，277～278頁。
13) たとえば，熊沢誠［1997］が参考になる。
14) 日本政策投資銀行［2002］による。
15) この点に関しては，橋本［2002］を参照されたい。
16) これはバランスシート不況とよばれる。バランスシート上，資産が減少すれば，負債ないし資本が減少することになるが，多くの企業は借入金の返済によってそれに対応し，その結果，投資が抑制され不況に至ったというものである。
17) 企業群を，製造業・非製造業および大企業・中小企業の4つに分けてみると，その自己資本比率の推移は特徴的である。90年代に入り，製造業の大企業のみが自己本比率を80年代の水準に維持しているものの，非製造業の大企業・中小企業ともそれを大幅に悪化させている。吉川洋［2003］68頁を参照。
18) 企業の設備投資は，93年をボトムとして落ち込み，その後97に向かって拡大しているので，過剰設備は93年頃に処理されたと考えられる。
19) 金融広報中央委員会［2002］によれば，家計部門の金融資産は1400兆円を，1世帯当たりのそれは平均（アベレージ）1400万円を超えているものの，しかし，世帯あたりのメジアンは900万円まで下がっている（いずれも2000年の値）。ここでは示されていないが，世帯当たりのモードは更にそれを大幅に下回っていることは容易に想像がつく。
20) 東京三菱銀行［2002］

21) この点に関しては，森永卓郎［1998］を参照されたい。
22) 『経済財政白書』［1996］を参照されたい。
23) また，さほど問題にされていないが，円高による海外の金融資産価値の目減りも無視できない。80年代半ばからの円ドルレートは，200％も以上も円高になっているので，ドル建ての資産価値が一定とすれば，ドル建資産を円に還元するとその資産価値は半分以下になっているはずである。この点も消費に影響を与えていることはいうのでもない。
24) 2000年の値では，株式のキャピタルロスは400兆円に達している。内閣府［2002］。
25) 前注と同様に，2000年の値では土地資産のキャピタルロスは730兆円以上である。内閣府［2002］。
26) 植草一秀［2001］，内閣府［2003］43頁。
27) 資産価値の下落はいわゆる逆資産効果によってフローにデフレ効果をもたらす。また，フローのデフレは，理論的には資産価値が利益（フロー）割引モデルによって与えられることから，資産価値（ストック）にデフレ効果をもたらすのである。
28) このようになった１つの理由に，97年の消費税率の引き上げが影響しているともいわれている。全ての消費財が外税ならば問題はないが，必ずしもそうではないので，その分が関係しているというわけである。
29) この点に最初に注目したのは，侘美光彦［1998］である。
30) なお，契約通貨ベースの輸入物価指数も80年代始めをピークとして下落傾向にある。
31) 「設備投資名目GDP比率」は，90年には20％であったが，2000年には15.5％まで下落しており，また，「製造工業稼働率指数」は95年を100とした値で見ると，90年には114.7であったものの01年には92.5まで落ち込んでいる。内閣府［2002］。
32) この金融要因説は，次に見る海外要因説に対する批判を前提とするものである。海外からの低価格の輸入品が国内の物価に影響を与えるか否か，という問題に対して，この説（ミクロ理論）では以下のように応える。確かに海外からの低価格商品の市場参入は，それまでの価格体系を相対的に変える要因になる。これを代替効果というが，それによって競合の国産品は需要減となる。しかし，こうした事態は，ある商品の価格低下によって，その分だけ所得が増大したものと同様の効果をもたらすものであり，これを所得効果という。つまり，増大した所得によって他の商品の需要が拡大するのであり，それゆえ全体の物価には何ら影響はない，というわけである。この説からすれば，海外要因説はこうした代替効果と所得効果の関係を正しく認識していないという批判に至る。
しかし，そうだろうか。この説は見られるように，グラフ上の効用の無差別曲線と予算線とを想定し，価格等が変化したときそこでの最適消費がどの様

に決定されるかという,きわめて部分的な静態的な議論に他ならない。その際,それらの商品が代替関係にある財か,あるいは補完関係にある財か等といった分類をするものの,その市場に提供される財の背後にある生産は,別次元の問題としてここでは抽象化される。企業間競争のような問題はここでは登場しない,きわめて部分的な想定になっている。そもそもミクロ理論ではそのような部分的な道具立てになっているのであって,それを超えることは論理の枠組みから不可能なのである。

33) 岩田規久男［2003］,23頁。
34) 日本総合研究所［2003］。なお,こうしたデフレ＝金融要因説に背後には,90年代以降のマネーサプライ（M2+CD）の伸び率の低迷がある。つまり,この説によれば,デフレの根拠はここにあり,マネーサプライが拡大すれば,デフレは解消すると言うわけであろう。しかし,本文でも示したように,この間は「マーシャルのk」が上昇し続けているのであって,この点を無視できない。いわゆるハイパワード・マネー（ベース・マネー）は日銀の超低金利政策および金融の量的緩和政策によって増大しているにもかかわらず,信用乗数は低下する一方なのである（マネーストック（M_3）＝信用乗数×ベース・マネー）。なにゆえこうしたことが生じるのか。その1つの原因は市中銀行が国債を大量に購入しているという点にあると言われる。市中銀行は,企業への貸し出しと国債運用を裁定し,貸し出しリスクの大きい前者よりも,安定的な後者の方に収益率が高いと判断した結果だと考えられる。金融政策が奏功しない理由の一端はここにある。
35) 誤解のないように付け加えておけば,以下の内容はいわゆる中国脅威論をことさらに喧伝するものではない。ところで,90年代から急拡大する中国経済の世界史的な位置と意義に関しては,五味久壽［2005］を参照されたい。なお,それに対して筆者は書評を公にしている。田中史郎［2006］参照。
36) 例えば,岩田規久男［2003］,38頁
37) 榊原英資［2003］第1,2章。なお,水野和夫［2003］も参照されたい。
38) 海外設備投資比率（＝海外現地法人設備投資額／国内設備投資額×100）の推移を見ると,その値は,80年代においては10％の水準であったが,その後徐々に上昇し,90年代後半には15％以上に達している。内閣府［2002］175頁。
39) 製品輸入比率は中国やアジアNIEsからの輸入を中心に大幅に高まっている。製品輸入比率を85年と2000年とで見ると,対世界では31％から61％に,対中国では27％から84％に拡大している。「産業空洞化」と関税政策に関する研究会［2002］。
40) この点に関して,田原昭四は以下のように述べる。「この（シュンペーターの）3循環図式にはクズネッツ・サイクルが無視されているが,その理由としてクズネッツがコンドラチェフ・サイクルの存在に否定的であったとか,彼の恩師であるミッチェルとの不仲説などが伝えられている。」(田原昭四

［1998］) と。
41) 田中史郎［2000］を参照されたい。

第4章 「いざなみ景気」と「アベノミクス景気」
―第14循環と第16循環を考える―

はじめに

いわゆるリーマン・ショック（2008年）を契機として，震源地のアメリカ経済はもとより，世界経済は大混乱に陥った。日本経済は，当初の予測とは異なり，欧米よりもむしろ事態が深刻であった（図表4-1）。

図表4-1　実質 GDP 成長率の推移

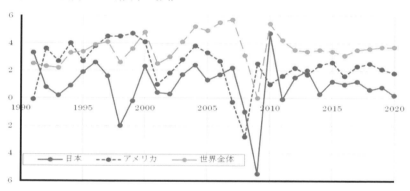

（注）2017年以降は予測値
（資料）IMF *World Economic Outlook* より作成

戦後70余年の日本においては，これまでも幾多の景気循環を経験している。リーマン・ショックをもって終焉をむかえた第14循環は，戦後最長の景気拡大に達し「いざなみ景気」といわれる。次の第15循環は短期で終了したが，続く2012年11月から始まる第16循環は現在（2017年8月）も景気拡大を持続しているとみられ，すでに戦後第2の長期拡大であった「いざなぎ景気」を超えるだろうといわれている。長期の好況が実現するとしばしばそれに名前が付けられるが，今回の景気の名称を仮に「アベノミクス景気」と呼んでおこう。というのも，第16循環は，

後にみるように，いわゆる第2次安倍政権（2012年12月に成立）とそこで打ち出されたアベノミクスに沿っているからだ。

むろん，アベノミクスが成功したというわけではない。この間の第14, 15, 16循環は，拡大期といえども多くの国民にとって好景気とは実感されず，いずれも「実感なき景気拡大」などともいわれる[1]。

本第4章では，主に第14循環と第16循環にフォーカスを絞り，その特徴を浮き彫りにしたい。そのような分析を通じて，景気の変動側面から今日の日本経済の課題が示唆されよう。

1．戦後の短期循環

すでに前章で明らかにしたが，これまでの景気循環を簡単に振り返っておこう。戦後日本経済は，敗戦の混乱期を経て1970年代初頭に至る高度成長期とそれ以降に大別して特徴付けられる。やや立ち入ってみると，前者においては，戦後の混乱期を経て，高度成長の前期（第Ⅰ期）と，その後期（第Ⅱ期）に，そして後者においては，80年代央までの安定成長期（第Ⅲ期），その後のバブル景気とその破綻期（第Ⅳ期），そして90年代の長期不況期（第Ⅴ期），さらに今回の「いざなみ景気」とその崩壊期（第Ⅵ期）に，区分して考えられる。それぞれの短期循環はその「図

図表 4-2　景気基準日付

			谷	山	谷	拡大期	後退期	一循環	拡大期キーワード	後退期キーワード
第0期	戦後復興期	第1循環		1951年6月	1951年10月		4ヶ月		特需景気	反動不況
		第2循環	1951年10月	1954年1月	1954年11月	28ヶ月	10ヶ月	37ヶ月	投資景気	昭和29年不況
第Ⅰ期	高度成長 第Ⅰ期	第3循環	1954年11月	1957年6月	1958年6月	31ヶ月	12ヶ月	43ヶ月	神武景気	鍋底不況
		第4循環	1958年6月	1961年12月	1962年10月	42ヶ月	10ヶ月	52ヶ月	岩戸景気	昭和37年不況
		第5循環	1962年10月	1964年10月	1965年10月	24ヶ月	12ヶ月	36ヶ月	オリンピック景気	証券不況
第Ⅱ期	高度成長 第Ⅱ期	第6循環	1965年10月	1970年7月	1971年12月	57ヶ月	17ヶ月	74ヶ月	いざなぎ景気	ニクソン不況
		第7循環	1971年12月	1973年11月	1975年3月	23ヶ月	16ヶ月	39ヶ月	列島改造ブーム	第一次石油危機
第Ⅲ期	安定成長期	第8循環	1975年3月	1977年1月	1977年10月	22ヶ月	9ヶ月	31ヶ月	安定成長景気	円高不況
		第9循環	1977年10月	1980年2月	1983年2月	28ヶ月	36ヶ月	64ヶ月	公共投資景気	第二次石油危機
		第10循環	1983年2月	1985年6月	1986年11月	28ヶ月	17ヶ月	45ヶ月	ハイテク景気	円高不況
第Ⅳ期	バブル期	第11循環	1986年11月	1991年2月	1993年10月	51ヶ月	32ヶ月	83ヶ月	バブル景気	第1次平成不況、 複合不況
第Ⅴ期	平成不況期	第12循環	1993年10月	1997年5月	1999年1月	43ヶ月	20ヶ月	63ヶ月	カンフル景気	第2次平成不況
		第13循環	1999年1月	2000年11月	2002年1月	22ヶ月	14ヶ月	36ヶ月	IT景気	第3次平成不況
第Ⅵ期	いざなみ景気	第14循環	2002年1月	2008年2月	2009年3月	73ヶ月	13ヶ月	86ヶ月	いざなみ景気	リーマン・ショック
第Ⅶ期	リーマン危機後 とアベノミクス	第15循環	2009年3月	2012年3月	2012年11月	36ヶ月	8ヶ月	44ヶ月	デジャブ景気	欧州経済危機
		第16循環	2012年11月						円安,アベノミクス？	

（資料）http://www.esri.cao.go.jp/jp/stat/di/150724hiduke.html より作成

表4-2」のキーワードに示されているような特質をもっている。

　このように，これまでの16回の短期循環は同じような循環が繰り返されたわけではなく，上の時期区分に対応して6つパターンに分類できる（図表4-2を参照。）[2]。

　第Ⅰ期。高度成長の前期には，いわゆる「神武景気」（第3循環），「岩戸景気」（第4循環），「オリンピック景気」（第5循環），の3つの短期循環が含まれる。これらの短期循環はいずれも類似のパターンを示している。「金融緩和をテコとした景気上昇→消費・投資の増大→好景気→輸入増大による経常収支の悪化→金融引締め→景気後退→経常収支の回復→…」というパターンがそれである。いずれも景気反転の契機は国際（経常）収支の悪化にあるので，それを「国際収支天井」といった。

　第Ⅱ期。高度成長の後期は，「いざなぎ景気」（第6循環），と「列島改造ブーム」（第7循環），を内実としているが，「いざなぎ景気」はそれまでの最長の好景気だった。それは，この頃にようやく技術的な国際競争力が欧米の水準に近づき，輸出が増加することになって先の「国際収支天井」が解消されたことによる。「列島改造ブーム」も輸出に内需が加わるという構造をもつが，石油危機（73年）によって高度成長自体が終焉を迎えることになった。

　第Ⅲ期。では，石油危機から80年代央に生じた第8，9，10循環ではどうか。この3つの景気の波は高い成長率を示したわけではないので，名前がつけられていない。高度成長期と比較すれば成長率はほぼ半減したが，諸外国と比べると相対的に高い成長を示したのであって，日本の貿易黒字が拡大した時期であった。ともあれそれらの景気後退への契機は，大幅な円高（76年），第2次石油危機（79年），さらなる円高（円高不況，86年）など，いわば外生的な要因が大であった。

　第Ⅳ期。第11循環は，いわゆるバブル景気であり，その発生や崩壊の過程に関しては必ずしも定説的な理解はない。だが，バブルの発生に関しては，当局が円高不況からの脱出にさいして内外からの要求によって過大な財政出動と大幅な金融緩和政策を行ったことなどは重要な要因であり，またその崩壊においては，引締めの政策的タイミングが不適当

であったことなどは，しばしば指摘されることである。しかし，バブルの発生と崩壊を政策的なミスにのみ求めることはできない。そのようなことを必然化せしめた内実が問われるべきである。

　第Ⅴ期。バブル崩壊後の90年代にも第12, 13循環が存在するが，いずれも大まかにみれば不況下での景気の変動である。しばしば「失われた10年」と呼ばれている。この2つの波は，それまで考えもしなかった，デフレ下での循環であり，それに規定されたものとして特徴付けられる。

　こうして2000年代に入るが，日本経済は，2002年から5年以上に及ぶ戦後最長の好景気を迎えることになる。これが第14循環であり，「いざなぎ越え」すなわち「いざなみ景気」である。

2．第14循環とその帰結

　2002年からはじまり，07年にピークを迎え，09年に終焉した第14循環に立ち入ってみてみよう。この好況局面は，かつての最長の好景気だった「いざなぎ景気」を15ヶ月以上も上回る好景気だといわれている。だが，新聞などでは「かげろう景気」などと呼ばれことからも想像がつくように，好況が長く続いたとはいえ，たとえば実質GDP成長率[3]，賃金上昇率などをみれば明らかなように，高度成長期の好況とは比べものにならない低水準である。

　さて，このような第14循環の景気の拡大ではあるが，それは，それまでの90年代の長期不況，それもデフレ下の不況を前提として開始された。この間，企業は，一方では直接投資などによって，他方では徹底した合理化によってバブル以降の長期にわたる過剰資本を処理してきた。これにより企業おける雇用・設備・債務という3つの過剰がほぼ解消したといわれている。いわゆる損益分岐点を下げることになったのであり，利潤を産みやすい構造が整えられたといえる。

図表 4-3　GDP 支出項目別増加率（実質暦年前年比，％）

	国内総生産 （GDP）	家計最終 消費支出	民間住宅	民間企業 設備	公的資本 形成	輸出	輸入	（参考） 国内需要	（参考） 民間需要	（参考） 公的需要
1995	2.7	2.5	-4.8	8.3	0.4	4.2	12.9	3.3	3.7	2.3
1996	3.1	2.1	11.1	5.5	5.7	4.8	11.0	3.6	3.5	3.7
1997	1.1	0.7	-11.6	4.0	-6.8	11.1	0.3	0.1	0.6	-1.7
1998	-1.1	-0.8	-13.4	-1.2	-4.1	-2.4	-6.7	-1.5	-1.7	-0.8
1999	-0.3	1.0	0.1	-4.9	6.2	1.9	3.6	-0.1	-1.6	4.4
2000	2.8	1.8	0.1	6.4	-9.7	12.7	9.3	2.3	3.3	-0.7
2001	0.4	1.9	-4.4	-0.0	-3.7	-6.7	1.0	1.2	1.3	1.1
2002	0.1	1.2	-3.1	-5.8	-4.7	7.8	0.7	-0.6	-1.0	0.5
2003	1.5	0.6	-1.3	2.4	-7.0	9.5	3.4	0.8	1.3	-0.6
2004	2.2	1.1	1.7	3.8	-9.0	14.3	8.1	1.4	2.3	-1.5
2005	1.7	1.2	-0.5	8.5	-8.2	7.2	6.1	1.4	2.3	-1.3
2006	1.4	1.0	0.7	2.1	-4.9	10.3	4.7	0.6	1.1	-1.1
2007	1.7	1.0	-9.5	1.0	-5.4	8.7	2.2	0.6	0.9	-0.3
2008	-1.1	-1.0	-6.6	-2.8	-4.9	1.6	0.7	-1.3	-1.3	-1.1
2009	-5.4	-0.8	-16.4	-13.4	6.8	-23.4	-15.7	-4.0	-6.1	3.0
2010	4.2	2.3	-3.7	-0.9	-2.2	24.9	11.2	2.4	2.9	1.0
2011	-0.1	0.3	4.9	4.0	-6.3	-0.2	5.8	0.7	0.9	0.3
2012	1.5	1.9	2.5	4.1	2.7	-0.1	5.4	2.3	2.5	1.9
2013	2.0	2.4	8.0	3.7	6.7	1.2	3.3	2.4	2.3	2.5
2014	0.3	-0.8	-4.3	5.2	0.7	9.3	8.3	0.4	0.3	0.7
2015	1.2	-0.5	-1.6	1.2	-2.2	3.0	0.1	0.7	0.7	0.8

（資料）「国民経済計算」内閣府　より作成

　そうした前提のもとで，第 14 循環の景気拡大は輸出の増大を契機としている。そして，民間設備投資，企業利潤の増大へと波及していったわけである。輸出の対前年増加率が 2002 年に 7.8％拡大すると，その翌年の民間企業設備が 2.4％増大した。このように，輸出が拡大するとその翌年に民間企業設備が増大する構造が 07 年まで認められるのである（図表 4-3）。アメリカへの輸出は変動の幅はあるものの 02 年以降に再度拡大し，中国への輸出も急拡大したことは特筆すべきことである[4]。急成長する中国では家電などの需要が急拡大し，それらに関連する輸出が増大したことはいうまでもないが，また，すでに生産拠点化している中国では中間財や資本財の需要が旺盛であり，それがさらに加速したといえる。中間財や資本財などの輸出が拡大した背景には直接投資の増大があるが，そうして生産された製品は，中国国内での販売の増加に対応したものだが，それ以上に輸出向けに製造されたものである。とりわけアメリカに対する輸出は，金額・伸び率ともに極めて大きい。アメリカは世界経済のアブソーバーの役割を果てしている。日本のアメリカへの輸出はもとより，いわば日本から中国を経由してのアメリカへの輸出の拡

大も，最終的にはアメリカ市場に依拠したものであった。

　周知のようにアメリカは大幅な貿易赤字を累積させているのであり，このようなことがかなりの期間で可能になるのには，特殊な資金循環メカニズムが必要であった。アメリカの貿易赤字，過剰な消費を支えていたのは以下のような構造である。

　すなわち，日本と中国はアメリカの国債をはじめ株式や債券などの金融商品を大幅に買い続けているが，そのようなルートを通して資金がアメリカに環流していたといえる。図式的にいえば，アメリカの国際収支は，経常収支の赤字を資本収支の黒字でファイナンスするという構造にあった。

　そしてまた，このように日本からアメリカへの資金の環流を下支えしていたのは，日本の金融政策によるところも大であった[5]。日銀は，大まかにいえば，バブル景気崩壊以降の景気対策として超低金利政策，そして金融の量的緩和政策を採り続けてきた。バブルの崩壊後は，既述のように第12，13循環が認められているが，その限りでやや景気の上昇もあったといえるが，総じていえば，「失われた10年」と呼ばれるように，不況一色といっても過言ではない。また，この期間は，それまでは予想さえもしなかったデフレが続いた期間でもあった。そうした状況においては，様々な金融緩和政策は一つの必然でもあった。

　ともあれ，日本や中国からのアメリカに流れ込んだ資金がアメリカの消費を支え，そして，その消費，つまりアメリカ市場が日本や中国からの輸出を吸収していたというのがこの間の資金循環と貿易構造であった。そして，その限りでの日本の景気回復であったといえる。

　第14循環の好況局面では，輸出の拡大を後追いするように「民間企業設備」が拡大したことは既述した。だが「家計最終消費支出」は伸び悩み，02年から08年までの単純平均増加率は1.0％にも届かないものであった。また「民間住宅」の増加率は同年の同率でマイナス2.7％であった。つまり，先の「民間企業設備」の拡大は，内需を満たすものでなく，もっぱら輸出の増加を賄うためのものであったといえる。

　これは，好景気の中にあっても，労働者や一般国民に資金が回らなかっ

たことを意味しているのであって，労働分配率の傾向的低下はそれを統計的に示している[6]。マクロ統計的には労働分配率の低下として表れるが，ミクロ的内実はパート・アルバイト・フリーター・派遣などの非正規労働者の増加によるものであり，それを「重し」とする正規労働者の賃金の下落を意味する。一般に景気の拡大期には労働需要が増えるが，この期の景気拡大ではそれを非正規労働者で賄ったという状況であった。こうした構造ゆえ，景気の後退期にはその不安定性が一気に増大したことは必然的帰結であった。

第14循環の景気拡大期が「実感なき景気」や「かげろう景気」ともいわれるのは，こうしたことよる。

3．第16循環の進行と現況

このところ，第16循環が注目されているが，その前からみてみよう。2009年3月に始まり，12年3月にピークを向かえ，同11月に終了した第15循環は，場合によっては「デジャブ景気」なども呼ばれるが，景気拡大は盛り上がりに欠けるものであった。というのも，2009年には不況対策でもある「エコポイント政策」[7]を実施することによって需要の拡大がはかられ，これは，その後の政権交代によって成立した民主党政権でも継続されたが，いわば需要の「先食い」的なものだった。また，2011年の東日本大震災は，一方で当然ながら経済にマイナスの影響を与えたものの，他方で復興需要を拡大させる意味も持つが，それ以上ではなかった。第15循環は，既にみたような景気の構図という意味で，デジャブ景気などという名前があげられることもあったが，これが市民権を得た用語とはならなかった。

そして，2012年11月から開始され，現在進行中とみられているのが，いわゆる「アベノミクス景気」である。第2次安倍政権が発足したのが12年12月だが，その直前から始まった景気拡大は，今年（2017年）3月まででバブル経済期(51カ月の拡大)を抜き戦後3番目になるとともに，今年9月まで継続すれば高度成長期の「いざなぎ景気」（57カ月の拡大）

をも抜き，戦後第2の長期拡大となる。そして，その可能性は極めて大きい。

しかし，戦後第2の長期拡大になるかもしれない第16循環は，両手を挙げて喝采する状況だろうか。かなり疑わしいどころか，ほぼ反対の見方をせざるを得ない状況である。過去の回復局面と比べると内外需の伸びは弱い。完全失業率や有効求人倍率などの雇用環境は良くても賃金の伸びは限られ，実感の無い「低温」の回復といえよう。

やや具体的に，過去3回の大型景気と比較してみると，今回のアベノミクス景気の特質が見えてくる（図表4-4）。

図表4-4　長期景気における実質GDP成長率と実質賃金増加率

	実質GDP成長率	実質賃金増加率
いざなぎ景気（1965～70年）	11.51	8.2
バブル景気（1985～91年）	5.58	1.5
いざなみ景気（2002～08年）	1.65	-0.2
アベノミクス景気（2012年～）	1.26	-0.6

（資料）NHK「おはBiz」2017年6月16日より作成

まず，経済状況全体を示す，実質GDP成長率の推移をみてみよう。「いざなぎ景気」の平均成長率が約12%，同様に，「バブル景気」では約6%，「いざなみ景気」では約1.6%であったが，今回の「アベノミクス景気」においては約1.3%程度だと推計されている。今回の景気が如何に「低温」かが明らかであろう。「いざなみ景気」の際に，しばしば「実感無き」景気回復といわれたが，今回の景気はそれを下回る程度の景気回復ということになる。

また，国民所得の分配の面からみると，高度成長の真っ只中であった「いざなぎ景気」においては企業の経常収支が急拡大するとともに従業員給与も後を追うように伸張していった。中（安定）成長期の「バブル景気」では先の「いざなぎ景気」ほどではないが小規模ながら似たようなパターンを示している。それに対して，今回の「アベノミクス景気」では企業の経常利益はバブル景気と同程度に拡大しているものの，給与は横ばいどころか，減少している。配当の伸びが著しく，また，企業の

内部留保が過去最大になっている。つまり企業の収益は，賃金には回らず，もっぱら配当と内部留保にあてられているといわざるを得ない。ちなみに実質賃金の増加率は，「いざなぎ景気」においては約8.2％，同様に「バブル景気」では約1.5％，「いざなみ景気」では約マイナス0.2％そして，今回の「アベノミクス景気」では約マイナス0.6％となっている（図表4-4）。

さらに，内外の需要の側面からみてみよう。輸出は，すでに述べたように，「いざなぎ景気」と「いざなみ景気」において著しく増加したが，「バブル景気」と「アベノミクス景気」ではそうではない。また，内需では，「いざなぎ景気」と「バブル景気」において拡大が顕著であるものの「いざなみ景気」と「アベノミクス景気」では伸びに欠く。つまり，今回の「アベノミクス景気」では，かつての大型景気と比較すると内需・外需とも低調であるといえる。しかし，そうした中で，内需の一翼をなす公的需要は拡大している（図表4-3）。大盤振る舞いの財政出動によることはいうまでもない。

では，為替や株価はどうか。対ドル為替レートは，変動しつつも，2011～12年の1ドル当たり80円台の水準から円安に振れ，昨今では110円前後で推移している。また，株価は，日々変動しつつも，2013年ころから上昇し即今では日経平均で2万円の水準を前後している。前者は日銀の歴史的な超緩和の金融政策（黒田バズーカ砲）によるところが大であり，また，後者はそうした金融政策に加えGPIFの運用見直しも大いに影響しているといえる[8]。いずれにしても，強引な政策によるところが大きい。株価などは，実体経済を反映したものではない。

そうした中で，一方では，大企業や一部の富裕層に富が集中し，他方では相対的貧困が拡大するなど，経済的格差は広がる一方である。こうした現状をアベノミクスの失敗とみるか，成功とみるかは利害構造にかかわる。いうまでもなく大多数の国民からみれば失敗であるが，一部の利益享受者にとっては成功となろう[9]。

ともあれ，以上，みられるように，現在進行中の第16循環の景気回復は，実体経済の内的な拡大ではなく，財政や金融，年金積立金の運用

などを総動員した景気の拡大である。本来ならば緊急避難的な対策であるこうした一連の政策によってかろうじて続いている経済拡大といわざるを得ない。政府主導による官製景気，あるいは，輸血による経済の拡大であるといえよう。

4．結びにかえて

　第14循環は，アメリカのサブプライム問題・リーマン危機に発する金融危機によって終焉した。それも，極めて急激な落込みであった。
　もともとの震源であるサブプライム問題をここでは立ち入ることはできない。しかし，サブプライムローンは，傾斜的な返済額の設定など，はじめから破綻することを前提とした，すくなとも予期できた代物である。高度な金融工学を駆使しても失敗したなどといわれることもあるが，むしろ初めから詐欺的商品であったといえる[10]。
　当初は，日本の金融機関はサブプライムローン関連の金融商品を大量に購入していないので，被害は少ないといわれていた。しかし，実態はそうではなく，日米欧を比較するともっともダメージの大きいのは日本経済だった。なぜだろうか。この点を吟味することによって，本稿の結びにかえよう。
　なにゆえ，日本の景気後退は諸国に比較して大きいのか。それは，これまでの景気拡大のプロセスを吟味すれば，明らかになる。
　すなわち，端的にいって，第14循環の景気拡大は，輸出依存型であり，それを賄う限りでの設備投資の拡大だった。そして，その主な輸出先は，アメリカと中国だったが，中国への輸出もその一定部分はいわば迂回してアメリカ市場を目指すものであった。それゆえ，アメリカの金融危機から生じた市場の混乱や収縮は，日本に対して直接的に影響を及ぼした。アメリカの輸入の減少が日本にとって深刻な事態をもたらしたのである。2009年の対前年輸出増加率がマイナス24％になるという事態は予想もつかないことであった。
　今回の景気拡大のルートは外需にあったのであり，それを内需の拡大

につなげることができなかった。いわば，ほぼ 5 年にわたって外需頼みの好景気だった。このような景気循環のパターンはこれまではなかった。それゆえ，外需の落込みは，日本経済全体にとって決定的に深刻なものになったのである。格差拡大や貧困が叫ばれ，また，「派遣切り」などの横行する事態がそれを象徴している。

では，第 16 循環はどうか。この景気循環の波は現在も進行形であるので，断定的なことはいえないが，幾つかのポイントを上げることが出来る。

すでにみたように，今期の景気拡大は，第 14 循環よりもさらに超低温のものであり，全く実感のないものである。しかしながら，第 14 循環が外需主導型だとすれば，第 16 循環は官製主導型の景気拡大であると特徴付けられる。財政，金融そして年金積立金までも動員しての景気拡大策であることが明らかである。決して，自立的な景気拡大ではない。それ故，政策はきわめて恣意的，政治的にならざるを得ない。アベノミクスが「クローニー資本主義」と呼ばれるのもこうしたことから生まれるものである[11]。言い換えれば，アベノミクスは新自由主義と重なりつつも別物であり，むしろ国家主義ともいえる。この点はここで深入りできないが，注意を喚起しておきたい。

ところで，第 16 循環は今だ拡大期だとされているが，その終焉はどのように推測できるだろうか。

それは，今回の景気拡大がいわば輸血型であることから導かれよう。まずは，財政問題である。財政支出はこの間，高止まりを続けている。一般会計の歳出は一貫して増加傾向にあるともいえるが，この 20 年ほどをみると，それまでは 80 兆円台であったが，リーマン危機以降は 100 兆円前後で推移している。確かにリーマン危機のためその翌年には財政規模を増加させる要因はあるものの，それが落ち着けばもとの水準に戻すべきだがそのようにはなっていない。とりわけ補正予算が経常的に組まれていることは問題が大きい。国債発行残高は 1 千兆円を超え，さらに拡大しつつある。基礎的財政収支の健全化などは達成の見込みがない。このような財政状況は輸血経済の限界になり得るだろう。

ついで金融はどうか。周知のようにアベノミクスの最大の特徴はデフレから脱却をスローガンとした超金融緩和であった。日銀が積極的に国債を購入することで市場に資金を供給し，インフレ期待を生じさせること，これが始まりだった。確かに，こうした量的緩和策の導入直後は若干のインフレ期待が発生し，また株高と円安が進行した。しかし，それは続かなくなり，さらなる輸血が必要になった。それが2016年からのマイナス金利政策を導入であった。マイナス金利政策の導入は，市中銀行が資金を企業に貸し付けたり他の投資に向けることを促すものだが，現実はそのようになっていない。欧米では，リーマン危機後に一斉に金融緩和政策がとられたが，昨今では利上げなど金融政策の正常化に進みつつある。いわゆる出口戦略が実施されつつあるといえよう。そもそも，「黒田バズーカ」などと呼ばれる超金融緩和は，単純な貨幣数量説を前提としたもので，その認識に決定的な誤解があった。デフレを貨幣的現象としてのみ捉え，実体経済に対する分析が全くかけていた。いずれにしても，こうした一連の金融政策によって，すでに「日銀に手持ちのカードは残っていない」という状況であることは確かである。

　繰り返しになるが，第16循環の拡張が，官製主導型のいわば輸血経済と形容せざるを得ないものであるが故に，その後始末は極めて困難なものとなろう。

　第14循環と第16循環の構造以上のようであるとしたら，将来に向けての方向性はどのように考えられるだろうか。ここで積極的な政策提言をなすことはできないが，抽象的にいえば，国内の需要を安定的なものするしかなかろう。そのためにも，格差の広がった社会の「底上げ」が急務である。むろんこれまでのような「ばらまき」を勧めるものではない。むしろ，社会の「底上げ」のために，様々な社会運動や労働運動の質が今問われているのである。

［註］
1）第14循環の名前は，当初は，「かげろう景気」「リストラ景気」などとも呼ばれた。好景気の実感を伴わない好景気という意味である。また第15循環

2） 第0期から第Ⅶ期パターンという命名は，筆者が行ったものである。
3） 高度成長期では，好況期の実質GDP成長率は10％を遥かに超えていたが，第14循環のそれは2％前後である。
4） 日本の輸出相手国としての中国の地位は，2000年代に入ってから確実に上昇してきた。01年以降は第2位に，09年では第1位になった。
5） いわゆる「円キャリー・トレード」を想起されたい。
6） 「労働分配率」には幾つかの定義があるが，この期間では，どの定義によってもそれは低下している。詳細は，本書，第8章を参照されたい。
7） 2009年に実施され経済対策であり，「エコポイントによるグリーン家電の普及」が眼目とされた。具体的には，エアコン，冷蔵庫，地上デジタル・テレビなどの対象製品を購入すると，ポイントに応じて商品やサービスと交換できるというものである。
8） GPIF（年金積立金管理運用独立行政法人）は，およそ130兆円の公的年金資金を運用しているが，2014年に運用の基本ポートフォリオ（資産構成割合）を見直した。これまで過半を占めていた国内債券が60％から35％に引き下げられるとともに，国内株式の割合が12％から25％へ，外国株式が12％から25％へ，外国債券が11％から15％へとそれぞれ引き上げられた。要するに，リスク性資産への配分を増加させたといえるが，それによって株価が下支えされることはいうまでもない。
9） そうした中で，企業からの自民党への毎年の政治献金は増加し続けている。野党に転落した2010～11年ころは13億円程度であったが，15年では約23億円まで増加している（「日本経済新聞」2016年11月25日）。
10） こうした点に関しては，本書，第2章，および田中史郎［2010］を参照されたい。
11） 日本語では「縁故資本主義」とも呼ばれる。政治権力者が血縁者や知人に経済的利権を配分し，またそれにより自らの政治的，経済的利益を増強しようとするものである。

第5章　高齢化社会論の批判的検討
―日本は本当に高齢化社会なのか―

はじめに

　昨今では，「少子高齢化社会」という名称で，「少子化」と「高齢化」がワンセットで議論されることが多い。人口問題としてはそれは当然のことである。だが，振り返るとやや異なった経緯を辿っている。1990年代にはもっぱら「高齢化社会」が問題として取り上げられた。日本では，平均寿命が伸長し人口構成の高齢化が進みつつあるということだ。そうした事情のもと，『高齢社会白書』が1997年から発行されている。それに対して，「少子化社会」が議論の対象とされるのは，2000年代に入ってからである。ちなみに『少子化社会対策白書』が発行されたのは2004年からである。

　このような経緯は当然ながら，いわゆる高齢化や少子化といった現象がそうした時代に明確になってきたことを反映している。しかし，立ち入って吟味すると，通説的理解，すなわち，高齢化や少子化といった通説的理解とは異なった社会像が浮かんでくる。こうした経緯を踏まえ，本第5章ではまず高齢化社会といわれる実態を分析しよう。

1. 高齢化社会とその問題点

　人口構成の高齢化あるいは高齢化社会を巡る議論が活発になってから，すでに久しい。その始まりは定かではないが，1989年に消費税が導入されたときにこの問題がクローズアップされ，また，幻に終わったとはいえ94年6月に当時の細川護熙首相により突如「国民福祉税」案が示されたときにも，その背後には高齢化社会云々という議論が見え隠れしていた。そして，97年からの消費税の税率アップ（3%から5%へ）

のさいもまた然りである。

　だが，80年代末と90年代に入ってからの議論にはやや異なった側面がある。前者においては，当時は周知のようにいわゆるバブル景気の真っ最中であったので，高齢化社会の問題は若年層の労働力不足との関係からの議論が多くみられた。すなわち，キケン・キタナイ・キツイの「3K」労働を誰がやるのかといった議論や，なかり重労働である看護婦（師）の不足問題が話題を呼んだ。そして，こうした労働を外国人労働者に求める以外にはないともいわれた。当時は，彼ら外国人も労賃の高い日本で働くことを希望しているのであり，一石二鳥だという主張がまことしやかに叫ばれもした。しかし，90年代に入りバブル景気が見事に崩壊し未曾有の長期不況に至るとこうした議論は影を潜め，もっぱら社会福祉や社会保障，そしてそのための財政の危機が叫ばれるようになった。右肩上がりの税収の伸びを前提にした財政政策が破綻し，巨額な赤字国債の累積との絡みもあってこうした議論が出されてきたといえよう[1]。

　このように，高齢化社会に関する議論も景気の変動によりやや異なったトーンで語られた。以下の新聞報道はまだ不況がさほど長期化するとは思われなかったときのものなので，この両者を混合したような内容になっている。すなわち，「『超高齢化社会』の到来がこれまでの予測に比べはるかに加速しており，生産年齢人口の減少により，年金，医療など社会保障の負担問題や人手不足による経済の活力の低下など社会システム全体に大きな影響を与えそうだ。」（『読売新聞』1991年6月7日）と。

　ともあれ，短期的な景気変動の問題をとりあえずネグレクトすると，高齢化社会の問題といわれてきた諸点は，経済領域においては，それの到来により，経済活力が低下すること，またそれとも関連するが，社会福祉や社会保障のための財政が危機に瀕すること等に集約できよう。

　しかし，これらは本当にその通りなのであろうか。また，より根源的な問いを発するならば，今日は本当に高齢化社会なのだろうか。このような議論は，後に示されるように，65歳以上の人口が増大し，14歳以下の人口が減少するといったいわば「自然的な問題」と，それが社会に及ぼすいわば「社会的な問題」とを混同しているところから生じている

ように思われる[2]。人口問題は，あらゆる社会科学の根本をなすものであるので，とりわけこうした点の混同は避けられなければならない。

ところで，人口構成の高齢化を招く要因には，長寿化（平均寿命の伸張）と少子化（出生率の低下）があげられるが，前者に関してみてみよう。1993～94年におる世界76か国の1人あたりのGNPと平均寿命の関係をプロットしたのが「図表5-1」である（平均寿命には男女差がかなりあり，それぞれを別個に扱うことも必要かと思われるが，ここでは議論を分かりやすくするために，男女の単純平均の値を使用した）。みられるように，1人あたりのGNPと平均寿命には相関関係のあることが明らかだろう。

図表5-1　1人当たりのGNPと平均寿命

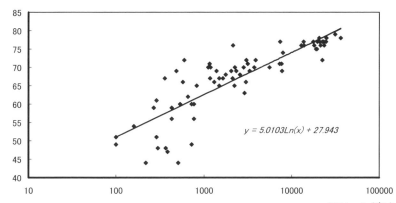

（資料）『世界国勢図絵』より作成

もちろん，このような図表を示すまでもなく，こうしたことは食糧や医療の充実度を考慮すれば容易に想像がつく。「図表5-1」は，みられるように，世界の各国を対象とした共時的な相関関係を示したものだが，これをある国に限定して時通的な相関関係としても理解できる。そこで，1人当たりのGNPと平均寿命にこうした共時的・時通的な相関関係があるとしたら（因果関係ではなく単なる相関関係があるとしても），以下のことがいえることになろう。

第1に，現在の日本は希にみる長寿国だが[3]，今後，中進国が経済成

長を継続し1人当りのGDPが増大したならば，こうした水準の平均寿命に近づくだろうということである。その意味で，これから議論する高齢化社会の問題は，日本のことを扱ってはいるが，ある意味でこうした中進国にも近未来的に起こりうることであるといえよう。

また，第2に，日本は高齢化の速度が他の先進国に比較してきわめて早いことが指摘されており[4]，また，日本では平均寿命の伸張が著しいが[5]，こうしたことも日本の戦後の経済成長のテンポの早さから当然にも予想されたということである。

ともあれ，こうした点をふまえて，以下，実証をまじえつつ高齢化社会に関する議論を検討しよう。

2. 通説的な高齢化社会論と通説的な高齢化社会論批判

今日さかんに論じられている高齢化社会，あるいは高齢化社会問題とは以下のような論理で示されるものである。それは，65歳以上の人口を高齢者人口と定義して，この部分の全人口に占める割合（高齢化率＝（65歳以上人口／総人口）×100），すなわち高齢化率が近年，急速に拡大しているという事実をまず指摘する。もちろんこの現象は，近年の平均寿命の著しい伸び（長寿化）と出生率の低下（少子化）によってもたらされているが[6]，ここからすでにみたような様々な議論が生まれてきた。

ともあれ，基本的な問題は，社会にとって「非生産的人口」＝「従属的人口」の一部である高齢者とそれを支える「生産的人口」の比率が著しく変化することによって生じる問題であると考えられている。換言すれば，上のような一切の社会的問題を，人口の高齢化といういわば自然的な問題として捉え，したがって，これを前提とするかぎり不可避的に発生する問題であるとしているわけである[7]。

しかし，本当にそうだろうか。若干先回りをして我々の結論を述べておけば，そもそも高齢者という年齢の基準に問題があるのではないかと考える。高齢者という概念は，年少者（子供）という概念と同様に[8]，

きわめて社会的な概念であると考えられる。多くの統計によれば、年少者を14歳以下とし、65歳以上を高齢者として固定的に捉え統計処理が行われており、それは単純な国際比較を行うさいにはたしかに意味がある。だが、そのような固定的な年齢基準は、ある国の時系列的な社会的な問題を考える場合には基準として成立しないのではないかと思われるからに他ならない。

　繰り返しになるが、通説では、14歳以下と65歳以上の両方の人口を「非生産年齢人口」＝「従属人口」と概念化している。しかし、たとえば、今日の日本では、15歳以上の若者の多くが就業しているわけではないし、また、65歳以上の人々が就業してないわけでもない。戦後の高度成長期を通して、高校や大学への進学率は著しく高くなり[9]、また一方で、すでにみたように、平均寿命も大幅に延びているのである。特に、時系列をとって社会分析を行おうとする場合には、こうした点は無視し得ない要素であろう。それゆえ、我々は、こうした点を考慮にいれ、でき得るかぎり社会的な視点からいわゆる高齢化社会論を検討してみたいと考えるわけである。

　さて、これまでは、14歳以下を年少者（これを第1期人口と呼ぶ）とし、65歳以上を高齢者（これを第3期人口と呼ぶ）として固定的に定義し、統計的な処理がなされてきたことは、すでに明らかにした（したがって、第2期人口とは15歳から64歳までのいわゆる生産年齢人口を指す）。それによれば、「図表5-2」のように、確かに高齢者の人口の割合は戦後急激に拡大してきたのであって、その限りでは今日は高齢化社会になりつつある、あるいは、もはや高齢化社会であるといえないこともない[10]。そして、こうした結果から、すでに述べたように、高齢者の福祉財源を、あるいは労働力不足をどうするかが問題にされてきた。経済的な問題に限定していえば、増大する非生産年齢人口－高齢者を支えることが今後困難になるといわれているのである。以上が「通説的な高齢化社会論」であり、またその核心といえよう。

図表 5-2　これまでの 3 区分による人口構成

	第1期人口		第2期人口		第3期人口	
1893	[〜14歳]	33.1%	[15〜64歳]	61.4%	[65歳〜]	5.6%
1930	[〜14歳]	36.6%	[15〜64歳]	58.7%	[65歳〜]	4.8%
1950	[〜14歳]	35.4%	[15〜64歳]	59.7%	[65歳〜]	4.9%
1960	[〜14歳]	30.0%	[15〜64歳]	64.2%	[65歳〜]	5.7%
1970	[〜14歳]	23.9%	[15〜64歳]	69.0%	[65歳〜]	7.1%
1980	[〜14歳]	23.5%	[15〜64歳]	67.3%	[65歳〜]	9.1%
1990	[〜14歳]	18.2%	[15〜64歳]	69.5%	[65歳〜]	12.0%
2000	[〜14歳]	14.6%	[15〜64歳]	67.9%	[65歳〜]	17.3%
2005	[〜14歳]	13.7%	[15〜64歳]	65.8%	[65歳〜]	20.1%

(注)　① 本図表は，通説に従い，15才と65才を基準に人口を3区分したものである。
　　　② [ ] 内は年齢を示す。
　　　③ 本表の値は男女を合計・平均したものである。
(資料) 総務庁『国勢調査報告』，総務庁『推計人口』

　しかし，このような通説的な議論には，すでに伊藤光晴などから批判が提出されている。すなわち，それは，確かに第3期人口の比率は高くなっているが，逆に，14歳以下の第1期人口の比重も小さくなってきているので，その両方を除いた部分，つまり，生産年齢人口（第2期人口）は，ほぼ等しいか，むしろ増大している点に注目するものである。事実，「図表5-2」で明らかなように，戦前に較べ，戦後では第2期人口の比率がむしろ増大しており，また，近年においても高い水準を維持している。すなわち，問題とすべきは非生産年齢人口と生産年齢人口との割合であり，高齢者人口の増大だけではなく年少者人口の減少をも考察の対象にすべきであって，生産年齢人口の構成が減少しない限りは問題は無いというがそれである。伊東光晴は「高齢化社会の重みというのは，実は世代間の再分配問題で，絶対的な重みの増加ではないのです。」(『転換期の日本経済』NHK市民大学，11頁) と述べている。

　したがって，このような議論によれば，少なくとも経済的には，いわゆる高齢化社会問題というものは，さほど大きな問題（「絶対的な重み」）ではないということになる。「図表5-2」を前提とするかぎり，この通説に対する批判は先の通説よりもはるかに説得力があるといるのである。

以上が「通説的な高齢化社会論」と「通説的な高齢化社会論批判」といえよう。

　とはいえ，このような通説批判にも疑問は残る。というのも，この議論では，「生産年齢人口」・「非生産年齢人口」という視点から年少者の問題も視野に入れているとはいえ，先の議論と同様に，年少者と高齢者という年齢基準を固定化しているからに他ならない。時系列的に社会的考察を行おうとする場合には，何らかの社会的な要因を基準として分析をすべきではないかと思われる。繰り返しになるが，一方で高等教育の就学率が飛躍的に高まり，他方で平均寿命も著しく伸びていることを何らかの形で加味する必要があろう。

3. 根底的な高齢化社会論批判のための準備作業

　そこで，「根底的な高齢化社会論批判」のために，2つの試算を行いたいと考える。

　その第1は，いわば「ゴム紐の論理」とでも呼ぶに相応しいものである。すなわち，平均寿命の伸張によって，第1期・第2期・第3期人口の年齢基準を，時系列的に，あたかもゴム紐を引っ張るように変更するという考え方に他ならない。平均寿命が伸びたのだから，それに応じて，それぞれの年齢区分も変わって当然であると考えたわけである。もちろん，こうした操作は，必ずしも社会的な要素を加味したとはいえないが，平均寿命の伸びは，すでにみたように経済成長（1人当たりのGNP）と密接な相関関係があり，ある意味で社会的なものの反映とも考えられるので，こうした操作は先の固定的な年齢区分よりもヨリ社会的といえよう。

　そこで，平均寿命の伸びにしたがって，第1期・第2期・第3期人口を区分する年齢基準をこの「ゴム紐の論理」により変更し，先と同様な図表を作成したものが「図表5-3」である（16歳以下を第1期とし，66歳以上を第3期とした55年の平均寿命を基準にして計算した。なお，平均寿命には男女差がかなりあるが，分かりやすくするために，男女の単純平均の値

を用いた）。

図表 5-3　ゴム紐の論理による人口構成

	第1期人口		第2期人口		第3期人口	
1893	[～11歳]	26.7%	[12～43歳]	50.0%	[44歳～]	23.3%
1930	[～11歳]	30.4%	[12～45歳]	50.6%	[46歳～]	19.0%
1950	[～14歳]	35.4%	[15～60歳]	57.5%	[61歳～]	7.1%
1960	[～15歳]	31.8%	[16～66歳]	63.5%	[67歳～]	4.7%
1970	[～16歳]	27.2%	[17～70歳]	69.1%	[71歳～]	3.7%
1980	[～17歳]	27.9%	[18～74歳]	68.9%	[75歳～]	3.1%
1990	[～18歳]	24.7%	[19～77歳]	71.8%	[78歳～]	3.3%
2000	[～19歳]	19.5%	[20～79歳]	75.5%	[80歳～]	3.8%
2005	[～19歳]	18.9%	[20～80歳]	76.5%	[81歳～]	4.3%

（注）① 本図表は，平均寿命の伸縮に応じ区分年齢を単純に変化させて，人口を3区分したものである。
② [ ] 内は年齢を示す。
③ 本表の値は男女を合計・平均したものである。
（資料）総務庁『国勢調査報告』，総務庁『推計人口』，厚生省『生命表』

　この「図表5-3」によれば，第1期・第2期・第3期人口の年齢区分に関して，第1期人口の上限年齢は，後にみるように，そして我々の生活実感からして，ほぼ妥当と思われるが，第3期人口の下限年齢は，近年に近付くほど高くなり過ぎている感も無いわけではない。それだけ平均寿命の伸びが近年に著しいということの反映に他ならないが，しかし，平均寿命の意味をも考慮に入れなければなるまい。周知のように，平均寿命というのは，0歳児の平均余命に他ならないが，これは，主に乳児などの年少者の死亡率に大きく左右されるので，この乳児などの死亡率が大幅に減少した近年においては[11]，平均寿命は高くなりやすい傾向があるからである[12]。

　だが，ともあれ，このような試算では，戦後だけをとった場合，第1期人口の比重はかなり小さくなり，また，第3期人口のそれもやや減少している。したがって，第2期である生産年齢人口の割合は著しく増加したことになる。事実，「図表5-3」によれば，この第2期人口の構成は，50年代の50～60％から，90年代には70％台に大きく増加している。

通説でいわれている高齢化社会とは全く違った人口構成のイメージが浮かびあがることになるのである。高齢化社会どころか，むしろその反対の社会像にならざるを得ない。

とはいえ，上のような統計処理はやや機械的という感を免れない。いうまでもなく，これは「ゴム紐の論理」によって平均寿命の伸びを単純に加味したに留まるからである。

それゆえ第1に，これに再度社会的な要素を加味しなければならない。まず，第1期人口の上限の年齢であるが，これを，「まだ職に就いていない年齢の限界」として捉え，さらに，第3期人口の始まりの年齢も，「まだ十分に就労可能な年齢の限界」として捉えてみたい。こうした，基準によってそれぞれの人口構成を再度修正してみようというわけである。これを「修正されたゴム紐の論理」と呼ぼう。

すなわち，まず，第1期人口の上限の年齢基準は，高校・専門（各種）学校・短大・大学への進学率を基に推計してみた（進学率にも男女差があるが，ここでは男女を合計した値を用いた）。つまり，たとえば，「同世代人口の50%が4年制の大学に進学したならば，同世代人口の全てが2年間修学したことになる」というように，高校・専門（各種）学校・短大・大学への進学率によって再計算したわけである（なお，戦前にかんしては資料がないので，学校制度を基準として11歳に固定した）。こうした試算は驚くべき結果をもたらした。第1期人口の上限の年齢は，先にゴム紐の論理によって計算したものとほぼ一致しているのである。この点は，高校や大学などの高等教育問題を考えるうえできわめて重要な問題を投げかけていると思われるが，ここでは立ち入らないことにする[13]。

そして，第3期人口の下限の年齢基準は，平均余命がほぼ15年になる年齢として試算してみた（平均余命にも男女差がかなりあるが，ここでは，先と同様に，男女を単純に平均した値をとった）。すでに述べたように，0歳児の平均余命である平均寿命には乳児死亡率などの若年期の問題が大きく左右するので，高年齢層を捉える場合には適当ではない。そこでここでは，平均余命から逆算したわけである。平均余命が15年になる年齢というのは，平均的にいえば，ほぼ15年の余生があるということで

ある。ちなみに，50年代では，65歳の平均余命は，男が約10年，女が約12年だったのである。こうすることによって，本来の高齢者という意味も明確になるであろう。

こうして導かれたものが「修正されたゴム紐の論理」である。前者，第1期人口の上限年齢に関しては完全に社会的な要素を基準にした値ということができ，また，後者，第3期人口の下限年齢も退職後15年は余生を送るという想定になり，「修正されたゴム紐の論理」は，かなり社会的な要素を加味したものといえよう。このような方法によって求めた人口構成が「図表5-4」である。

図表5-4 修正されたゴム紐の論理による人口構成

	第1期人口		第2期人口		第3期人口	
1893	[～11歳]	26.7%	[12～56歳]	62.6%	[57歳～]	10.7%
1930	[～11歳]	30.4%	[12～57歳]	61.0%	[58歳～]	8.6%
1950	[～16歳]	39.5%	[17～60歳]	50.2%	[61歳～]	10.3%
1960	[～17歳]	35.9%	[18～61歳]	52.9%	[62歳～]	11.2%
1970	[～18歳]	30.7%	[19～63歳]	61.6%	[64歳～]	7.7%
1980	[～19歳]	30.6%	[20～66歳]	62.4%	[67歳～]	7.0%
1990	[～20歳]	27.8%	[21～68歳]	63.3%	[69歳～]	8.6%
2000	[～20歳]	21.7%	[21～70歳]	67.4%	[71歳～]	10.7%
2005	[～21歳]	21.1%	[22～71歳]	66.4%	[72歳～]	12.1%

(注) ① 本図表は，第1期の上限年齢は高校・専門（各種）学校・短大・大学への進学率をもとに全体としての就学年齢を基準に，第3期の下限年齢は平均余命が15年になる年齢を基準に，人口を3区分したものである。
② [ ] 内は年齢を示す。
③ 本表の値は男女を合計・平均したものである。
(資料) 総務庁『国勢調査報告』，総務庁『推計人口』，厚生省『生命表』，文科省『文部統計要覧』，文科省「学校基本調査」資料）総務庁『国勢調査報告』，総務庁『推計人口』，厚生省『生命表』

明らかなように，この図表では，第1期人口年齢の上限は前「図表5-3」とほぼ同様であるが，第3期人口年齢の下限は大分修正されている。ともあれ，これらの年齢基準は，前者においても後者においても，我々の実感からしてもほぼ妥当なものであろう。第1期年齢層は，就学前の幼児か，現に学校で学んでいる者であり，第3期年齢層は，平均的には

15年間の余生を送っている文字どおり高齢者ということになる。そして，そのあいだの第2期年齢層は，まさに就業し何らかの意味で経済的価値を生産している者ということになる。

このような基準によると人口構成はどうなるのであろうか。第1期の人口構成は，前掲「図表5-3」と同様に，その比重が戦後かなり減少し，そして，第3期の人口構成は，7～12％台の水準を保っている。したがって，生産年齢人口である第2期の人口は，戦後はほぼ増大していることになる。事実，第2期人口の構成は50年代の50％台から70年以降には60％台へと増大している。みられるように，このような「修正されたゴム紐の論理」により統計処理を行っても，いわれているような高齢化社会とはかなり違った人口構成であることが明らかであろう。

以上によって「根底的な高齢化社会論批判」のための準備作業は整えられたと考えられるのである。

4. 高齢化社会論の意味とその批判

では，現在さかんに論じられている高齢化社会とはどういうことを意味するのであろうか。我々が作成した「図表5-4」のような統計処理はさほど困難でもなく出来るのであり，それによれば，とても高齢化社会とは呼べない状況にもかかわらず，何故今日，高齢化社会論が，それもきわめて単純な「図表5-2」のようなものを根拠にして叫ばれているのだろうか。

結論のみを示せば，昨今の高齢化社会論は，格差のはっきりしてきた今日の社会的不満を隠蔽するためのもの，あるいは，危機煽りのためのものという感が強いといわざるを得ない。ここでいう格差とは，たとえば，住宅，所得，資産などのそれを指すが，これらの多くは，高度経済成長の終焉と戦後50～70年間の安定による社会的流動性の停滞という2つの要因から派生する問題として生起してきたといえよう[14]。

とはいえ，問題はそれだけでは収まりきらない。これまでの統計処理上では，第1期・第2期・第3期の年齢区分の基準が固定的に捉えられ

ていたことからも示唆されるように，問題は，高等教育への進学率（就学率）の高まり，および平均寿命（高年齢者の平均余命）の飛躍的な伸びに社会的な制度が対応していない点にある。たとえば，前者では，教育問題とくに高校・大学といった高等教育問題であり[15]，後者では，いわゆる高齢者の雇用・就労問題に他ならない。本稿の主題からすれば，とりわけ後者の問題が重要であり，端的にいえば，企業の定年延長の問題にそれが集約されているといえよう。いわゆる高齢者においても，労働能力は低下せず，むしろその熟練の能力は高まっているという調査研究もなされているとはいえ[16]，現状では，これらの点が十分に制度的に満たされているとはいえない。高齢者の雇用が改善されるならば，先の年金，保険などの社会福祉の危機と呼ばれるものも自ずから解決されるのである。

　もちろん，制度上の改革がそうたやすく可能になるとは考えられない。しかし，その困難性は，あくまでも社会的な問題であり，決して自然的な問題ではない。その点の相違はきわめて明確である。社会的な問題と自然的な問題とを混同することなく捉えるならば，すなわち，我々の作成した「図表5-4」を前提とするならば，いわれているような高齢化社会などというものは少なくとも現在は存在するとはいえない。あまりに単純な高齢化社会＝危機論ではなく，冷静な現状認識と政策的対応が求められているといえよう。

［註］
1）90年代の長期不況期では，現在と比較すれば国債の累積残高は少なく見えるが，それでも財政赤字の問題が活発に議論された。ちなみに，国債の残高は，90年代中葉では200兆円程度であり，昨今（2017年）の1000兆円とは比較にならないほどであるにもかかわらずである。
2）社会的な問題と自然的な問題の混同という点に関しては，かつての第1次石油ショック（73年）のことが思い出される。当時は，一部では「石油が枯渇する，石油がなくなる」と騒がれ，そこからトイレットペーパー事件や銀行の取りつけ騒動にまで混乱は拡大した。しかしいうまでもなく，石油危機とは自然的なものとして石油がなくなるという問題ではなく（埋蔵量はその後増大すらしている），単なる価格上昇の問題（もっともそれは経済的には大問題であるが），つまり，社会的な問題だったのである。その後，80年代

半ばに「逆石油ショック」といわれる石油価格の下落がそれを物語っている。
3）95年の日本の平均寿命は，男が76.5歳，女が82.8歳であり，世界で最長寿である（総務庁『高齢社会白書』1996年版）。
4）全人口に占める65歳以上の割合（高齢化率）が7％から14％に増加する期間（倍化年数）は，各国に比較して，日本は圧倒的に短い。それだけ，高齢化の進行が早いということである。それは，経済成長の速さを反映したものともいえよう。ちなみに，その期間は，フランスでは114年，スウェーデンでは82年，アメリカでは69年，イギリスでは46年，ドイツでは42年であるのに対して，日本ではわずか24年である（前掲『高齢社会白書』）。
5）日本の男女平均の平均寿命は，戦前では45歳ないしそれ以下であるのに対して，55年では65.7歳，80年では76.1歳，そして，95年では79.6歳である（総務省『日本統計年鑑』）。近年の平均寿命の顕著な伸張が窺えよう。
6）日本の男女平均の平均寿命は，戦前では45歳ないしそれ以下であるのに対して，55年では65.7歳，80年では76.1歳，そして，95年では79.6歳である（前掲『日本統計年鑑』）。近年の平均寿命の顕著な伸張が窺えよう。大規模な人口の流出入がなければ，一国の人口高齢化には，出生率の低下と死亡率の低下の2つの要因が関与する。即時的に影響するのは前者であり，後者は，当初，低年齢層の生存率を高めることにより，むしろ人口構成を若年化する方向に働くが，長期的には，高齢人口を増加させることになる。ちなみに，日本の出生率は，1955年＝19.4‰，70年＝18.8‰，80年＝13.6‰，90年＝10.0‰，95年＝9.5‰である。なお，合計特殊出生率は，1960年代は2.00前後だったが，その後なだらかに減少し続け，95年では1.43と過去最低を記録した（前掲『日本統計年鑑』）。
7）たとえば，厚生省『日本の人口・日本の社会』東洋経済新報社，第1章を参照されたい。
8）我々現代人からみると，いついかなる時代でも年齢の幼い者は「子供」であると考えがちだが，しかし，歴史的事実としてはそうではない。佐藤直樹によれば，生物学的な意味での幼い者が存在しなかったわけではないが，「ヨーロッパでは，18世紀まで現在のような「子ども」というものは存在しなかった」（佐藤直樹［1993］）。というのは，「子どもは大人とまじって仕事や遊びをしていたので，子ども大人を区別する必要がなかった」（同上）からだと。大人や子供，あるいは　高齢者という概念はそれぞれきわめて歴史的・社会的に形成されてきたのである。なお，アリエス［1980］，ポストマン［1995］も参照されたい。
9）日本の高等教育の進学率の高まりはきわめて急速である。高校への進学率は55年の51.5％から95年には95.8％に，同様に，短大への進学率は55年の2.2％から95年の13.1％に，また，大学へのそれは55年の7.9％から32.1％になった。さらに，専門（各種）学校への進学率を加えると，95年のこれらの進学率の合計は，63.1％になる（文部省『文部統計要覧』）。すなわち，18〜

20歳の若者のうち，6割以上は何らかの形態で進学をしているのである。この値は60年代前半の高校進学率に等しい。つまり，かつての世代が高校に進学するということと，今日の高校生が短大や大学に進学するということは，同様な意味をもっているといえよう。
10) 人口論研究者によれば，人口構成が高齢化しつつある社会をさす「高齢化社会」と，高齢者の割合が高い比率で一定化した「高齢社会」とを区別すべきであるといわれている。たとえば，金森久雄・伊部英男編［1990］を参照されたい。しかし，本稿ではこの点に関しては立ち入らない。
11) 乳児死亡率は，1950年代前半には40～60‰内外だったが，その後漸次減少し，95年には4.3‰まで低下している。この値は，世界でもっとも低いものである（前掲『高齢社会白書』）。
12) より正確にいえば，乳児死亡率の高い時代（社会）では，平均寿命の統計値は実態よりも低く現れることになる。
13) 平均寿命の伸張によって求めた第1期人口の年齢基準（図表5-3「ゴム紐の論理」による人口構成）と，後にみる高校・専門（各種）学校・短大・大学への実際の進学率から計　算によって求め年齢基準（図表5-4「修正されたゴム紐の論理」による人口構成）とがほぼ一致しているということは，平均寿命と高等教育の進学率とのあいだには何らかの相関関係があることを示唆している。進学という個別的・ミクロ的なものの総和があたかも平均寿命に規定されてもいるようである。興味深い統計結果である。この点にかんしては，田中史郎［1998］を参照されたい。
14) この問題に関しては，本書，第7, 8章を参照されたい。
15) 「図表5-4」の第1期年齢の上限の変化で明らかなように，戦後60余年を経て実質的な就学年齢が3年ほど伸びているので，これに応じて義務教育も3年ほど伸ばすことが必要ではないか（高校教育の義務化）。そうすることにより，9年間ではなく，12年間で普通教育を考えることができ，多少なりとも体系的な教育が可能になるかも知れない。
16) 金森久雄・伊部英男［1990］第5章を参照されたい。

第6章 少子高齢化社会の実相
―少子高齢化は如何なる意味で危機なのか―

はじめに

　このところ，人口問題，なかんずく少子化問題にかんする議論が話題をよんでいる。その多くは，現在の日本は少子化社会であり，また，近未来ではそれがさらにエスカレートし最悪のシナリオでは日本人は絶滅するといったものである。やや茶化していえば，日本人は「絶滅危惧品種」だというわけだ。いうまでもなくその最大にして唯一の根拠は，毎年発表される「合計特殊出生率」がきわめて低いという点につきる。政官界でも認識に温度差はあるものの，この点はほぼ一致しており，矢継ぎ早に少子化対策が打ち出されている。

　しかし，そうした認識には，疑問の点が多い。本第6章では，前章をパラフレーズしつつ，日本の経済社会の焦眉の課題の一つである少子高齢化問題を主に少子化に焦点を当てて批判的に検討したい。

1．戦後の人口論と問題の所在

(1)戦後の人口論

　人口問題は労働力問題と絡めて議論されることが多いが，こうしたことに関心が高まったのは，古くは敗戦直後からであろう。長期にわたる戦争による全産業の疲弊と復員や引き揚げによる人口増に対して大量失業はもとより，食糧不足さえ危ぶまれた[1]。だが，こうした事態は，当時まだ色濃く残る農村の共同体的経済によってかろうじて破綻を免れたといえよう。農村の人口吸収力は思いの外に強力であったといえる。

　朝鮮戦争の特需で一息つきその後の高度経済成長よって，こうした問題は忘れ去られ，反対に労働力不足が問題視された。1965（昭和40）年

不況はその最大の要因が労働力不足にあったといわれている。こうした状況は高度経済成長が終焉する1970年代中葉まで続いた。

いわゆるニクソン・ショックとそれに続く2度のオイル・ショックによって，高度経済成長は過去のものとなり，減量経営の疾風のもと一時は失業問題が俎上に上った。しかし，その後の中程度の成長率，先進諸外国に比較してむしろ相対的に高い成長率の実現によってこうした点は焦眉の経済問題とはならなかった。この頃に大幅な貿易黒字を記録し，「強すぎる日本」として諸外国から避難される状況だった。

そして，1985年の猛烈な円高とそれによる不況（円高不況）で失業問題が深刻に受け止められた。だが，その直後から始まったバブル景気によって，逆の意味で労働力問題が議論の対象とされた。そのさいに問題にされたのは，失業問題ではなく，高齢化と少子化である。一方で日本の平均寿命が世界一になり高齢化社会が，他方で89年には「1.57ショック」[2)]という表現で少子化が話題になったのである。当時は，とりわけ前者，高齢化の問題が大きく採り上げられた。世界一の長寿国，すなわち高齢化社会によって生ずる年金，医療など社会保障の財源問題や高齢者を介護する人手不足の問題が主な議論の対象となったのである。外国人労働者の受け入れはもとより，果てはアジアから看護婦を大量に導入しなければ老人のケアが儘ならないとさえいわれた。バブル景気を背景にこうした議論が続出したのであった。

(2)少子高齢化論と本稿の構成

いわゆる少子化問題に関しては先の「1.57ショック」が契機となったとはいえ，そのための様々な対策が打ち出されるのはバブル崩壊による大不況になってからである。1994年に「エンゼルプラン」が発表されたのを皮切りに，以下，99年には「新エンゼルプラン」，02年には「少子化対策プラン」，03年には「少子化対策基本法」や「次世代育成対策推進法」，そして04年には「少子化社会対策大綱」および「子ども・子育て対応プラン」といった実に多くの施策が発表されている。これらが実効性を持っているか否かははなはだ疑問だが，その間にも合計特殊出

生率は下がり続け,03年,04年では連続して「1.29」になっている。そして,日本の総人口も,2008年をピークとして減少をし始め,22世紀初頭の人口は現在の半分かそれ以下という予測も出されている。

　こうした様々な数字を前にして,政界においては与野党を問わず,そしてマスコミの主流でも少子化を日本の有史以来の危機と捉えているかのようである。先の様々な少子化対策プランとその報道のされ方がそれを示している。だが,少子化や人口減少を必ずしも危機とは考えず,むしろそれを歓迎する諸説もなくはない。しかし,それは少数派であろう[3]。ともあれ,何が何でも「少子化を阻止せよ」という議論と,反対に「少子化を歓迎する」ないし「少子化を容認せよ」という議論に分かれるわけである。

　ところで,このような人口減少や合計特殊出生率そのものを疑問とする説も考えられる。多くの議論は,政府の発表する数値を鵜呑みにして,それを前提として議論を開始しているといってよいが,たとえば,「合計特殊出生率1.29」という値それ自身を疑う必要はないだろうか。

　本章は,そうした根底的な問題に取り組んでみようとするものである。少なくとも過剰な少子化論に冷静な立場から批判を加えたい。前章の原型は,高齢化社会論が華やかしきころそれを批判的に把握すべきことを展開した論考である。いうまでもなく少子化問題は高齢化問題と繋がった一体の問題であり,少子高齢化問題ないし少子高齢化論として議論されている。それゆえ,まず,ややくり返しになるが,高齢化社会論批判を振り返り,それを踏まえて件の問題に迫りたい。

2. 高齢化社会論とその批判

(1)通説的な高齢化社会論と伊東光晴による批判

　まず,通説的な高齢化社会論,あるいは高齢化社会問題とは何かを確認しておこう。それは,65歳以上の人口を高齢者人口と定義することから始まる。そして,この部分の全人口に占める割合,すなわち高齢化率が近年に急拡大しているという事実を指摘し,こうしたことから様々

な問題が発生するというわけである。たしかに高齢化率は，1980年代中頃までは10％以下だったが，漸次上昇し近年では20％を越えている。

そして，こうした統計値から，高齢者のケアを誰がするのか，あるいはその財源をどうするのかといった一連の問題が深刻に受け止められた。経済的な問題に限定していえば，増大する高齢者を支える財政運営が今後困難になるといわれているのである。以上が「通説的な高齢化社会論」であり，またその核心といえよう。

ところで，こうした通説的な高齢化社会論を批判した嚆矢として伊東光晴の説があげられる[4]。伊東の主張は，いわゆる高齢化率の上昇は必ずしも危機ではないというものである。

というのも，なにゆえ65歳以上の人口の相対的な増加が問題視されるのかといえば，その層が「従属年齢人口」だということにつきるからだ。しかし，従属年齢人口はこの年齢層ばかりではない。高齢者を65歳以上とするという定義は，15歳未満を年少者とすることと対応している。人口を15歳と65歳との分割軸で3分割するのだが，その意味は，15歳未満の年少者と65歳以上の高齢者をともに「従属年齢人口」として把握し，その中間である15歳から65歳未満の層を「生産年齢人口」とするころにある。すなわち，「生産年齢人口」が経済的な富を生産し，それによって「従属年齢人口」が養われているという想定に他ならない。

このように，人口を年齢で3区分し，年少者と高齢者とを従属年齢人口，そしてその中間の層を生産年齢人口とした場合，問題になるのは従属年齢人口と生産年齢人口の比率に他ならない。そうした観点からすると，たしかに近年は，65歳以上の人口は増加しているが，同時に15歳未満の人口も減少しているのであって，両者を合計した従属年齢人口の割合は増加していない。むしろ，それは減少し，生産年齢人口の割合が増加しているのである。戦前の生産年齢人口の割合は6割に達しておらず，戦後の推移をみても，それは1950年代では60％台の前半であったが，その後は徐々に増加し70年代以降では60％台の後半の値で安定している。

すなわち，問題とすべきは非生産年齢人口と生産年齢人口との割合で

あり，高齢者人口の増大だけではなく年少者人口の減少をも考察の対象にすべきであって，生産年齢人口の構成が減少しないかぎりは問題は無いというのが伊東の主張する高齢化社会論批判に他ならない。伊東は「高齢化社会の重みというのは，実は世代間の再分配問題で，絶対的な重みの増加ではないのです。」（伊東光晴［1985］，11頁）と述べている。

このような議論によれば，少なくとも経済的には，いわゆる高齢化社会問題というものは，さほど大きな問題（「絶対的な重み」）ではないということになる。通説に対するこの批判は，先の通説よりもはるかに説得力があるといえるのである。

とはいえ，このような伊東による通説批判にも疑問は残る。というのも，この議論では，生産年齢人口と従属年齢人口という視点から年少者の問題も視野に入れているとはいえ，先の通説と同様に，年少者と高齢者の年齢基準を固定して把握しているからに他ならない。時系列的に社会的考察を行おうとする場合には，何らかの社会的な要因を基準として分析をすべきではないかと思われる。一方で高等教育の就学率が飛躍的に高まり，他方で平均寿命も著しく伸びていることを何らかの形で加味する必要があろう。

(2)伊東光晴説を超えて

そこで我々は，根底的な高齢化社会論批判のために，2つの試算を行ってみた。

その第1は，いわば「ゴム紐の論理」とでも呼ぶに相応しいものである。すなわち，平均寿命の伸張によって，第1期（年少者）・第2期（生産年齢）・第3期（高齢者）人口の年齢基準を，あたかもゴム紐を引っ張るように変更するという考え方に他ならない。平均寿命が伸びたのだから，それに応じてそれぞれの年齢区分も変わって当然であると考えるわけだ。もちろん，こうした操作は，必ずしも社会的な要素を加味したとはいえないが，平均寿命の伸びは，経済成長と密接な相関関係があり，その意味で社会的なものの反映と考えられる。こうした操作は先の固定的な年齢区分よりも社会的な考察には相応しいといえよう。

そこで，平均寿命の伸びにしたがって，第1期・第2期・第3期人口を区分する年齢基準をこの「ゴム紐の論理」により変更し試算してみた[5]。それによれば，第1期人口の上限年齢は，1950年代の14～5歳から2000年代以降ではほぼ19歳に上昇し，同様に第3期人口の下限年齢は，同時期で60歳代から80歳以上に上昇する。そして，同時期で各期の人口割合は，第1期年齢層が約35％からほぼ19％に減少，第2期年齢層は約58％から70％後半に上昇，したがって第3期年齢層は約7％から3～4％に減少するという結果になる。

第1期・第2期・第3期人口の年齢区分に関して，第1期人口の上限年齢は，後にみるように，そして我々の生活実感からして，ほぼ妥当と思われるが，第3期人口の下限年齢は，近年に近付くほど高くなり過ぎている感も無いわけではない。それだけ平均寿命の伸びが近年に著しいということの反映に他ならないが，しかし，平均寿命の意味をも考慮に入れなければなるまい。周知のように，平均寿命というのは，0歳児の平均余命に他ならないが，これは，主に乳児などの年少者の死亡率に大きく左右されるので，この死亡率が大幅に減少した近年においては[6]，平均寿命は高くなりやすい傾向にあるからだ。

だが，ともあれ，このような試算では，先にみたように，第1期人口の比重はかなり小さくなり，また，第3期人口のそれもやや減少している。したがって，第2期である生産年齢人口の割合は著しく増加したことになる。この結果が示すイメージは，高齢化社会とはあまりに隔たったものであろう。

とはいえ，上のような統計処理はやや機械的という感を免れない。いうまでもなく，これは「ゴム紐の論理」によって平均寿命の伸びを単純に加味したに留まるからである。

それゆえ，再度これに社会分析に相応する要素を加味しなければならない。まず，第1期人口の上限の年齢であるが，これを「まだ職に就いていない年齢の限界」として捉え，さらに，第3期人口の下限の年齢も，「まだ十分に就労可能な年齢の限界」として捉えてみたい。こうした，基準によってそれぞれの人口構成を再度修正してみようというわけであ

る。これを「修正されたゴム紐の論理」と呼ぼう。

　すなわち，まず，第1期人口の上限の年齢基準は，高校・専門（各種）学校・短大・大学への進学率を基に推計してみた[7]。つまり，たとえば，「同世代人口の50％が4年制の大学に進学したならば，同世代人口の全てが2年間修学したことになる」というように，高校・専門（各種）学校・短大・大学への進学率によって再計算したわけである。こうした試算は驚くべき結果をもたらした。第1期人口の上限の年齢は，先にゴム紐の論理によって計算したものとほぼ一致しているのである。この点は，高校や大学などの高等教育問題を考えるうえできわめて重要な問題を投げかけていると思われるが，ここでは立ち入らないことにする。

　そして，第3期人口の下限の年齢基準は，平均余命がほぼ15年になる年齢として試算してみた[8]。すでに述べたように，0歳の平均余命である平均寿命には乳児死亡率などの若年期の問題が大きく左右するので，高年齢層を捉える場合には適当ではない。そこで，平均余命から逆算したわけである。平均余命が15年になる年齢というのは，平均的にいえば，ほぼ15年の余生があるということである。ちなみに，1950年代では，65歳の平均余命は，男性が約10年，女性が約12年だったのである。こうすることによって，本来の高齢者という意味も明確になるであろう。

　こうして導かれたものが「修正されたゴム紐の論理」である。前者，第1期人口の上限年齢に関しては完全に社会的な要素を基準にした値といえ，また，後者，第3期人口の下限年齢も退職後15年は余生を送るという想定になり，「修正されたゴム紐の論理」は，かなり社会分析に適合したものといえよう。

　このような方法によって求めた人口の3区分とその構成は次のようになる。第1期人口の上限年齢は，1950年代の約16歳から2000年代ではほぼ21歳に上昇し，同様に第3期人口の下限年齢は，約60歳から70歳台に上昇する。そして，同時期で各期の人口割合は，第1期年齢層が約40％から約21％に減少，第2期年齢層は約50％から66～7％に上昇，したがって第3期年齢層は約10％から約12％に増加するという

結果になる。

　第1期年齢層は，就学前の幼児か，現に学校で学んでいる者であり，第3期年齢層は，平均的には15年間の余生を送っている文字どおり高齢者ということになる。そして，そのあいだの第2期年齢層は，まさに就業し何らかの意味で経済的価値を生産している者ということになる。このような「修正されたゴム紐の論理」により統計処理を行っても，いわれているような高齢化社会とはかなり違った人口構成であることが明らかであろう。

　以上が我々の高齢化論批判の核心に他ならないが，この要点は以下のようである。高齢化社会や少子化社会が問題視されているが，それはあくまでも人口構成における生産年齢人口と従属年齢人口との割合の問題であって，それが大きく変化しなければ，経済原則的には何ら問題ではないということ[9]，これに他ならない。社会保障などの種々の制度をそれに合わせて修正すれば対応可能なのである。そこで，昨今の少子化社会に関しても，基本的にはこのような考え方で処理できるものと考えられる。

　とはいえ，報道されている合計特殊出生率や日本人の人口減少をどう考えるべきか，という疑問も生じよう。そこで，この点に関して以下に検討しよう。

3．少子化社会論とその批判

(1)発表されている「合計特殊出生率」の推移

　最新の『少子化社会白書』(2005年版)によれば，合計特出生率は，第1次ベビーブームの1950年前夜においては4以上であったが，その後減少しつつも，50年代中葉から70年代中葉までは，66年の「ひのえうま」を例外として，2以上を保ってきた。しかし，それ以降は漸次下落し続け，03年，04年では1.29になっている。

　前節でみたように，これまでは出生率が減少しても，それは人口構成の変化ではあったものの社会的には問題はなかったが，ここまで出生率

が下落しては，そしてそれが長期化したら日本の総人口そのものが大きく減少するのではないかという危機感があろう。

　実際，『少子化社会白書』(2004年版)では，出生率の将来について中位，高位，低位の3つのケースが推計されている。中位推計とは最も妥当だと判断される値であり，その合計特殊出生率は1.39 (2050年) とされているが，03年，04年の合計特殊出生率は1.29になっているのであって，むしろ低位推計に近いのでないかといわれたりしている。ちなみに，低位推計では合計特殊出生率は1.10 (2050年) とされており，この値だとすると，総人口は2100年で4600万人，3000年ではほぼ0人になるというものである。

　ここまで人口が減少するといわれれば，誰しも危機感を覚えるかも知れない。最近は「合計特殊出生率1.29」という数字が一人歩きしているような感さえする。しかし，このあまりに低位の合計特殊出生率の値は正しいのだろうか。ここに根本的な疑問を感ずる。というのも以下のような統計が存在するからである。

(2) 平均出生児数と生涯未婚率からみる出生率

　『少子化社会白書』(2004年版)に，既婚女性(妻)の出生コーホート(集

図表6-1　出生コーホート別妻の出生児数割合と平均出生児数

出生コーホート	調査年次	調査時年齢	出生児数割合(%)					平均出生児数(人)
			無子	1人	2人	3人	4人以上	
1890年以前	1950	60歳以上	11.8	6.8	6.6	8.0	66.8	4.96
1891～1895	1950	55～59	10.1	7.3	6.8	7.6	68.1	5.07
1896～1900	1950	50～54	9.4	7.6	6.9	8.3	67.9	5.03
1901～1905	1950	45～49	8.6	7.5	7.4	9.0	67.4	4.99
1911～1915	1960	45～49	7.1	7.9	9.4	13.8	61.8	4.18
1921～1925	1970	45～49	6.9	9.2	24.5	29.7	29.6	2.77
1928～1932	1977	45～49	3.6	11.0	47.0	29.0	9.4	2.33
1933～1937	1982	45～49	3.6	10.8	54.2	25.7	5.7	2.21
1938～1942	1987	45～49	3.6	10.3	55.0	25.5	5.5	2.22
1943～1947	1992	45～49	3.8	8.9	57.0	23.9	5.0	2.18
1948～1952	1997	45～49	3.2	12.1	55.5	24.0	3.5	2.13
1953～1957	2002	45～50	4.1	9.1	52.9	28.4	4.0	2.20

(注) 網掛けの部分は出生児割合の最も高いところ
(資料) 『少子化社会白書』(2004年版) より一部修正

団）別の平均出生児数の統計が掲載されている。これは出産可能とされる 45 〜 50 歳における出生児数を示したものである（図表 6-1）。

この統計では出生コーホートが必ずしも連続していないが，まず，出生児数割合の推移をみてみよう。妻の出生コーホートが「1911 〜 1915」年以前の世代においては，一方で，全く子どもがいない妻も平均して 1 割近く存在しており，その後の世代よりも割合が高いといえるものの，妻の 6 割から 7 割は 4 人以上の子どもを産んでいたといえる。それに対して，「1921 〜 1925」年の世代では，最も多い出生児数割合は 3 人であり，次いで 4 人である。そして，「1928 〜 1932」年以降の世代では，出生児数割合は 2 人が最も多い。このように出生児数割合からみると，子どもの数は，戦前では 4 〜 5 人が大勢を占め，3 人を経て，その後では 2 人が主流ということであろう。

ところで，ここで平均出生児数に注目したい。平均出生児数の推移をみると，それは，かつて 4 人以上であったが，その後減少したとはいえ，戦後は一貫して 2 人以上を保っているといえる。統計上の最後の「1953 〜 1957」年の世代の実際の出産時期は 1980 年代と推測されることから，

図表 6-2　生涯未婚率および平均初婚年齢

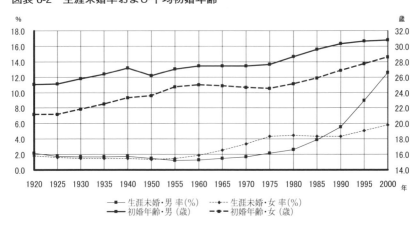

（注）生涯未婚率とは，45 〜 49 歳と 50 〜 54 歳未婚率の平均値であり，50 歳時の未婚率を示す。
（資料）「一般統計 -- 人口統計資料集 --」(2005 年版) 国立社会保障・人口問題研究所、より作成

少なくともそれまでは平均して2人以上の出生児数であったのである。このことを念頭に置いて，次のグラフを吟味してみよう（図表6-2）。

ここでは，生涯未婚率と平均初婚年齢が示されている。

まず，後者の平均初婚年齢をみてみよう。初婚の夫と妻の年齢差はほぼ一貫して2～3歳であり，初婚年齢は大まかにみて男女とも高年齢傾向にある。妻の初婚年齢は，戦前では21歳くらいであったが，直近の2000年の値では28歳を超えている。戦後だけをとっても，1950年と比較すると，妻の初婚年齢は5歳ほど高くなっているのである。周知のように晩婚化傾向が顕著であるといえる。とはいえ，こうした現象は，これまでの我々の分析から推察すれば至極当然である。すでに前節でみたように，平均寿命が格段に伸張したのであって，いわゆる「ゴム紐の論理」と「修正されたゴム紐の論理」からこうした事態は容易に説明がつけられる。

さて，次いで生涯未婚率の推移である。ここでいう生涯未婚率とは，45～49歳と50～54歳未婚率の平均値であり，簡略にいえば50歳時の未婚率を示す。これは出産可能年齢に基づいているといえる。女性の生涯未婚率は，戦後徐々に上昇していることは周知のことだが[10]，もっとも，その値が高い2000年でも5.82％である。逆にいえば，94.18％の女性は50歳までに結婚をしているといえる。

そこで問題になるのは，先の合計特殊出生率との関係である。合計特殊出生率は，1976年に2.00を割り，以降は低下し続け直近では1.29になったことを再確認しておこう。そして，これまでみてきたように，94.18％の女性は50歳までに結婚しており，結婚した女性は平均して，2.20人を出産していた[11]。そうだとすると，生涯未婚者も含め平均して1人の女性が出産する人数は，$2.20 \times 0.9418 \fallingdotseq 2.0720$ となる。平均して1人の女性が生涯にわたり出産する人数とは合計特殊出生率に他ならないが，もし仮に，この約「2.07」という値が真実であれば，いわれている少子化社会なるものはその根拠を失うことはいうまでもない。

それにしても，これら2つの値はあまりにも乖離してはいないだろうか。いずれも政府の発表する数値であるにもかかわらず，である。平均

出生児数と生涯未婚率から導出した合計特殊出生率と発表されている合計特殊出生率との大幅な乖離はなにゆえ起こるのだろうか。

(3) 2つの合計特殊出生率

実は，このように2つの合計特殊出生率が乖離するのにはそれなりの理由が存在する。そして，このことは『少子化社会白書』(2004年版)で以下のように述べられている[12]。一般にいわれている合計特殊出生率を「期間合計特殊出生率」といい，先に我々が算出したようなそれを「コーホート合計特殊出生率」というが，それらについて次のような記述がある。

「期間合計特殊出生率は、毎年変動する。丙午の年(1966年)のように，極めて特異な出生行動が行われると，前後の年とは異なる特別な数値になることがある。これに対して，コーホート合計特殊出生率は，安定した数値となるが，その世代が一定の年齢(50歳)にならないと確定しない。そこで，簡便な数値として，毎年算定が可能な…期間合計特殊出生率が，「合計特殊出生率」として一般に用いられている。／理論的には，各年齢の出生率が，世代(コーホート)に関係なく同じであれば，この2つの合計特殊出生率は同じ値になる。しかし，晩婚化や晩産化といった出生に関係する行動が変化している状況では，…各年齢の出生率が世

図表6-3　期間合計出生児数とコーホート合計出生児数

	0年	3年	6年	9年	12年	15年	18年	21年	24年	27年	30年	33年	36年	コーホート合計出生児数
A世代	20	23	26	29	32	35	38	41						2
B世代		20	23	26	29	32	35	38	41					2
C世代			20	23	26	29	32	35	38	41				2
D世代				20	23	26	29	32	35	38	41			2
E世代					20	23	26	29	32	35	38	41		2
F世代						20	23	26	29	32	35	38	41	2
G世代							20	23	26	29	32	35	38	2
H世代								20	23	26	29	32	35	2
期間合計出生児数	*	2	2	1	1	1	1	1	2	2	*	*	*	

(注) Aから順に出生が3年ずつ遅い出生コーホートを想定する。
　　 ABC世代…20歳と23歳の時にそれぞれ1人を出産
　　 D世代…23歳と26歳の時にそれぞれ1人を出産
　　 EFGH世代…26歳と32歳の時にそれぞれ1人を出産

代により異なるため,すべての世代の出生率を合計している期間合計特殊出生率は,コーホート合計特殊出生率の値から乖離することになる。」(『少子化社会白書』(2004年版),11頁)と。

　この点を分かりやすく図表を用いて補足しておこう(図表6-3)[13]。仮に,全ての世代で生涯にわたる出生児数は2人とする。これをいわば「横に」合計したのがコーホート合計出生児数であり,この場合には2人となる。そして,これを元にして算出したのが「コーホート合計特殊出生率」である。それに対して,ある年の女性の年齢別出生児数に着目して,いわば「縦に」合計したのが期間合計出生児数であり,これを元に算出するのが「期間合計特殊出生率」である。

　いずれの世代であっても生涯にわたる出生児数に変わりはないが,しかし,出産年齢が遅くなったり,第1子と第2子との出産間隔が離れたりすると,統計上の値は変化する。みられるように,コーホート合計出生児数は変わらない(2人)ものの,期間合計出生児数は一定期間にわたり大きく低下する(1人)ことになる。すでにみたように,初婚年齢は戦後一貫して上昇しているという事実がある。こうした傾向が継続するかぎり,2つの合計特殊出生率は乖離し続けるのである。むろん,真の値はコーホート合計出生児数ないしコーホート合計特殊出生率で示される数値である。

　では,実際のコーホート合計特殊出生率はどのような値になっているのか。その点について,「たとえば,2003(平成15)年の合計特殊出生率は1.29と過去最低となったが,これは,期間合計特殊出生率の値である。コーホート合計特殊出生率をみると,1.29よりも高い数値が見られる。2003年における35〜39歳(1964(昭和39)年〜1968(昭和43)年生まれ)のそれまでの出生率の合計では約1.55となっている。」(同上,11頁)と記されている。

　今後,30歳代後半および40歳代以降の出生児数によりこのコーホート合計特殊出生率の値は変化するが,それは1.55に加算されるのであって,それを下回ることは決してない。この後,10年が経過しないと統計数値は不確定ではあるものの,(期間)合計特殊出生率が1.29である

という数値が一人歩きして，必要以上に危機感を煽り，異常事態であるかのように騒ぎ立てる昨今状況は，それこそが異常事態であろう[14]。コーホート合計特殊出生率は，既婚女性の平均出生児数と生涯未婚率（正確には「既婚率」，つまり「1－生涯未婚率」）とによって決定されるが[15]，前者はみられるようにほぼ安定しており，後者が著しく上昇しなければ，その値は安定していくものと思われる。

(4) 人口転換と人口増減

これまで，2つの合計特殊出生率の定義やその値を検証することで，巷でいわれているような「合計特殊出生率1.29」の数値は必ずしも真の値ではないことを示してきた。いわゆる合計特殊出生率には，期間合計特殊出生率とコーホート合計特殊出生率の両方の定義があり，それは混同されるべきではないことを強調した。

しかし，かつての極めて高い高い出生率よりそれが下がれば，人口は今後しばらくは減少し続ける。

こうした問題は人口転換論として理解できる。それは一般に，社会の文明化に伴って，①高出生率・高死亡率の段階（人口増加率がほぼゼロ）から，②死亡率の先行低下段階（人口増加率がプラスに上昇），③出生率の追随低下段階（人口増加率がプラスとはいえ減少），場合によっては，一時的には出生率のさらなる低下段階（一時的な人口増加率のマイナス，総人口の減少）を経て，④最後に低出生率・低死亡率の段階（人口増加率がほぼゼロ）に至るというもである。いいかえれば，①の総人口の低位での定常状態から，②の段階で人口増加が起こり，③の段階では，人口の上位での定常状態か，場合によっては人口減少が生じ，そして，④では長期的にある一定の水準に人口が収斂するという仮説である（図表6-4）。

近代の日本は人口増加期にあったが，今日それが転換し，人口減少期に入ったといえよう。したがって，しばらくは総人口が減少することは当然であるが，その趨勢が未来永劫に続くわけではない。平均出生児数が2人台になってから生まれた最初の世代，つまり，1950年代半ば以降に生まれた世代がこの世を去るころまでは人口減少は必然的である

が、その後は安定するものと思われる[16]。いわば増えすぎた人口が元に戻ろうとしているともいえるのである[17]。

図表6-4　人口転換モデル

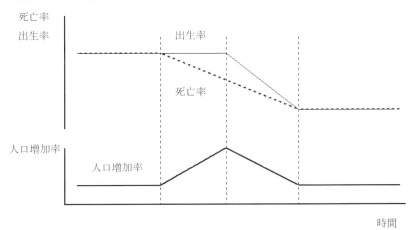

しかし、ここで強調したいのは、前節で展開した老齢化社会論批判の論理を用いれば、生産年齢人口の構成比はさほど変化しないだろうということである。「ゴム紐の論理」あるいは「修正されたゴム紐の論理」は、経済原則を満たすうえで不可欠であるとともに、それによって経済原則は十分に満たされると考えられる。そして、そうであるならば、それに則して様々な制度を柔軟に設計すればよいということに他ならない。

4．結びにかえて

前第5章で、通説的な高齢化論は、国民に危機感を煽ることによって格差のハッキリしてきた今日の状況において[18]、社会的不満を隠蔽する働きをしていると述べた。また、福祉の切捨てや増税の根拠ともされてきている、と。たとえば、1989年に消費税が導入されたときに高齢化論がまことしやかに喧伝され、幻に終わったとはいえ94年6月に当時の細川首相により突如「国民福祉税」案が示されたときにも、その背

後には高齢化社会云々という議論が見え隠れし，そして，97年からの消費税の税率アップのさいもまた然りであると述べたのであった。

こうしたことは，昨今の少子化論をめぐる議論でも同様であると思われる。ここでは全く触れることは出来ないが，一方における自己責任・規制緩和といった新古典派イデオロギーと相まって，この一連の高齢化論・少子化論は年金や福祉などの社会保障の切捨ての布石として喧伝されているともいえよう。あるいはこれまでの政官の利益誘導の実体や政策的な失敗を隠蔽するための議論ともいえる。

ところで考えてみると，政府や体制派が危機を叫び，それに批判的な者がむしろ冷静に振る舞うことを提唱するのは，奇妙な感じもする。だが，それは経済原則と経済法則にかかわる問題でもあり，ここで明確にしておくべきことであろう。いわれている高齢化や少子化は，経済原則的にみれば何ら危機ではない。とはいえ，経済原則的には危機ではないが，経済法則的には危機であろう。この点を最後に付け加えておこう。

換言すれば，こうした高齢化や少子化は，資本主義にとって根深いところで，危機なのかも知れない。敗戦直後に国内の人口が急増し食糧危機をはじめとした根源的な問題が懸念されたが，それは結果からみれば大きな社会問題化せずに乗り越えられたことを述べた。そしてそのさいに，当時まだ色濃く残る農村の共同体的経済による人口吸収力の大きさを指摘した。

翻って今日の状況をみると，いうまでもなく農村の共同体的経済の多くは解体し，都市においては無論のこと，いわゆる農村にあっても商品経済化が極限的に膨張している。そうした状況にあっては，人口の僅かな伸縮であってもかなりの矛盾を露呈する構造にあるのではないか。商品経済化が極限的に膨張している現代の資本主義は，人口の包容力がきわめて小さいものになっているといえる。その意味で，根源的なところで現代資本主義の危機なのかも知れないのである。そうした危機意識の現れか，「少子税」や「独身税」[19]の導入論までは至ってないが，子育て「フリーライダー」論はすでに聞こえつつある。

[補論] 人口と DGP 成長率

1. GDP ランキング

　日本経済の疲弊が止まらない。日本の1人当り GDP の国際順位は第32位であり，かなりランキングは低いといわざるを得ない。これは，世界銀行発表の「購買力平価 purchasing power parity」[20]によるもので，2015年の値である。一般的に経済量や価格などを国際比較する場合，多くは米ドルで表すが，それには為替の変動がつきまとい必ずしも実体経済や実感と一致しない。そのため，同じ米ドル表示とはいえ，購買力平価を基準とすることが多い。

　確かに上位には，カタール，クウェート，アラブ首長国連邦など，資源大国が入っているが，いわゆる北欧の高福祉国家と呼ばれる国々も認められる。アジアだけをとっても，マカオ（第2位），シンガポール（第4位），香港（第11位），台湾（第19位）などは，日本よりかなり上位にある。かつて日本は，1990年代にはほぼベスト10位以内に位置していたことを考えると，なんともいいがたい。

　要するに，この20年ほど，諸外国（地域）はそれなりに経済成長を遂げてきたのに対して，日本は「失われた10年」や「失われた20年」と呼ばれるように，90年代中盤からほぼゼロ成長であったことが影響している。確かに，いうまでもなく GDP をもってその国民（地域住民）の幸福度を測ることはできない。人々の生活の質は，GDP だけで決定するものではない。

　しかし，かつての先進国の代名詞であった「G5」のなかで，日本は最下位であることを自覚しなければならない。日本は，中国に抜かれたとはいえ，世界第3位の経済大国だと認識されている向きもある。しかし，それは日本の人口がヨーロッパ諸国などと比較するとかなり多いから，そのようになるだけである。現在の日本経済の実力は，世界で30位程度と評価することが適当であろう。日本経済は，この10年ないし20年に渡って疲弊しているといわざるを得ない状況である。

2. 人口とGDP

　ところで，こうした経済的な混迷に対して，その根拠の一つを人口に求める議論がある。一言でいえば，「人口オーナス（onus）論」である。つまり，昨今は，かつて高度経済成長期のように人口が増加しないので，経済成長が鈍化し，さらに人口減少によって，経済成長はマイナスになった，という主張に他ならない。また，そうした主張のバリエーションに，総人口ではなく「生産年齢人口」を持ちだす議論もあるが，発想には大差は無い。そして，こうした認識から，少子化は危機を招くと考えられ，少子化対策・子育て支援が叫ばれることになる。

　しかし，そうだろうか。まず，「人口と実質GDP成長率　その1」（図表6-5）のグラフを見てみよう。このグラフを漠然と眺めると，第1に，人口増加率は右下がりであり，また第2に，実質GDP成長率も変動しつつも傾向的にはほぼ右下がりのように見える。因果関係はもとかく，この両者には相関関係があるように考えられる。「人口オーナス論」の示す通りように見える。

　しかし，ここで，人口増加率の目盛りが「0.1％」刻みであり，実質GDP成長率のそれは「2％」刻みである点に注して頂きたい。いわば，

図表6-5　人口と実質GDP成長率　その1

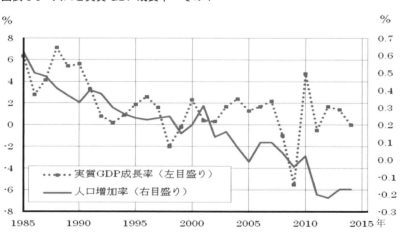

（資料）総務省「人口の推計と将来人口」，内閣府「国民経済計算」より作成

人口増加率が実質GDP成長率よりも，20倍ほど強調されているのである。また，横軸のタイムスパンが1985年からに限定されている点にも留意しなければならない。

図表6-6　人口と実質GDP成長率　その2

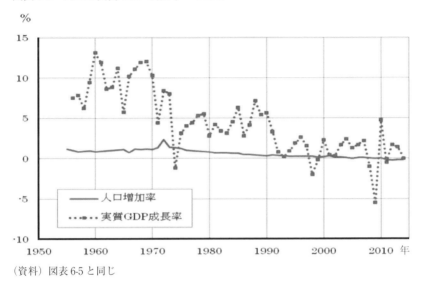

(資料) 図表6-5と同じ

　では，2つ目の「人口と実質GDP成長率　その2」(図表6-6) を見てみよう。このグラフをまた漠然と眺めると，第1に，人口増加率はほぼ横ばいで，第2に，実質GDP成長率は，変動しつつも，10％内外を中心として上下していた高度経済成長 (1973年まで)，同様に4％内外を中心として上下していた中成長期 (1990年まで)，そして，それ以降のゼロ成長期と，大きく段階的に変動していることが分かる。このグラフからは，人口増加率と実質GDP成長率とに相関関係を見ることは難しいだろう。

　いうまでもなく，2つのグラフの元データは同じである。いずれも政府統計である。図表6-5「人口と実質GDP成長率　その1」に対する図表6-6「人口と実質GDP成長率　その2」の違いは，人口増加率と実質GDP成長率のスケールを同一にしていること，そして，横軸のタイム

スパンを1954年からにしていることである。

　本来，人口増加率によって実質GDP成長率を説明しようするならば，同一のスケールにすることは当然であり，また，高度成長期や中成長期など，より広いタイムスパンについても説明できなければなるまい。しかし，見られるように，この簡単なグラフからだけでも，そうしたことは無理だといわざるを得ない。すなわち，「人口オーナス論」は，少なくともこうした資料からは成立しない仮説である。否，俗説である[21]。

　また，「人口オーナス論」から導かれる少子化対策・子育て支援にも注意を払わなければならない。実質GDP成長率を上げるためには少子化対策・子育て支援は必ずしも有効ではないが，それは，別の意味をもつものとして位置づけられなければならないことを強調したい。

　少子化だから子育て支援が必要であるという論理は，裏を返せば，仮に少子化でなければ子育て支援は必要でないという結論に帰着しよう。子育て支援，広くいえば様々な生活支援は，少子化か否かとは無関係に，社会保障の問題として位置づけることが肝腎なのである。あまりにも月並みな結論だが，この点を十分に確認しておきたい。

[註]
1）日本の総人口は，1945年には7200万人であったが，1950年には8400万人に増加した。率にして，16％の増加である。むろんこの中にはベビーブームによる人口増もあるが，15歳未満の人口が331万人増加したのに対して，15歳から64歳未満のそれが835万人増加したことは注目すべきことである。復員や引揚げによるところが大である。
2）戦後の出生率の特異点である，1966年「ひのえうま」の合計特殊出生率が1.58であるが，89年の合計特殊出生率はそれを下回った。これを「1.57ショック」というわけである。
3）赤川学［2004］，原田泰・鈴木準［2005］，藤正巌・古川俊之［2005］などがその代表であろう。なお，川本敏［2001］は全体を鳥瞰するのに便利である。
4）伊東光晴［1985］を参照されたい。
5）平均寿命には男女差がかなりあるが，分かりやすくするために，男女の単純平均の値を用いた。
6）乳児死亡率は，1950年代前半には40〜60‰内外だったが，その後は減少し，2000年には3.2‰まで低下している。この値は，世界で最も低いものである。
7）進学率には男女差があるが，ここでは男女を平均した値を用いた。

8）各年齢の平均余命にも男女差がかなりあるが，ここでも，男女を単純に平均した値をとった。
9）「経済原則」とは，宇野弘蔵の提起した概念であり，それは，人間と自然との物質代謝の円環をさす。「経済原則」と資本主義経済を律する「経済法則」とは似て非なるものであることを確認したい。
10）1955年から85年までは女性の未婚率の方が高い。これは端的にいって，戦争に原因がある。戦中に若い男子が多く死亡したが，その影響がこの時代まで続いていたのである。そして，最近の未婚率の上昇は，若年層の雇用不安が根底にある。また，近年，男子の未婚率が女子のそれをかなり上回っているのは，再婚における男女差が背景にある。
11）やや年次がずれるが最も新しい統計値という意味でこの値を用いた。
12）『少子化社会白書』は2004年版が最初で，すでに2005年版も出されている。しかし，ここで問題とする「コーホート合計特殊出生率」については記述が削除されている。
13）この図表の作成には，迫一光［2005］を参考にした。
14）『少子化社会白書』の巻頭言に，「1.29」が2年続けて強調されている。
15）コーホート合計特殊出生率は，それ以外にも未婚出生率によっても左右されるが，それは今後増大するとしても，大きくは変化しないと思われるので，ここでは無視した。
16）人口が安定するというのは，長期的には合計特殊出生率が「人口の置換水準」に近くなるということである。人口の置換水準は死亡率によって変化するが，今日のそれを満たす合計特殊出生率は2.07だといわれている。なお，通常いわれているように，少子化社会という用語を用いてきたが，正確にはこの「人口の置換水準」を基準として，それを下回れば少子化，それを上回れば多子化ということであろう。いうまでもないことだが，数学的に超長期的にいえば，人口の置換水準を若干でも下回っていれば人口はゼロになり，反対にそれを若干でも上回っていれば人口は無限大に増加することになる。
17）人口転換の前後で，総人口が増減するか否かは一般的に確定できない。ここでは，その前後の人口が一定だとしても転換期には人口の増加と減少が存在することを示したのである。
18）この点に関しては，本書，第7，8章を参照されたい。
19）戦中において「産めよ増やせよ」のスローガンのもと「独身税」が構想されたが，導入には至らなかったという経緯がある。
20）一般的には，購買力平価は次のような式で定義される。「購買力平価＝基準時点の為替レート×A国の物価指数／B国の物価指数」。分かりやすく例えていえば，「ある商品が日本では200円で，アメリカでは2ドルで買えるとすると，購買力平価は，1ドル＝100円」ということになる。
21）吉川洋［2003］は，人口と実質GDPを指数化したグラフを提示して，人口が経済成長を規定するものではないことを示している。

第7章　階層構造の実態と変容
―階層秩序化する日本社会―

はじめに

　世紀を挟んで近年，階級や階層あるいは，格差や不平等に関する議論が活況を見せている。著書としては，橘木俊詔『日本の経済格差』(橘木［1998］)や，佐藤俊樹『不平等社会日本』(佐藤［2000］)が火蓋を切ったと言えるが，こうした問題に関して『中央公論』(『中央公論』［2000］)，『文芸春秋』(『文芸春秋』［2000］)などの雑誌でも特集が組まれて，活発な議論が展開されている。また，これらをまとめた『論争・中流崩壊』(「中央公論」編集部編［2001］)も話題を呼んでいるらしい。

　思えば，こうした議論は，かつて1970年代末から80年代にかけて，「新中間層論争」と呼ばれ新聞紙上や著書において戦わされたことがある。それは，1977年に『朝日新聞』夕刊紙上で，村上泰亮・富永健一・岸本重陳・高畠敏通らによってなされたものであって（村上［1977］，岸本［1977］），富永［1977］，高畠［1977］，村上・岸本・富永・高畠・見田［1977］)，その後，この前三者はそれぞれこうした問題に関する著書も発表している（村上［1984］，富永［1979］，岸本［1978］)。また，これらの論争とはやや視点が異なるが，小沢雅子『新「階層消費」の時代』(小沢［1985］)も注目された。

　本第7章では，まずこうした論争を振り返り，その上ですでに誰の目にも明らかになりつつある昨今の階層化の構造を仮説ではあるが探ってみたいと思う。

１．70～80年代の論争

　戦後の日本経済は，長い資本主義の歴史上においてきわめて希な長期

にわたる高度成長を遂げ，その後の2度の石油危機も猛烈な減量経営で乗り切り，70年代末に一定の安定期をむかえた。そうしたいわば安定の中で，「新中間層論争」は展開されたのである。

　70～80年代論争の前提になっていたのは，内閣府（総理府）がほぼ毎年行っている「国民生活に関する世論調査」[1]に他ならない。そこで，まずこの点を確認しておこう。

　その世論調査項目の1つに「生活程度」という質問があり，それは自らの帰属階層が「上」「中の上」「中の中」「中の下」「下」の5つのうちでどれに属すると思うかを問うものである。そこで問題にされたのはその割合と時系列的な変化に他ならないが，これらは70年代末までかなりはっきりとした傾向を示すものであった。最大多数の「中の中」は，調査が開始された50年代末の37～38％から70年代末の60％まで順調に増大しており，その次の「中の下」は同期に32％から22％へと減少している。同じく，第三番目の「中の上」は3％程度から8％へとやや増加し，「下」は17％から5％に減少し，そして，「上」は一貫して少数であり，1％に満たない値になっている。

　すなわち，第1に，戦後70年代末までは，「下」と「中の下」が減少し，反対に「中の上」と「中の中」が増大しており，全体が上方にシフトしていったこと，そして，第2に，「中の上・中・下」を合計した，いわゆる広義の「中」が，70年代には90％を超える値を示したことが注目されたのである。こうした結果をもって，当時の新聞などのマスメディアでは「一億，総中流化」と囃したて，また，それは当時の流行語にもなった。

　問題の世論調査の概要は以上のようであるが，こうした時期に，先の「新中間層論争」がなされた。この調査結果をどのように把握するかというのが議論の焦点のひとつになったのである。こうした点を踏まえ，先の村上・富永・岸本の主な主張を概観してみよう。村上泰亮は，広義の「中」意識が90％を超えている点にまず注目をした。とはいえ，村上はこの90％を超える「中」意識の層を直ちに「中流」とは規定してはいない。「中流」を厳密に定義したうえで，それは戦前の「山手階級」

や「地主階級」には当てはまるものの，先の層はそうではないという。こうして村上は，独自の「新中間大衆」(村上［1984］194頁）という概念を提起するのである。つまり，この90％の層は，「中流」ではなく，しかし，経済的・政治的・文化的な平等化・均等化を背景に大衆化しているものの，エリートに対立する追随者としての大衆ではない，と。

また，村上は，次にみる第3回SSM調査に依拠しながら，各次元で階層が「非斉合化，非構造化」しているとし，これを「階層非構造化仮説」(村上［1984］189頁）と呼ぶ。これは，巨視的にみれば先のように階層は均等化しているようだが，微視的にみれば各次元に階層が錯綜しているということである。すなわち，村上の説は，自他共に「新中間大衆」論と呼ばれているが，それはかつての中流とは異なる大衆化と階層の非構造化とを内実とするものであると要約されよう。

富永健一を研究代表とするグループ(第3回SSM調査研究会，富永(編)［1979］)は，日本の階層構造を「社会的地位の一貫性・非一貫性」(富永(編)［1979］161頁)[2]という視角から分析している。すなわち，「威信，学歴，所得，財産，生活様式，勢力」という6つの「社会的地位変数」を用いて，この変数（要因・次元）に一貫性が認められるか，否か，という点を計量的に導出しているのである。そしてこれによれば，「日本社会の階層構造が，上層・中層・下層というような一元的な範疇によっては把え切れない程度に多元化しかつ多様化している…。日本社会は…明確な境界をもった階層化を行ってこなかったのだと理解してよい」(富永［1979］173—174頁）と結論づけられている。

また，富永はこの点を「私は，現在の日本の階層構造に関して強調されるべき基本的事実は，『みんな同じ，みんな中間』ということにあるのではなく…『地位の不一貫性』の増大ということにあるのだと考える。…構造的にはひとしなみに均質なのではないけれども，社会的資源・報酬の分配規則が，多元的になっている結果として…いわば『多様な中間』を形成しているのである。」(富永［1977］)，と述べている。すなわち，富永の説を一言でいえば，地位の不（非）一貫性を根拠とした「多様な中間層」論ということになろう。これは，先の村上の「階層非構造化仮

説」を補強・強調するものといえる。

　以上の二者が大まかに言えば中間層の存在を肯定的に認知する立場にあるのに対して，それに批判的なのは岸本重陳である。岸本の立論は，先の二者が70年代論的な，現状分析的なアプローチなのに対して，いわば原理論的な，本質論的なものも加えたそれになっているところが特徴的であるが，ともあれ，その主張である「中流の幻想」（岸本［1978］）論をみてみよう。岸本は先の内閣府（総理府）の調査で90％以上の人が広義の「中」と答えている点を懐疑的に受け取る。「一番基本的な問題点は，これが意識調査だということである」（岸本［1978］28頁）って，客観的な「生活状態」（岸本［1978］29頁）を表すものではない，と。そして，たとえば年収が極めて低い層（100万円未満）でも，あるいは住居が満足でもない層（「間借り」や「住み込み」）でも「中」や「上」と答えている割合がある程度存在するという点を指摘する。さらにまた，先の第3回SSM調査においても，たとえば所得の区分が低い方に細かすぎて現実を反映していないともいう[3]。いずれにしても岸本は，意識における中流は，その実態からみると幻想にすぎないと結論づけているのである。

　そして，こうした批判的指摘を行う一方，岸本は以上のような現実とそぐわない「中」意識の増大する原因を考察している。この点を明確にしなければ，いくら中流は幻想にすぎないと言っても，それは批判として成立しないからだが，ともあれ，この点は3点に求められる。すなわち第1に，自分の過去あるいは自分の父母時代と比較して，良くなっていれば，甘く評価する傾向にあること，また第2に，自分の努力を顕彰しがちであり，評価を甘くすること，そして第3に，1つでも世間並みのものがあれば，それを判断基準にする傾向にあること，これらは全て評価を上方にシフトさせるという。どれをとっても自己評価が甘くなるというわけである。こうして岸本は，いわゆる中流意識はその内容が極めて曖昧なものであり，「幻想」に過ぎないという結論を補強しているのである[4]。

　新中間層論争の経緯は以上のようであるが，この種の論争が往々にし

てそうであるように，これらは議論の決着を見ないまま時代は推移した[5]。

80年代に入り，日本経済は，日米の自動車摩擦に象徴されるように対外的には日本の国際競争力の強さが問題化すらし，国内的には「消費の多様化・個性化・高度化」がまことしやかに喧伝された[6]。そうした中にあって，85年には，これまでの論争の経緯とは異なった角度から階層化の問題が提起されたのである。先の小沢雅子『新「階層消費」の時代』がそれに他ならない。たとえば，小沢は「消費者は，経済力の大小によって階層に分化する。そして，高い階層の消費者だけが消費の高度化を実現する。」(小沢[1985]208頁)[7]と述べている。しかし，こうした指摘は，経営学やマーケティング論に影響を与えたようだが，階層化論争には結びつかなかった。

そしてその後，時代はバブル景気とその崩壊に突き進むことになったのである。

2．90年代以降の階層化論

周知のように，1990年代初頭にバブル景気は見事に崩壊し，その後の深刻な不況は今日まで長期にわたっているが，そうした状況にあって階層化論や格差論が再び取り上げられるようになった[8]。それに先鞭をつけたのは橘木俊詔『日本の経済格差』(橘木[1998])である。

橘木は，ジニ係数等の詳細な内外の資料に基づき，所得・資産等の諸外国との比較検討をとおして，また，時系列的な変化の検討をとおして，日本の不平等化の程度を明確に示している。すなわち，第1に，先進諸外国と比較すると，今日の日本は最も不平等の高い「第3のグループ」に属しているという(橘木[1998]79頁)[9]。第2に，日本における時系列上の所得分配に関しては，「1960年代の高度成長期の時期に所得分配が相当平等化した。…オイル・ショック時にやや不平等化するがすぐに持ち直した後，ほぼ10年くらい安定した動きをしていた。ところが，1980年代後期のバブル期になって不平等化に向かうのである。現在も

それが進行しているといえる。」（橘木［1998］66頁）と述べ，そして第3に，資産分配に対しては，「土地を中心にした資産が，親子間の相続として世代間移転されている…。そのことが資産分配不平等の発生源として大きな原因になっている。」（橘木［1998］206頁）という。さらに，職業や教育，また結婚を通して「階層の固定化」の兆しがある点も指摘されている（橘木［1998］207頁）。

　もちろん，こうした問題の提起に対して大竹文雄などから「中流の崩壊は根拠に乏しい」といった批判がなされている（大竹［2001］）。ここで両者の議論を俎上に載せ検討する余裕はないが，結論だけをいえば，橘木の分析を支持し得る[10]。

　また，最新の第5回SSM調査の資料を駆使して社会学の立場からこうした問題に立ち向かったのが佐藤俊樹『不平等社会日本』（佐藤［2000］）である。その提起は多岐にわたるが，以下の結論をとりあえず紹介しよう。すなわち，「戦後の経済成長は，…選抜システムに参入できる範囲を拡大するとともに，専門職・管理職を増加させた。それによって，学歴―昇進によるW雇上への昇進の可能性が，…開かれた。」（佐藤［2000］85頁），だが，「しかし，20世紀のおわりと歩調をあわせるように，『可能性としての中流』は消滅し…。…W雇上の再生産が顕在化し，W雇上以外からの上昇ルートが大きく狭められた。」（佐藤［2000］89頁）と述べられている。これは，直接的な世襲ではなく，一見公平な選抜においてもすでにそのルートが限られていることを指摘したものである。これには教育の機会といった問題も多いに関連するが，ともあれ，この指摘は重い意味をもつといえる。

　こうした点に関しては，苅谷剛彦『大衆教育社会のゆくえ』（苅谷［1995］）においても同様な指摘が見られる。また，橋本健二『現代日本の階級構造』（橋本［1999］），『階級社会日本』（橋本［2001］）は，より構造的・長期的な視点から，資本家階級・労働者階級・新中間階級・旧中間階級という「四大階級」が厳然として存在することを明らかにしている[11]。

　以上，これまで橘木や佐藤の議論をその一部分だけ紹介したが，これ

らとは全く正反対の立場からの提起もなされた。櫻田淳「今こそ『階級社会』擁護論」(櫻田［2001］)がそれである。櫻田はバブル期のエリートたちのあまりの無能・無責任な様を批判して次のように述べている。「『国家・社会に規範を示す責任を担う』層，即ち真正の『選良・エリート』層を一つの『階級』として社会に明確に位置付けて，その定着を図ることが，我が国にとって大事な課題になる。」(櫻田［2001］264 ～ 265頁)[12]と。いうまでもなく，階級社会こそが今求められているというのがその主張である。このような主張に対する批判は別稿に譲るが，ついにこうした議論まででてきたのか，という思いがする。

　これまでの議論を小括しておこう。70 ～ 80年代の論争は，村上の「新中間大衆」を巡ってのそれであり，岸本の批判はその内実を問うという形で展開された。それに対して，90年以降の提起では，むろんそれらに対する批判はあるものの，橘木や佐藤，橋本によって，すでに階層化が進んでおり，そしてそれらは世代間において継承される構造を持つことが示されたのである。とはいえ，ここまでは，中流層や中間層の存在を認める立場に立つ論者も，反対に，それを否定する立場に立つ論者も，いずれにしても一つの了解事項があった。それは，機会の平等論や結果の平等論など様々な意味合いはあるものの，不平等社会を悪とし，基本的には平等社会こそが目指すべき目標とするものである[13]。しかし，最後にみた櫻田の議論はそうした了解事項そのものを否定するのであって，そのタイトルが示すように階級社会こそが正しいとするものであった。これなどは，K.マルクス風にいえば，「支配的イデオロギーは支配者のイデオロギー…」ということであろうかと思われるが，ともあれ，すでに階層秩序が出来つつあることの反映であることは確かであろう。

　また，そこには，直接的な財産の相続ばかりではなく，有形無形の利得の継承や世襲といった問題があることが示唆されているといえよう。そこで，続いて，そうした世襲の実態を若干紹介し，その後に，階層化が成立する構造を仮説ながら提起したい。

3．世襲化の問題

　これまで，この20〜30年間の議論の紹介を通じて，今日，階層化が徐々にではあれ確実に進行しつつあることが明らかになったが，これをいわば裏から支えるものとして世代交替と世襲の問題があるのではないかと考える。戦後60余年の政治的・社会的安定のもとで世代交替が進み種々の分野で世襲が大きな問題になってきたことは周知のとおりである。　例えば，医者や中小企業・家族経営では世襲は当然のようになされているが，四半分が世襲だと言われる国会議員をはじめとする政治の世界，はたまた芸能界などでもでも二世化が進んでいる。さらに諸例を挙げてみよう。やや古くなるが，89年の『アエラ』によれば，大企業（東証・大証，一部上場資本金50億円以上の244社）においてもこの傾向は明確で，その46％が「世襲型」とされ，それ以外でも「女婿型」「一族総参加型」等何らかの同族経営の形がとられているとのこと（『アエラ』[1989]）。社長の二代目の養成大学として有名な芦屋大学も定着し，また「財界二世学院」という名の専門学校も存在している。

　また，前回の第4回SSM調査の階層別の婚姻調査をみると，夫−妻の職業から見た内婚率はきわめて高く「上級ホワイト−上級ホワイト」「一般ホワイト−一般ホワイト」「ブルーカラー−ブルーカラー」といった同階層同士の夫婦の組み合わせの婚姻がもっとも多いことが，また学歴別にみると，これまた「高学歴−高学歴」「中学歴−中学歴」「低学歴−低学歴」という同学歴同士の組み合わせが最も高いことが示されている。この調査においては，「結婚という社会関係においては，一定の階層的分断状況が存在することが，示唆される。つまり，結婚においては，階層の異なる人は，異なった社会関係の『世界』に住んでいることが多いのである。」（SSM全国調査委員会[1988]第3巻，191頁）と結論付けられているほどである。

　さらに，同調査で父と子供（男子）との間の職業移動率をみると，父の職業と子供（男子）との職業が一致しているケースが最も多くなっている。例えば，「専門」職を父に持つ39％の子供（男子）は「専門」職に，

父が「熟練」職の 45％の子供（男子）はやはり「熟練」職に就いている（SSM 全国調査委員会［1988］第 3 巻）。

　ここで強調したいのは，このような傾向はいつの時代でもあったと考えられがちであるが，そうではないという点である。近代 100 余年の日本社会を考えてみると，明治以来，第二次大戦の敗戦まではいわば戦争の歴史である。戊辰戦争や西南戦争のような国内戦がほぼ治まると，今度は日清戦争，日露戦争，そして出兵はしなかったが第一次世界大戦というようにほぼ 10 年に 1 度の間隔で戦争が繰り返されていたのであって，大正デモクラシーの短い 1 時期をやや例外として，安定した社会とはいえなかった。そして満州事変から始まる第二次大戦は 15 年にも及んだことは周知のことである。しかし，敗戦と戦後改革により政治・経済・社会が大きく変わったことはいうまでもない。いわば全てにリセットが行われたわけである。こうしてそれ以降，今日まで長期の安定が続いてきたのであり，このような長期の安定は近代日本にあってはじめての出来事である。この点は極めて重要な意味をもつ。きわめて長期の安定が継続していれば，徐々に起こるはずの世代交代の位相が，激動（戦争）とその後の安定の中で，ベビーブームとある意味では似ているが，かなり重なり合って現れることになったのである。

　ところで，たとえば英語で generation といえば，ふつうは 30 年を指す。定年制のあるサラリーマンなどは 30 数年で否応なしに世代交代となるが，会社役員，自営業，政治家などには基本的に定年制がないので，精神的・肉体的限界が世代交代の時期となろう。そうだとすると，戦後の日本では高度成長期を通じて著しく寿命が伸長したことからわかるように，こうした世代交代は 30 年をかなり越える時間の長さになる可能性がある。日本では，1980 年代後半からこの時期に入ったと考えられるのである。

　ともあれ，こうした点を前提として，階層秩序化が形成されるメカニズムを考えてみよう。

4．階層変容のメカニズム

　これまで種々の形で階層化や世襲化の実態が明らかになってきたと思われる。すなわち，日本社会は，多少の時間的なズレはあれ，敗戦から60年代を通して平等化・平準化傾向にあったが，80年代ないしそれ以降にはそれにブレーキがかかり，あるいは逆転してきたことを示しているといえる。こうした階層構造はどのような要因によって生じ，また変容するのか，ここではそれらが形成されるメカニズムを考えたい。

　結論を先にいえば，昨今の階層構造の変容は，第1に高度成長の終焉と，第2に戦後60余年の政治的・社会的安定による世襲化との同時発生という事態にその根拠を求められると思われるが，結論を急ぐ前に1つの思考実験として次のように考えてみよう。

　いま，階層構造の変容の根拠として2つのファクターを挙げた。すなわちファクターの第1は，経済的な高度成長が持続しているのか，それとも低成長なのかという点である（これを成長軸としよう）。いうまでもなく，前者の高度成長が持続している場合は，経済的なパイが増大し続けている状態であり，いわゆるポジティブ・サムである。後者の低成長の場合は，その反対に，いわゆるゼロ・サム状態であるといえる。そして，ファクターの第2は，社会がかなり長く政治的・社会的に安定しているか，それともまだ安定がさほど長くないかという問題である（これを時間軸としよう）。その政治的・社会的な安定が40〜50年という世代交替期を含む程度に持続すれば，当然ながら財産や地位といった経済的・社会的な利権の世襲化が起こるであろう。それに対して，その安定がまだ短い場合は，そういった問題は発生しないと考えられる。

　このように図式的に捉え，それを数学的に組み合わせれば，図表7-1のように①高度成長と短期安定，②高度成長と長期安定，③低成長と短期安定，④低成長と長期安定の4つの場合（象限）が考えられることになる。それぞれについてみてみよう。

図表7-1　階層化のメカニズム

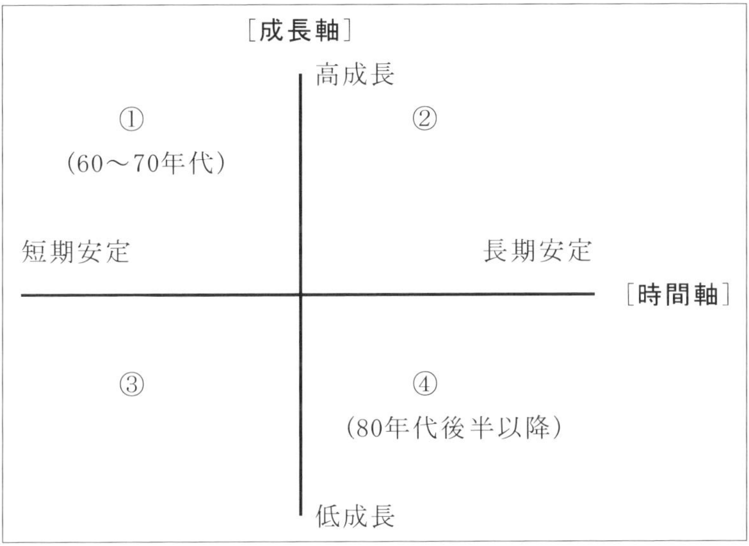

```
                    ［成長軸］
                     高成長
         ①                    ②
      (60～70年代)

   短期安定                  長期安定
  ─────────────────────────────────── ［時間軸］

         ③                    ④
                          (80年代後半以降)

                     低成長
```

　①は，高度成長の最中にあって，まだ政治的・社会的には安定がさほど長くなく，つまり世代交替を含むほどにそれが長く続いていない状態を意味する。このような場合には，一方で経済的なパイが増大しつつ（ポジティブ・サム），また他方で経済的・社会的に世襲的なものの存在が小さいので，きわめて平等化・平準化した社会構造が作られるだろう。日本の60～70年代までがまさにこのような時期だったのではないかと思われる。

　②は，高度成長は持続しているが，政治的・社会的安定が長期にわたって保たれている状態である。こうした場合においては，「親の七光」というように出生そのものにもはや差異・格差があるものの，しかし経済的なパイが増大しているので，その影響は大きくないといえる。これは，現実には存在しないが，今日まできわめてハイペースの高度成長が持続しているというケースである。

　③は，経済的には低成長であるが，政治的・社会的安定の持続がまだ短い状態である。この場合では，先にみたように，社会的な世襲といっ

た問題が発生しないので，経済的なパイの拡大は小さいものの，ある程度の平準化した社会が想定し得る。70年代以降にもしも高度成長がなかったとすれば，こういう状態になったであろう。

④は，一方で高度成長が終焉し，他方で激動の後の長きにわたる政治的・社会的な安定から世襲化が大きな問題となる状態である。こうした場合では，経済的にはパイが増大せず，いわゆるゼロ・サムゲームの状態になり，拡大しなくなったパイを必死に奪い合わざるを得なくなるが，ここで世代交替を期に世襲化が起こり，そのような力によってパイの分配がなされよう。いうまでもなく，これが現在の日本の状態といってよいと思われる。

すなわち，日本の経済・社会は①から④の状態にシフトしたと考えられるわけである[14]。

5．総括と結論

以上のような思考実験を踏まえると，戦後日本の階層構造は次のように考えられよう。

まず出発点は，1930年代から15年の長きにわたる戦争とその結末である敗戦と混乱，すなわち40年代後半である。このような混乱のなかで戦後改革からスタートした日本の経済・社会は種々の要因によって60～70年代に歴史上稀に見る広がりと深さをもった高度成長を遂げた。この時代にあっては，先の成長軸と時間軸の2つのファクターにより平等化・平準化した社会が実現しつつあったといえる。あるいは，少なくともそのような方向にベクトルは向かっていたのである。例えば，しばしば批判された企業の過当競争や受験競争もその現れであり，またこれが平等化・平準化を支えたともいえる。日本経済のパフォーマンスの高さもここに一因が求められよう。地縁血縁などの出身よりも現在の個人の努力が重んじられたといってよい。

佐藤の言葉を借りれば，「努力すればナントカなる」（佐藤［2000］8頁）時代であった。もちろん，現在の水準と比べると，経済的には貧しいも

のであるが，問題は社会のあり方，ないしはそれが向かう方向性である。先に見た「一億，総中流化」というフレーズは，その内実としてはたとえ幻想であるとしても，時代の方向性を示していたといえるのではないか。

　しかし，70年代の2回の石油ショックと90年代のバブルの崩壊という事態によって経済と社会は二段階にわたって変容した。経済的にはポジティブ・サムからゼロ・サム，そしていわばマイナス・サムに変わり，社会的には50年余という近代日本において初めての長期にわたる安定が持続したのである。前者のポジティブ・サムの意味は既述の通りだが，後者のゼロ・サムないしマイナス・サムの意味するところは実に深い。小さくなったパイを奪い合わなければならないときに，ちょうど世代交替が一致し，世襲化という事態が生じた。出生や親の経済的・社会的地位が大きくものをいいだし，至る所で二世化という現象がみられるようになったのである。世襲化の影響が大きくなり，もはや個人の初期条件さえ平等ではなくなったのであって，ここに平等化・平準化の神話が崩れた。まさに新しい階層秩序社会の出現という事態に他ならない。

　再び佐藤の言葉を借りれば「努力してもしかたない」社会，そして「努力する気もしない」（佐藤［2000］128）社会ということである[15]。この現象をかつて比喩的に資本主義の「中世化」と呼んだことがあるが，ともあれ今日の経済と社会はこのように把握せざるを得ないのではないか。

　では，どのようなカウンター戦略があり得るだろうか。もはやかつてのような高度成長は望むべくもないことは明らかである。これには，そもそも高度成長が客観的に不可能だという意味と，そのようにすべきではないという意味の二重の意味が込められているが[16]，ともあれ，そうである。そうだとしたら，社会的な長期安定から生ずる副作用を最小化するしかない。もちろん，社会的な安定が長期にわたることそれ自体としては決して悪いことではないが，既述のように，そこから発生する弊害をいかに除去するかが問われることになる。こうした政策を意識的に実施しなければ，日本社会の階層秩序化はさけられないところまでき

ているといわざるを得ないのである。

［補論］階級と収奪・搾取

1. 階級

　本書では，「階層」という用語を使用してきたが，ここで「階級」について補足しておきたい。例えば英語では，階層も階級も，stratum, hierarchy, rank, grade, class などの語が当てられる。日本語と英語は，当然ながら一対一対応をしているわけではない。しかし，日本の社会科学では，「階級」という概念に対してかなり限定的な意味を与えている。階級とは，「一般的にある社会において経済的利害や地位を同じくする集団をさす」といえよう。

　経済学では，まず抽象的理論（原理）としては二大階級を想定する。資本家と労働者という2つの階級によって社会が構成されており，それぞれは客観的に，利害や地位を同じくしているというわけだ。いわゆる「二大階級論」の構図に他ならない。

　だが，今日の資本主義においては，この構造がやや違ってきている。資本家と労働者とのどちらとも異なる，旧と新の2つの中間的な階級，すなわち旧中間階級と新中間階級が存在する。旧中間階級とは，自営業や自営農民をさす。彼らは，誰からも雇われていないという点では資本家に近いが，現場の作業を自ら行うという点では労働者に近い。かなり古くから存在する中間階級ということになる。また，新中間階級とは，高級軍人・高級公務員，民間大企業の管理職，あるいは医者や弁護士など特別の職業独占を有しているものなどをさす。彼らは，場合によっては雇われている存在ではあるが，それでも大きな権限をもっている点では労働者と異なる。新たに成立した中間階級ということになる。これが，「四大階級論」の枠組みである。

　しかし，昨今は，さらに変容が生じている。先の労働者階級の中から，いわばアンダークラスが生まれつつある。労働者階級という場合には暗黙に正規労働者が想定されていたが，昨今は周知のようにパート・アル

バイト・契約・派遣などの非正規労働者が集団として形成されてきた。この層は雇用が不安定であると共に，先の労働者階級より賃金はかなり低い。こうした層が新たに形成されてきたのである。

橋本健二［2009］は，こうした認識のもと，2002年の総務省「就業構造基本調査」に基づき日本の階級構成を分析している。それによれば，全就業者6245万人中，資本家階級は5.4％，旧中間階級は16.3％，新中間階級は19.5％，正規の労働者階級は36.7％，そしてアンダークラスは22.1％であるという。

アンダークラスを一つの階級とみなすか，労働者階級の亜種として考えるか，議論が分かれるところだが，前者ならば「五大階級論」，後者ならば「四・五大階級論」となる。いずれにしても，今日の階級構造は，以上のように把握できる。

しかし，こうした議論は一般には知られていない。発達した資本主義国では，「階級」という概念は忘れ去られている。そして，それには理由がある。そうした点を「収奪と搾取」という観点から考えよう。

2. 収奪と搾取

巷では，「収奪」と「搾取」とをほぼ同義語として用いている場合もある。しかし，収奪と搾取とは，似て非なる概念であると思われる。

収奪とは，権力ないし暴力に訴えて，何らかの富や価値を奪うことをいう。いわば不平等であり，「不等価交換」である。こうしたことは，近代的法律の下では違法である。もっとも，資本主義の発生期にしばしば見られることでもある。

それに対して，搾取とは，商品経済の原則である「等価交換」の原則を犯すことなく，いわば合法的に，富や価値を搾り取ることをさす。資本主義の確立と共により洗練された論理をもつものとなる。すなわち，資本（企業）は，労働者を雇い，自らの指揮の下で労働をさせる。そこで生産された商品は全て資本（企業）のものとなり，労働者には，たとえば，「賃金a円」が支払われる。だが，ここで労働によって「新たに付け加えられた価値はb円」であり，「b」は先の「a」よりも大きい。

というのは，労働力商品は，他の商品と異なって，富や価値を生み出すことの出来る特別な商品であるからだ。こうしてbとaの差額が利潤として資本（企業）のものになる。これを搾取という。

しかし，以上のことは，労働力と賃金との「等価交換」であり，労働者には契約通りの賃金が支払われたのであって，近代的法律の下では何ら違法ではない。よって，このカラクリは表面上ではみえにくい。収奪と搾取とはそのように対照的である。こうしたことは，経済学の理論によってはじめて明らかにされることである。収奪のみならず，搾取のない世界を模索することは，われわれの権利であり，当然の行為であろう。

[註]
1）「国民生活に関する世論調査」は以下のサイトで見ることができる。http://www8.cao.go.jp/　survey/index-ko.html
2）なお，ここで取り上げた問題が述べられている，第5章の執筆者は，今田高俊・原純輔である。
3）第3回SSM調査では，所得区分（年収）が，① 125万円未満 ② 175万円未満 ③ 225万円未満 ④ 325万円未満 ⑤ 325万円以上，の5段階に分けられているが，これでは「貧乏人同士の貧乏ぶりを細かく区分」（岸本［1978］57頁）しているに過ぎないというわけである。当時の物価水準を考慮しても確かにその通りであろう。続けて岸本は，「貧乏人と金持ちとの区分を明確にし，金持ちの度合いについて現代の経済体制の特質とつき合わせた基準を明確することこそが階層論としては必要不可欠のことではないか」（岸本［1978］57頁）と述べているが，この点も同意できる。
4）岸本によって指摘された自己評価が甘くなるという点の背景には以下のような構造があると思われる。以下のグラフを参照されたい。「低成長期」，「高度成長期」とも，t1, t2時点におけるハイクラスとロークラスの豊かさの「差」はいずれも等しいとする（豊かさの差＝3）。とはいえ，低成長期においてはロークラスのt_2の豊かさはハイクラスのt1時点の豊かさを超えないが，高度成長期にあってはロークラスのt_2の豊かさはハイクラスのt1時点の豊かさを超えることが可能なのである。つまり，高度成長とは，たとえ両クラスの豊かさの差は不変であっても，ロークラスといえどもかつてのハイクラスのそれを凌ぐことができるわけであって，こうした事態から生じるイデオロギーの効果は大きい。これが，高度成長の続いた70年代に，幻想とはいえ，岸本のいう自己評価を甘くした根拠だといえよう。
5）70～80年代の論争では直接俎上に載せられなかったが，村上・富永の主張の背景をなす経済構造が存在していたことを注記しておきたい。その後，奥

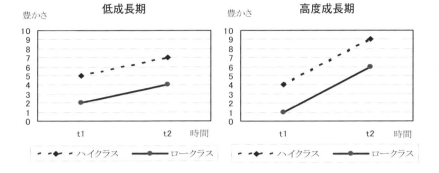

村宏（奥村［1991a］，［1991b］），などによって明らかにされた点であるが，法人資本主義と呼ばれる株式会社の構造がそれである。

株式会社の所有構造は簡単に3つに類型化できる。その第1は，数人ないしごく少数の株主が大半の株式を所有しており，大株主はそのまま経営者でもある形態である。19世紀末のドイツにみられた古典的な株式会社である。それに対して，大戦間期の米国に現れた株式会社においては，巨大株主が必ずしも経営を担っておらず，経営を最も有能な経営者に委ねというものである。これは，「所有と経営の分離」と呼ばれ，今日のプロスポーツのオーナーと監督との関係に類似しているが，ともあれ，最終的な支配権は大株主が握っている。以上の二類型は所有と経営の観点から言えば対極的だが，しかし，いずれも株式の所有者は個人＝自然人である点で共通であるといえる。これに対して，70年代前後に存在した日本の法人資本主義と呼ばれるものは，大企業にあっては多くの株式の所有者が法人であるという点で決定的に異なる。「持合い」というように，企業が他の企業の株式を所有しているのであって，単純な相互的な持合いから，複雑なマトリックス的な持合まで様々である。このような構造の下では，個人はごく少数の株式しか所有しておらず，とてもそれを資本家と呼ぶことはできない。いわば，「資本家のいない資本主義」という奇妙な構造があったわけである。

このような事態は階級・階層関係にも影響を与えることはいうまでもない。一方で，自然人としての資本家が存在しないということは，他方で，ほんらい株主を指す会社員や社員を従業員の呼称として定着させた。それまでも事務員や工員を社員と呼ぶこともあったが，それに内実を与えたわけである。階級や階層関係が希薄化され，それがいわゆる「　億，総中流化」というイデオロギーを助長したことは容易に想像される。

なお，こうした法人資本主義とそこから生じるイデオロギーに関しては，青木孝平［2002］第6章，田中史郎［1996］を参照されたい。

6）このころヒットした「違いのわかる…」といったテレビCMはこうした事態の反映である。

7) 本文で引用した以外にも，本書には鋭い指摘がみられる。「例えば，1人っ子の増加と高度経済成長の終焉によって，若者の職業や居住地に対する選択の幅が狭くなってきた。親の跡を継いで医者や政治家になる（職業の継承），都会の大学を出たけれど，郷里の親元へ帰って就職する（居住地の継承）等々の現象が見られるようになった。…成熟経済期に入り，産業構造の変化が小さく，労働移動も少なくなると，職業や居住地の継承は，1つのスティタスなり，実質的な所得や資産なり，生活様式なりの世襲化となってくる。」（小沢雅子 [1985] 241 頁）。ここで，小沢は，世襲化の問題を取り上げ，その原因を「1人っ子」と「高度経済成長の終焉」との2つに求めている。後者の指摘は支持するものの，前者にはやや疑問を感じる。というのも，合計特殊出生率が低下していることは周知の通りであるが，その理由の1つは未婚率の高さにあるのであって，既婚者のその値は2を下回ったことは無い。平均的には「2人っ子」ということになるのである。そうだとすると，世襲化の要因の1つはむしろ，戦後50余年の長期わたる安定に求められるのでなかろうか。この点は後に本文で展開する。
8) 90 年代以降の諸論者の提起においては，これまで頻繁に用いられていた「国民生活に関する世論調査」はあまり議論の対象とされず，より実態に即したジニ係数や第5回 SSM 調査が資料として用いられるようになった。
ちなみに，その後の「国民生活に関する世論調査」（階層帰属意識調査）を見ると，80 年代，90 年代の状況は以下のようなっている。まず 80 年代おいてである。やはり，最大多数は，「中の中」であるが，5ポイントほどシェアを下げ，代わって「中の下」「下」が増加している。つまり，大まかに言って下方にシフトしたわけであり，これらは定着した低成長の現れであろう。ところが，90 年代にはいわば逆の変化が見られる。高度成長の時ほどではないが「中の中」が若干増加し，「中の下」はやや減少し，「中の上」がはじめて 10％前後に増加している。つまり，「中の下」，「中の中」の一部がそれぞれワンランク上昇しているといえる。確実に上部層が形成されつつあるということであろうか。長期不況下にあってこうした傾向は興味深いが，ここでは立ち入る余裕はない。
9) ちなみに，もっとも，平等度の高い「第1グループ」には，フィンランド・スウェーデン・ノルウェー，ベルギー・ルクセンブルクが，中くらいの平等度とされる「第2グループ」には，ドイツ・オランダが入るとされている（橘木俊詔 [1998] 79 頁）。
10) 直接に大竹の批判に答えたものではないが，橘木の反批判も参考になる（橘木俊詔 [2001]）。
11) なお，橋本健二 [2001]『階級社会日本』に関しては，田中の書評（田中史郎 [2003]）も参照されたい。
12) なお，先の佐藤は，競争に勝ち残ったエリートは敗者の意欲を保たせるために，自己批判（「お約束」の学歴批判）を続けるが，また，それによって「エ

リートの空洞化」「責任の空洞化」が生ずるという（佐藤［2000］114 頁以下）。無責任なエリートたちが輩出するというわけである。櫻田の議論はこのような実態を反映したものでもあろう。こうしたエリート論には立ち入って議論を展開する必要があるが，ここでは論じられない。

13) たとえば，政府系の報告書である『「社会階層・意識に関する研究会」報告書』（社会階層・意識に関する研究会［2003］）においても，「公正な機会」や「機会の均等」は目指すべきものとして謳われている。

14) 佐藤は，「戦後の経済成長がW雇上（ホワイトカラー雇用上層）を開く力となりえたのは…。その絶対的な豊かさの拡大が選抜競争の参加者の拡大とうまく結びついたからである。…しかし，これはあくまで1回きりの出来事である。…現在の日本が経験している閉塞は，10年単位ではなく，50年単位で考える必要がある地殻変動なのである。」（佐藤俊樹［2000］102〜103頁）と述べている。これは本稿で展開した論理に類似するものかもしれないが，具体的ではない。

15) なお，「JWASP」という言葉が作られたという。もともとWASPとはアメリカの支配層を形成する「白人，アングロサクソン系，プロテスタント」を指す言葉であるが，これはその日本版である。つまり「W：ホワイトカラーの家に生まれ，A：アメリカナイズされた生活をし，S：サバーバン＝　山手育ちであり，P：プライベート・スクール＝私立学校に小さいときから通っている」人という意味であり，これが日本のハイクラス・エリートの条件だというわけである。

16) とりあえず，田中史郎［1998］を参照されたい。

第8章 労働と格差の現状と課題
―労働者をめぐる状況と格差―

はじめに

　昨今の労働や格差をめぐる諸問題は深刻さを増している。本第8章では，まず，この問題を戦後日本の状況に位置づけて概観しておこう。すでに第1章で考察したように，戦後の日本経済は，混乱・改革期を経て1970年代前半までの高度経済成長期と，それ以降に分けて特徴付けられる。そして，後者においては，安定成長期を経て90年代初頭までのバブル景気の時期とその後に，そしてさらに，バブル景気崩壊後は2008年のリーマン危機によって区分できる。そうした時期区分を念頭に置いて，労働や格差をめぐる現状と課題を整理しておく。

　約20年にも及ぶ高度経済成長により生活が豊かになった70年代において，新中間層論争[1]が繰り広げられた。それは，国別GDPが西側世界で第2位になるとともに，雇用の安定も続き，そうしたなかで政府の意識調査（内閣府「国民生活に関する世論調査」）に基づき一億総中流と，マスコミなどで報じられたことに発する。日本国民の生活はあまねく豊かになったのか否か，それを巡って議論が展開されたのであった[1]。そしてその後，日本的経営や日本型労使関係が賛美されたりした。

　しかし，バブル景気の終焉した90年代においては，事態はまったく逆になった。失業率が高止まりし，「就職氷河期」などという言葉もささやかれるなか，賃金や生活レベルの格差の問題が話題を呼ぶようになった。その後，今世紀に入ってから戦後最長の好景気といわれたいざなみ景気の時期でもさほどの改善はみられず，08年秋のリーマン危機以降は，絶望的な事態に至っている。「派遣切り」などがその本質を表している。それまでは考えもしなかった「貧困」の問題が提起されるに至ったのである[2,3]。

よって，本章においては，この間，何が起こっているのか，そしてその原因は何処にあるのか，われわれはこの事態に対して何をなすべきか，こうした問題を念頭に置いて考えたい。

1．労働と資本

　ここ数年は，若干の改善がみられるものの，労働をめぐる状況の深刻さは変わらない。「就職氷河期」や「派遣切り」という言葉が聞かれなくなってきたとはいえ，楽観を許さない。大学当局や学生の就職活動に対する熱心さはそれを示している。これらを全体として把握するには，問題を「労働の問題」として体系的に理解しなければならない。

　きわめてプリミティブにいえば，労働とは人間が自然に対して目的意識的に働きかけ何らかの生産物を獲得する活動である，といえよう。働きかける対象は自然ものものであったり，原料や材料のように加工された自然であったりするが，それを労働対象といい，その際に用いられる道具や機械を労働手段という。また，労働対象と労働手段を一括して生産手段ともいう。いかなる時代でもいかなる社会でも労働の営みはなされてきたといえる。

　しかし，現代においてはそうしたことが直接に現れることは僅かである。資本主義の成立によって，一部の資本家と農家や自営の人々を別とすれば，大多数の人々は雇用され労働している。今日の労働をめぐる問題は，こうしたなかで生じている。

　具体的に考えよう。生産手段やそれを購入する資金を持たない人々は，労働者として資本家（企業）に雇用される以外に道がない。労働者は，労働市場で契約を結び，雇用される。そして，生産の現場に入っていき，実際に労働を行う。この過程を労働過程というが，また生産物からみれば，それは生産過程とも捉えられる。そのような過程を経て，生産物が作られるが，それは商品として生産されたものであり，労働者の所有物ではない。労働者は，自らの生産物ではなく賃金を受け取り，その賃金で必要な生活資料を市場で購入し生活を営む。市場での売買の過程を，

生産過程に対して流通過程と呼ぶ。そして，こうした生活のなかで，労働者が人間として，日々にそして世代的に再生産されていく。また，雇用と被雇用の関係にあって，資本家（企業）と労働者の利害はしばしば対立する。それは労使関係ないし労資関係して現れるのであり，労働組合が結成され，労働運動も惹起する。以上のことを図示すると以下のようになる（図表8-1）。

図表8-1　資本と労働の関係図式

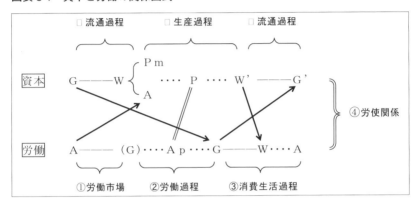

　以上が労働と資本（企業）をめぐる基本構造といってよいが，これは典型的には工業（製造業）をモデルとしている。工業（製造業）では，生産過程と流通過程とが時間的にも空間的にも分離しており，また，労働現場の関係は「管理者－労働者」という2極関係になっていることが特徴的である。資本主義は工業と共に発展してきたのであり，工業を無視することはできないが，昨今の先進国では，商業やサービス業が大きなウェイトを占めている。いわゆる第2次産業より，第3次産業に従事する労働者の方が遙かに多い。第3次産業にはきわめて多種多様の産業が含まれるので，それを一括することは難しいが，たとえば接客を伴う商業やサービス業では，生産過程と流通過程とが時間的にも空間的にも一体化しており，また，労働現場の関係は「管理者－労働者－顧客」という3極関係になるという特徴をもつ。それゆえ，商業やサービス業を考察する場合にはそうした点に留意する必要がある[4]。

2．労働をめぐる昨今の実態

前節では，労働にかんする理論的な枠組みを考えてきた。ここではそれを踏まえて，幾つかの点に立ち入って，マクロ的な統計から昨今の労働をめぐる全体の状況を確認しておこう。

(1)労働力人口と労働力率

まず，今日の労働力人口や労働市場の大枠をみておこう。日本の総人口（2015年，以下同様）は1億2700万人程度だが，そのうち，労働力人口は，男子3800万人，女子2800万人，計6600万人程度である。また，労働力率は，男女それぞれ約77％，50％である[5]。だが，立ち入ってみるとやや異なった様相を呈する。5歳区分で，25歳から54歳までの男子の場合，その労働力率はほぼ95％を超えている。成年男子は，おおむね全てが労働力人口ということになる。しかし，男女とも高校や大学への進学率の上昇によって，また女子の場合はいわゆるM字型雇用によって[6]，日本全体の労働力率はかなり下がるのである。

(2)完全失業率と有効求人倍率の動向

労働市場にかんしてもっとも注目を集めるのが，完全失業率や有効求人倍率の動向である[7]。図表8-2によって，労働市場の主要統計である完全失業率と有効求人倍率の推移をみてみよう。

当然ながら完全失業率と有効求人倍率の指標は相反的であり，景気の状況を反映している。たとえば，好景気のときには，完全失業率は下落傾向にあり，有効求人倍率は上昇傾向にある。

雇用状況は，高度成長期には「超完全雇用」と呼ばれるほど良好であったが，その後バブル景気の時期を除き傾向的に悪化していった。とりわけ，バブル景気の破綻した90年代後半以降の完全失業率の高さは，憂慮すべき状態である。そして，02年から始まるいざなみ景気においては状況に若干の改善がみられたが，08年のリーマン危機以降には再び悪化していた。その後，11年の東日本大震災による「特需」，そしてそ

の後のアベノミクスによって，雇用状況はやや持ち直し，統計的には改善しているようにみえるところもある。

しかし，昨今の完全失業率の低下や有効求人倍率の上昇は，非正規雇用によるところが大きい。アベノミクスの開始前の2012年と，15年とを比較すると，正規労働者の数は20万人以上減少しているのに対して，非正規労働者の数は120万人以上増加しているのである。それは，正社員の有効求人倍率が，正規・非正規を含めた有効求人倍率よりもかなり低くなっていることにも現れている。

図表 8-2 完全失業率と有効求人倍率の推移

（資料）総務省統計局「労働力調査」(2015年)．厚生労働省「一般職業紹介状況」(2015年)

(3)労働時間の構造

労働過程の内実を統計的に把握することはかなり難しい。労働強度や労働環境などは，数字として表れにくい。そこで，一つの代理変数として労働時間を取り上げよう。欧州各国に比較すると日本の労働時間の長さは，よく知られている。労働時間は景気の動向に影響され，不景気になれば労働時間は短縮傾向になる。日本でも1990年代以降は労働時間が短縮の方向に向かった。とはいえ，年間労働時間を見ると，ドイツ，フランスなどでは年平均で1500時間前後であるのに対して，日本では年平均で1700時間程度である（『データブック国際労働比較2016』労働政策研究・研修機構）。日本の労働時間は，短縮傾向にあるとはいえ，欧州各国と比較すると短くはない。

しかし，注意すべきは平均的な労働時間の単なる長短ではない。問題は労働時間の構造にある。労働時間の構造に2重化や2極化といわれる事態が進んでいるのである。かねてから，労働時間には男女別によって差があり2重化していることは知られているが，昨今では，それが正規職員と非正規職員との間で2極化している。多くの短時間労働者が存在する一方で，若年・壮年の男子正規労働者の労働時間の長さは異常である。労働基準法では，労働時間を週当たり40時間とする原則を謳っているが[8]，そうしたことは殆ど守られていない。

図表8-3　1日平均10時間を超えて働いている人の割合

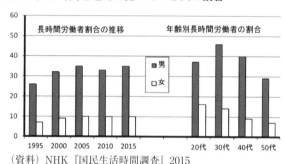

（資料）NHK『国民生活時間調査』2015

　図表8-3をみると，全体の労働時間が短縮の方向にあるというデータとは異なった様子が明らかになる。1日平均10時間を超えて労働している長時間労働者の割合は，労働者全体にかんしていえば，男女差はあるとはいえ，傾向的に増加しているといわざるを得ない。これを年齢別にみるとより具体的な状況が解る。長時間労働は，女子おいては，20代・30代での割合が高い。しかし，より深刻なのは，男子の場合である。とりわけ，30代・40代の，いわゆる「働き盛り」といわれる年代では，4割以上が長時間労働を行っている。

　一方で失業者や非正規労働者がかなりの程度存在しており，他方でこのような長時間の労働を担っている労働者が存在することは，歪であるといわざるを得ない[9]。

(4)**労働賃金の動向**

次いで，賃金の動向についてみておこう。賃金は，労働時間と並んで，労働条件の重要な要素である。

かねてから，日本の賃金構造は大企業と中小企業とで2重化していることが指摘されている。また，このような2重構造は，性別においても，正規労働者か非正規労働者かという雇用形態においても存在していることは周知のことである。

図表8-4は，厚生労働省『毎月勤労統計調査』を元に作成したものである。毎月勤労統計調査は，常用労働者（正規職員）5人以上の事業所を対象にしたもので，調査の歴史も長く信頼性が高い。みられるように，賃金指数は，90年代末から傾向的に減少している。リーマン危機直後(09年）の落ち込みが目に付くが，実質でみた場合，14～15年の下落はそれを超えて著しい。そして，ほぼ20年間，実質賃金は下がり続けているといわざるを得ない。

また，賃金指数を実質と名目を比較してみると，実質が名目を下回っている年が多いが，それは，物価の上昇が賃金（名目）以上であることを示している[10]。

図表8-4 賃金指数（実質，名目）

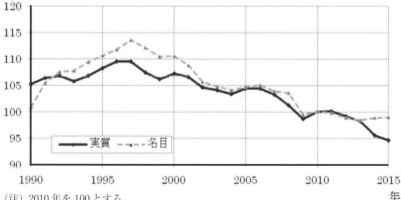

（注）2010年を100とする。
（資料）厚生労働省『毎月勤労統計調査』2015

(5)**非正規労働者の割合**

以上のように，正規労働者（職員）においては実質賃金の減少傾向が

みられたが、そもそも正規職員の割合は減少し、非正規職員の割合が着実に増加しているのである。男女、全世代の合計では、非正規労働者（職員）が4割を超えている。

図表8-5　非正規職員・従業員の割合　　　　　　　　　　　　　　　　（％）

年	男						女					
	1990年	1995年	2000年	2005年	2010年	2015年	1990年	1995年	2000年	2005年	2010年	2015年
計	8.8	8.9	11.7	17.7	18.9	21.9	38.1	39.1	46.9	52.5	53.8	56.3
15～24歳（在学中を除く）	..	..	19.7	28.8	25.1	25.3	..	..	27.0	39.8	35.4	34.3
25～34歳	3.2	2.9	7.3	12.9	14.0	16.6	28.2	26.8	33.6	40.7	41.4	40.9
35～44歳	3.3	2.4	3.5	6.9	8.1	9.8	49.7	49.0	52.7	54.5	53.7	54.8
45～54歳	4.3	2.9	3.8	8.4	8.1	9.0	44.8	46.9	53.0	57.5	57.7	59.7
55～64歳	22.7	17.8	16.8	27.1	28.9	31.5	45.0	43.9	53.5	61.0	64.0	67.4
65歳以上	50.9	50.6	47.3	66.7	68.6	71.8	50.0	51.4	59.6	69.0	69.7	77.3

（注）1990、1995年の値は2月、その他の年の値は年平均のものである。
（資料）総務省『労働力調査』

　図表8-5にみられるように、1990年以降、男女とも非正規の労働者・従業員の割合は傾向的に増加している。雇用形態にかんしては、男女差が大きいので、それを分けて考える。男子にあっては、若手と中堅で非正規の職員・従業員の比率が高い（統計的には、55歳以上で非正規の割合が高くなっているが、これは、いわゆる定年後の再就職と考えられる）。「15～24歳（在学中を除く）」では約25％、「25～34歳」では約17％弱が非正規労働者である（いずれも、15年の値。以下同様）。女子では、すべての年齢層で非正規の割合が高いが、最も非正規の割合が少ない「15～24歳（在学中を除く）」でも、約34％が非正規労働者である。

　こうした、非正規労働者は、賃金ばかりでなく、たとえば、「雇用保険」、「健康保険」、「厚生年金」、「退職金」、「賞与（ボーナス）」などにおいても不利な状況にある。また、「派遣切り」にみられるように雇用の不安定性と地続きにある。そうした中で、非正規労働者のワーキングプア問題も見逃せない[11]。よくいわれるように、新卒時に非正規になるとなかなか正規職員になりにくい現状があるゆえ、若年層で非正規の割合が大きいことは、将来にわたって影響を及ぼす。

(6)ジニ係数の変化

これまで，いくつかの指標をみてきたが，今日の労働の歪みの問題をもっとも広く把握できる指標がジニ係数である。
ジニ係数は格差を表すもので，別名「格差係数」とも呼ばれる。係数の範囲は0から1までで係数の値が0に近いほど格差が小さく，1に近いほど格差が大きい状態であることを意味する。図表8-6にみられるように，所得のジニ係数はこの30年以上ほぼ上昇しつづけ，当初所得では[12]，その値がすでに0.57を越えている。これはきわめて憂慮すべき事態である[13]。格差が確実に広がっているといわざるを得ない。

図表8-6　ジニ計数の推移

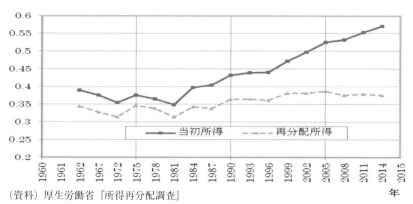

(資料)　厚生労働省『所得再分配調査』

(7)「名ばかり管理職」，生活保護，自殺などの問題

以上，よく利用される主要な統計に基づいて，労働等の実態を確認してきた。さらに幾つかを付け加えておこう。

第1に，名ばかり管理職，名ばかり正社員などと呼ばれる問題である。この間，非正規労働者の割合が拡大したことは，すでにみたとおりである。そうしたなかで，とりわけ接客・販売業などでは非正規の割合が高く，正規従業員は店長などの管理職だけという職場もある。そうしたところでは，管理職や正規職員に過大な責任が負わされ，労働時間も労働密度も度を超えた事態に達している。しばしば訴訟さえ起こされている有様である[14]。

第2には，最後のセーフティーネットと呼ばれる生活保護を受ける世帯が拡大していることである。被保護世帯数は，95年頃は60万世帯であったが，その後増大し，2005年には100万世帯を突破し，2015年では過去最多の163万世帯になっている[15]。

　このことは，OECDの資料でもみてとれる。それによれば，「1985年以降，日本では，家計収入の平均はほとんど増加しておらず，さらに下位10％の貧困層では家計収入が毎年約0.5％減少している」，「相対的貧困率は，日本では人口の約16％である（これはOECD平均の11％を上回る）[16]。相対的貧困率は，世代間では高齢者が最も高く，66歳以上の約19％」に達する，と記されている。そして，日本政府に対して，質の良い仕事を提供すること，質の良い教育やスキルを開発すること，再分配のためにより良い税・給付制度を構築すること，を求めている（OECD[2015]，*In It Together, Why Less Inequality Benefits All*。

　さらに，同様のことは，「自殺者」の増加にも現れている。自殺者数は，1998年以降十数年は連続して年間3万人を下回ることなく推移していた。2012年以降はやや減少傾向にあるが，高止まり状態である。日本の自殺者の特徴としては，性別としては男性が多く，世代的には50代を中心とした前後の世代に多い。いわゆる働き盛りの男性に自殺が多いといえる。また，その理由に「健康問題」と「経済問題」があげられている。自殺者の増加と高止まりは，「心の問題」などで片付けられる問題ではなく，その背後には失業や収入減など労働の問題があることはいうまでもない。

(8) 労働組合，労働運動の実情

　このような状況にあって，労働組合や労働運動はどのようになっているのか。日本の労働組合の特徴は企業別組合にあるといわれていたが，今日，その実態はあまりにも非力である。戦後，合法化された頃の組合組織率は50％程度であり，幾つかのナショナルセンターも影響力を持っていた[17]。しかし，その力は徐々に減少し，2000年に入ってからは組合組織率が20％を下回った。また，労働争議に関していえば，かつて

は高度経済成長のもとで賃上げなど経済を重視する組合運動により高まりをみせた。しかし，それは，1970年代中盤の国労・動労などのストライキ以降には停滞し，労働者にとって厳しい状況にもかかわらず，昨今ではほぼ消滅している状態である（図表8-7を参照）。これまでみてきた労働をめぐる状況に鑑みると，労働争議があまりに少ないことは異常といわざるを得ない。世界的にも例をみない状況である。

しかし，こうした既存の労働組合と労働運動の状況に対して，フリーターや契約・派遣労働者などの非正規労働者を中心に，これまでとは違った労働組合が結成されつつある。そして，既存の組合もこうした動きにようやく呼応しつつある。

図表8-7　労働組合の組織率と争議件数

（資料）厚生労働省『労働争議統計調査』

3．不安定雇用や格差を生み出した構造

　以上，幾つかの資料を参考にしながら，労働の実態を確認してきた。不安定雇用や格差の実態が浮かび上がってきた。そうであるならば，こうした事態はどのようにして生じたのであろうか。すでに指摘されてい

ることも含め，幾つかの原因や要因をまとめておこう。大まかにいえば，こうした状況の生じた要因の解明は，経済などの客観的な情勢や状況に求める議論（外部要因説）と，経済政策に求める議論（政策要因説）に分けて考えられる。

(1) **不安定雇用や格差をもたらす外的な要因**

まず，格差の要因を経済などの外的な情勢の変化に求める論理であるが，それらはさらに幾つかに分かれる。

その第1は，これらの要因を経済のグローバリゼーションないしメガコンペティションに求めるものである。この議論は，東アジアや中国などの経済的台頭によって，一方では安価な輸入品との価格競争を余儀なくされ，他方では，その原因にも結果にも関係する対外直接投資によって国内産業が空洞化するというところに，今日の深刻な雇用状況の原因を求めている。

第2は，長期の不況によってこうした事態が生じたとする理解である。周知のように1990年代初頭にバブル景気は破綻し，その後，何回かの景気の「山」もあるが，たとえば高度経済成長期と比べると，安定した良好な景気とはいい難い。そして，この20年間ほどは，デフレ基調も継続した。デフレになれば，当然のことながら，名目の経済規模は実質のそれよりも小さくなる。それがスパイラルを起こし，不況を深刻化させているという。そのスパイラルが賃金の低下をもたらし，雇用を不安定化させているというわけである。

第3は，雇用不安の背景には，昨今の技術の進歩による技術格差を無視し得ないというものである。いわゆる「デジタル・ディバイド (digital divide) 論」に他ならない。知られているように，この間，ITを中心として技術革新が進んだ。IT技術のかなりの部分はそれまでとは異なり，OJTで培われるような技術ではない[18]。また，それは少数の技術者で賄われるものであり，その他多数はむしろ技術などを必要としない。そうしたことが不安定雇用や格差を生じさせているというわけである。いわゆる「雇用のミスマッチ」も，こうした状況によって生じていると解

釈される。

　そして，第4は，格差の遠因として世襲化の問題があるという理解である。明治以降の近代日本の歴史は，第2次大戦まではいわば戦争の歴史であった。戊辰戦争や西南戦争という内戦の後，日清戦争，日露戦争，第1次大戦，第2次大戦と，ほぼ10年毎に戦争を繰り返す激動の時代だった。しかし，戦後は，敗戦と戦後改革の激変の後にはそうしたことが無い。そのような安定の期間が世代交代のサイクル以上に長期に及んだのである[19]。そうしたなかで当然のごとく，世襲の問題が顕在化してきた。政治家，企業経営者，医者，はては芸能人まで，いたるところで「二世化」が見られる。社会のアッパークラスにおいて，様々な既得権が世代的に継承され，これが格差の背景にあると考えられる。

　労働不安定さや格差を取り巻く状況は以上のように整理することができよう。こうした要因が重層化して，その背景をなしているといえる。

(2)不安定雇用や格差をもたらす政策的な要因

　さて，このような外的な状況に対して，より直接的には経済政策の問題があげられる。80年代からの経済的自由化の潮流の極点として成立した小泉内閣による種々の新自由主義＝市場至上主義政策が，昨今の不安定雇用や貧困の要因の1つであるという主張である。

　たとえば，所得税最高税率の大幅引き下げや株式譲渡税の特例化などの「金持ち優遇政策」が一方で実施されつつ，他方では最低賃金法の形骸化による賃金の押さえつけなど，格差を直接的に助長する政策が実施されてきた。また，市場主義化＝規制緩和のかけ声のもと，道路運送法の改正によるタクシー運転手の実質的な収入減，郵政民営化による混乱なども，今日の状況を作り出した1つしてあげられる。

　そうしたなかで特筆すべきは，労働者派遣法の問題である。労働者派遣法は，1986年に施行されたが，その後数回の「改正」（いわゆるカッコ付き改正）が繰り返されてきた。なかでも，1999年，2004年，2012年そして2015年の改正が問題となる。1999年の改正では，当初13業務に限られていた対象業務を大幅に拡大（ネガティブリスト化[20]）し，

また，2004年の改正では，派遣期間制限の緩和（延長），および製造業への派遣の解禁などが盛り込まれた[21]。そして，2012年の改正においては，リーマン危機後の雇用の危機的状況のなか当時の民主党政権のもとで，日雇い派遣の原則禁止，1年以内に退職した職場への派遣の禁止，そしていわゆるマージン率の公開など若干ながら規制強化に繋がる改正になった[22]。

　そして，今回2015年の改正では，規制の強化と緩和の2面的な改正になったといえる。規制強化の面では，派遣業者をすべて届出制から許可制にしたこと，雇用安定措置を義務化したこと（たとえば，期間を終了した派遣労働者が希望すれば，派遣先への直接雇用の依頼，新たな派遣先の提供，派遣元事業主による無期雇用）などがあげられる。規制緩和の面では，個人単位での期間制限があげられる。これまでは，派遣労働者を受け入れる企業にとっては，その期間の最長は3年であったが，改正によって，人を変えれば継続的に派遣を利用できるという内容である。そもそも派遣労働者はあくまで例外的な働き方という位置づけだったのであり，企業が一時的に人材不足になった場合に，派遣労働者に急場しのぎ的に働いてもらうというものであった。業務内容にも期間にも制限があったのは，こうした想定による。

　しかし，今回の改正案では実質的に業務内容も期間制限も緩められ，原則と例外が逆転したことになる。派遣労働の制度的固定化といえる。また，今回の規制強化の面としてあげた雇用安定措置を義務化にしても，これによって派遣労働者の雇用環境が改善されるかは定かではない。派遣労働という形があらゆる業種におよびその固定化が進んでいることは事実である。

　視点を変えてみると，「派遣」の異常さが垣間見える。日本の派遣業者数は約6万7000社で，コンビニの店舗数より多い。それは，アメリカの5倍である（日本人材派遣協会『人材派遣データブック』2012年）。また，いわゆるマージン率は，業種や職種，雇用形態（大まかにいえば，登録型の一般派遣，常用型の特定派遣）によって異なるが，平均的に30～35％程度である（厚生労働省『平成25年度 労働者派遣事業報告書の集

計結果』2015年)。このように日本では,派遣業者が異常に多く,また,高いマージン率をとっているということは,何を意味しているのだろうか。

(3)企業・経営側の方向性

この間の労働者派遣法の改正には前史があるといえる。それを準備するように,日経連(02年に経団連と統合,現在は,日本経済団体連合会)では1995年に『新時代の「日本的経営」-挑戦すべき方向とその具体策』と題する書物を公にしている。そして,そのなかで労働者の位置づけを以下のように示している。

図表8-8 グループ別労働者の処遇

	雇用形態	対象	賃金	賞与	退職金・年金	昇進・昇格	福祉施策
長期蓄積能力活用型グループ	期間の定めのない雇用契約	管理職・総合職、技能部門の基幹職	月給制か年俸制、職能給、昇給制度	定率+業績スライド	ポイント制	役職昇進、職能資格昇進	生涯総合施策
高度専門能力活用型グループ	有期雇用契約	専門部門(企画・営業・研究開発等)	年俸制、業績給、昇給無し	成果配分	なし	業績評価	生活援護施策
雇用柔軟型グループ	有期雇用契約	一般職、技能部門、販売部門	時間給制、職務給、昇給無し	定率	なし	上位職務への転換	生活援護施策

(資料)日本経営者団体連盟『新時代の「日本的経営」』1995

みられるように,この図表8-8が示すのは,労働者を3つのグループに大別し,それぞれの条件で雇用するというものである。第1の「長期蓄積能力活用型グループ」とは,これまでの幹部や管理職などの「ホワイトカラー」に近いものである。いわゆる終身雇用で,昇級もあり,賃金や賞与もそれ相応に上昇し,退職金もある労働者ということになる。また,企業による福祉も充実している。それに対して,第2の「高度専門能力活用型グループ」とは,特殊・専門的な技術や知識をもつ,いわゆる「その道のプロ」を想定すればよい(たとえば通訳やプログラマーなど)。雇用期間は有期であり,業績によって比較的高給ではあるが,昇級や賃金上昇,賞与などはない労働者である。また,福祉は企業外に求められる。そして,第3の「雇用柔軟型グループ」だが,これがいわゆ

る非正規労働者に当たる。むろん，有期の雇用であり，昇級や賃金上昇，賞与はなく，そもそも低賃金だと考えられる。企業による福祉も期待できない。

　日経連は，すでにこのような3グループに区分した労働者像を想定していたのである。確かに，労働者をこのようにグループ分けし，「雇用柔軟型グループ」の労働者をまさに柔軟に雇用する（つまり，いつでも不必要ならば解雇する）ことができれば，資本（企業）にとって，これほど「良い」ことはない。しかし，労働者は人間であり，日々の生活を営んでいるのであって，解雇が頻発するようでは，生活が成り立たない。これはあまりにも当然のことだが，このような当たり前のことを強調しなければならい状況が現に生じているのである。

　先の労働者派遣法との関係でいえば，1986年にはじめて施行された際の労働者派遣法は，いわば第2グループの労働者派遣を想定していたが，1999年やそれ以降の改正では，もっぱら第3グループの労働者を対象としたものとなっている。そして，2015年の改正は，こうした第3グループの労働者を固定化するものである。労働者派遣法の改正過程は，この図表8-8に示された内容を実施に移したものと考えざるを得ない。

4．最近の労働をめぐる動向

　すでにみたように，労働をめぐる状況は厳しい。賃金をはじめとした正規・非正規間の格差はきわめて大きく，また，非正規労働者の人数も割合も増加している。そうした中で，政権は「働き方改革」の要として「同一労働同一賃金」原則の導入という方針を掲げている。非正規労働者の賃金が正規と同様にかさ上げされるようにも聞こえるが，必ずしもそうでなさそうである。この問題を考える前提として，まず，戦後の賃金体系の決定方式について振り返っておこう。

(1)賃金体系の変遷

　戦後日本経済は，混乱・改革期を経て高度成長期，安定成長期，バブ

ル崩壊以降の超低成長期を経てきたが，賃金体系の決定方式もそうした中で形成され変容を遂げてきた。

まず特筆すべきは，戦後の混乱・改革期にあって労働運動が隆盛を誇るとともに「電産型賃金体系」と呼ばれる賃金決定方式が一定の影響力を持ったことである[23]。電産型賃金体系とは，賃金を家族も含めた生活保障給と位置づけて，それに能力給と勤続給を加えたものを基準賃金（基本給）とし，さらに超過労働，特殊労働，特殊勤務などの諸手当を基準外賃金として加算した賃金体系である。みられるように，「生活給」を軸としてそれに能力給や手当を付加する賃金体系であって，現在おいても考慮に値する賃金体系といえる。それゆえ，これは多くの労働組合の賃上運動の理論的な支柱となった。

こうした労働組合や労働運動の動勢に対して，50年代から60年代にかけて企業や経営側は「職務給」の普及を求めた。職務給とは，従事する仕事の内容や職務の軽重によって賃金を決定するという方式である。最近，いわれ始めている「同一労働同一賃金」の原則は，この職務給という制度によってもたらされる。そのようにみると，「同一労働同一賃金」のスローガンは，かつて経営側から主張されていたものともいえる[24]。労働組合側の主張する電産型賃金体系に対して，企業・経営側は職務給体系で対抗したわけである。

しかし，その後60年代後半には経営側の方針は，それまでの「職務給」の提唱から「職能給」の宣揚へと，大きな転換をみせている。職能給とは，労働者の職務遂行能力によって賃金を決定するという方式であって，その職務遂行能力には年齢や勤続年数，そして学歴などが含まれることになる。いわゆる年功序列型賃金ともいわれるものである。

このような経営側の賃金政策における大転換の背後には，当時の製造業にみられるような技術の変容の問題がある。技術革新のテンポの著しい高度成長期においては，それに伴って労働者の訓練や配置転換の必要性も生じてくるが，厳格な職務給体系ではそれを円滑に進めることが困難になってくると認識されたからに他ならない。すなわち，職務給であるならば，作業の内容や持ち場が変われば，そのたびに賃金も変わるこ

とになる。しかし，賃金が変動し，不安定になることは，労使ともに避けるべきこととされた。そうした中で，経営側は，職場での配置転換や新技術の採用にあたって，職務給を断念し一転して職能給の導入に踏み切ったといえよう。こうして，職務給から職能給への賃金体系の変更が行われた。そして，その後は，年功賃金制度にみられる職能給体系が定着したことはいうまでもない。これが，日本的経営の一要素にもなっていった。

　しかし，この高度成長期に適合し，その後も継続した職能給型の賃金体系は，バブル崩壊以降の超低成長期において，企業・経営側にとって桎梏になってきた。超低成長期では，例えば新卒の新規採用人数を縮減することにならざるを得ないが，そうであると従業員の年齢構成が上方に偏り年功序列型賃金では賃金総額が増大する。そうしたことを避けるために，新たな賃金体系，すなわち「成果主義賃金」の導入が図られたのである。成果主義賃金体系とは，成果をあげれば給与アップや昇格が約束されるが，逆に成果をあげられなかった場合にはその反対の処遇となる賃金体系である[25]。バブル崩壊後の不況の中で，成果主義賃金体系を導入する企業も多々現れた。大企業（東証一部上場企業）では，8割以上が何らかの形で成果主義賃金制度を導入したという。それが，非正規雇用の拡大，そして「リストラ」の敢行と平行して行われたのである。

　しかし，成果主義賃金は，労使双方からみて，成功とはいえない状況を招いた。成果主義賃金では，逆説的だが，成果が必ずしも上昇しないという結果に至った。よく知られている成果主義賃金の欠陥としてあげられるのは，成果主義では個人主義に陥りやすく，それが横への連帯の欠如を生み，また中長期的な視野を狭窄させるというものである。すなわち，職場内でチームワークが乱れ，勝組と負組が固定化されるようなことが生じ，そして，目標の設定が短期的なものに限られ，長期展望に欠如が生じるということである。また，そもそも成果の測定が曖昧で公平性に欠けるという批判もある。こうしたことが明らかになれば，何らかの形でその修正が迫られることになることはいうまでもない。

(2)同一労働同一賃金をめぐって

　これまで，戦後における賃金体系の変容を概観してきた。むろん，現実にはそう明確に割り切れるものではないが，生活給，職務給，職能給，そして，成果主義という変遷を経て今日があり，それが行き詰まっているともいえる。そうしたなかで，昨今，政権側から，「働き方改革」の一環として，「同一労働同一賃金」という政策スローガンが示された[26)]26)。「多様な働き方」に対応した賃金体系でもあるとされる。もっとも，「同一労働同一賃金」という言葉は示されたものの，その内容は全く明らかではない。

　そこで，政権の主張する「同一労働同一賃金」がどのようなものかを最近の新聞報道や政府資料などに基づいて概観しておこう。これを字義通りに解釈すれば，雇用形態にかかわらず，同一の労働に対しては同一の賃金が支払われる賃金体系ということになり，それなりに説得的である。そこで，何が同一労働に当たるのかを見極めることが重要事項となるが，政権の検討している「同一労働同一賃金」は，そのようなものではないらしい。例えば，正規労働者と非正規労働者間の格差については，「同一労働同一賃金」そのものを法律上規定するのではなく，「合理的理由のない処遇格差の禁止」というような形で立法化するといった議論がなされている。そうしたことが，首相の私的諮問機関である「一億総活躍国民会議」などでの資料からみてとれる[27)]。

　すなわち，職務内容が同じであれば同じ賃金を支払うことが必ずしも求められるわけではなく，「合理的理由」があれば賃金格差も許容されうるというものである。例えば，同様な職務に従事している正規労働者と非正規労働者に賃金に相違があったとしても，それが将来のキャリア形成などを考慮に入れたものとして「合理的」だとされれば，適法な格差だとされることになる。こうしたことは，いわゆる基本給のみならず，ボーナスや各種の手当て，昇級においても起こり得ることであろう。

　すでに，労働契約法・第20条において無期契約労働者と有期契約労働者との待遇において，そしてパート労働法（短時間労働者の雇用管理の改善等に関する法律）・第8条ではフルタイム労働者と短時間労働者との

待遇において，文言上は不合理な格差を禁止している。しかし，それが現実に履行されているとはいえない。あくまでも「合理的」でないもののみを禁止しているからに他ならない。そして，その「合理的」なるものは，必ずしも労働者に即したものではない。

　この議論が今後どのような形で制度化されるかは未定だが，いずれにしても文字通り同一労働同一賃金の原則が満たされるか不透明である。また，非正規労働者の賃金が「正規並み」になれば良いわけではない。「多様な働き方」などという聞き心地の良い言葉とは裏腹に，不安定雇用が残存する限り根本的な解決にはならない。そうした労働の根本問題を忘れてはならない。

5．今後の展望

　これまで，労働にかかわる実態やそれを生み出した構造，そして最近の動向について考察してきた。そこで，最後に，それらを踏まえて今後の展望について考えたい。

　まず第1に，必ずしも労働の問題に起因するとは限らないが，生活の保障には，セーフティーネットを充実させることが大切である。ここでは詳述しないが，失業保険，医療保険，年金など法律や制度の整備は欠かせない。

　第2に，すでにみたように，昨今の大きな課題の1つは，パート・アルバイト・契約・派遣労働などの非正規労働者の賃金格差や雇用の不安定性にあるといえる。いわゆる「派遣切り」などはそのことを如実に示している。労働者派遣法は，基本的には廃止されなければならない。このように述べると，「派遣労働が禁止されると，今，派遣で働いている人は，職を失う…。だから，労働者派遣法を廃止すべきではない」，という反論が語られることがある。しかし，それはかつての「周旋屋」や「口入屋」を正当化するものでしかない[28]。

　第3に，すべての労働者の雇用を維持するには，ワークシェアリングが実行されなければならないだろう。ワークシェアリングとは，仕事を

分け合い失業を出さない仕組みだ。すでにみたように，一方で超長時間労働が要求され，他方で失業が存在している状況を転換するには，何らかの形でワークシェアリングを行わざるを得ない。

そして，第4に，政権から示された，「同一労働同一賃金」原則の導入をはじめとした一連の「働き方改革」に注目しなければならない。これらにはアベノミクス失敗を糊塗する目的が隠されているといわざるを得ない。しかし，賃金体系をどのように考えるべきかは，それを超えてわれわれに突きつけられた課題といえよう。その意味で，労働運動と電産型賃金体系の再評価も視野に入れる必要があろう。

そして，最後には，以上のような法的整備やワークシェアリングには，労働者の相互理解，労働運動の構築が欠かせない。労働者が自前のセーフティーネットを共同のものとして創造しなければならない。そして，そのような運動の過程で培われる共同性こそが現在の状況を変える力となり得ると思われるのである。

［補論］生活に対する満足度

これまで考察したように，労働時間，賃金，非正規雇用，そしてジニ係数など，どの統計みても多くの労働者の生活が改善しているとはいえない。しかし，内閣府の「国民生活に関する世論調査」によると，やや異なった現象がみられる。この調査は，1957年以来ほぼ毎年行われているもので，幾つかの項目についてデータが示されているが，ここでは，「生活の程度」と「現在の生活に対する満足度」に注目してみよう。

まずは，「生活の程度」である。これは，自分の生活程度が世間一般からみて，どうかを聞くもので，「上」「中の上」「中の中」「中の下」「下」の中から1つを選択するという形で答えが求められる。かつては階層帰属意識ともいわれた。前章でも触れてあるので，ここでは最近の動向を付け加えておきたい。

「上」と答えた者の割合が1.1％，「中の上」と答えた者の割合が14.2％，「中の中」と答えた者の割合が56.5％，「中の下」と答えた者の

割合が21.7％,「下」と答えた者の割合が5.0％となっている。大まかに3分割すれば,「上」と「中の上」が約1割5分,「中の中」が約5割7分,そして「中の下」と「下」を合わせると2割7分というところであろう。

これを前回の調査結果と比較してみると,「中の上」（12.3％→14.2％）と答えた者の割合が上昇し,「中の下」（23.2％→21.7％）と答えた者の割合が低下している。やや上方にシフトしているともいえる。

次いで,「現在の生活に対する満足度」に注目してみよう。この調査は,現在の生活に対して「満足している」「まあ満足している」「やや不満だ」「不満だ」の中から1つを問うものである。そして,「満足している」「まあ満足している」を合わせた値を「満足」とし,「やや不満だ」と「不満だ」の合計を「不満」として示されている。

「満足」とする者の割合が73.9％（「満足している」12.2％＋「まあ満足している」61.7％）,「不満」とする者の割合が25.0％（「やや不満だ」19.9％＋「不満だ」5.1％）となっている。

これまでの動向の大まかな趨勢としては,「満足」と答えた割合は,高度成長期とそれ以降多くなり,第1次石油危機の時期の一時的な下落を除いて,バブル景気まで続いた。1960年代では「満足」の割合は6割程度であったが,80年代末から90年初頭ではそれは7割台に上がった。そして,バブル景気崩壊後の10年ほどは「満足」の回答は減少するものの,リーマン危機の影響がある程度収束すると,再び増加してきている。「満足」の割合は,リーマン危機直後には6割台に下がるものの,それ以降は上昇を続けている。そして,最新の2017年のデータによれば,「満足」の割合は過去最高の約77％,そして「不満」のそれは過去最少の約25％という結果になったのである。

さて,これらの調査結果をどのように理解したら良いだろうか。冒頭で述べたように,多くの国民の生活は,客観的には改善していないどころか,むしろ悪化しているにもかかわらず,このような意識調査ではベクトルが反対方向に向いている感もあるからに他ならない。

そこで,一つの「仮説」を立てざるを得ないように感じる。その仮説とは,端的にいえば,かなりの国民が目指すべき「目標」それ自体を下

げたのではないかということである。いわゆる「満足」というものは,「目標」と「現実」の距離から測られるとしよう。目標と現実の距離が大きければ「満足」が少なくなり,反対に,その距離が小さければ「満足」は高まることになろう。そうだとしたら,直近の調査結果の意味するものは,「現実」の上昇ではなく,「目標」の下落によって生じていると理解せざるを得ないのではないか。

　日本ではバブル景気の崩壊以降,「失われた10年」,「失われた20年」などといわれるように,経済の低迷が長期にわたり継続している(もっとも,その中でも景気の波はあり,また,種々の経済指標では改善しているものもあるが)。もはや,こうした現実は今後も続くだろうと思われるかもしれない。そうしたなかで,かなり人々は,「現実」を上げるという指向よりも「目標」を下げるという方向に判断の基準を無意識に変更していったと解釈せざるを得ないのではないか。これが,「仮説」である。昨今の日本社会では,このような奇妙な諦念の感情が蔓延しているのかもしれない。少なくても,そうした気配は確実に存在する。

[註]

1) 新中間層論争は,1977年に『朝日新聞』夕刊紙上で,村上泰亮・富永健一・岸本重陳・高畠敏通らによってなされたものである。その後,この前三者はそれぞれこの問題にかんする著書も発表している(村上泰亮[1984]『新中間大衆の時代』中央公論,富永健一(編著)[1979]『日本の階層構造』東京大学出版会,岸本重陳[1978]『「中流」の幻想』講談社)。なお,前章も参照のこと。

2) 格差問題に関しては,橘木俊詔[1998](『日本の経済格差』岩波新書)が先鞭をつけ,それに対して,大竹文雄[2001](「『中流層の崩壊』は根拠に乏しい」,『論争・中流崩壊』中公新書)らがこれを批判するという形をとった。その前後には苅谷剛彦[1995](『大衆教育社会のゆくえ』中公新書),佐藤俊樹[2000](『不平等社会日本』中公新書)も教育学,社会学などの立場から格差問題の切実性を指摘し,さらに,雨宮処凛[2009]らは,「貧困」問題としてこれを提起した。

3) 「格差」と「貧困」をほぼ同義に用いている場合が多いが,異なるという見解もある。ある社会で,所得や資産にかんして上位層(A)と下位層(B)があるとする。「格差」とは,AとBとの「差」のことであり,「貧困」と

はBの絶対的な水準のことだとしたら，たとえば，Bの水準が変わらなくてもAの水準が上がれば，「貧困」の程度は変わらないとしても「格差」は拡大することになる。しかし，①社会全体のパイの増大が無ければ，これは不可能であり，②それがあったとしたら，その果実は当然にも「差」を縮める方向に分配されるべきだという正義論からの反論がある。また，③そもそも「貧困」とは，絶対的な水準ではなく，社会的・相対的なものだという見解もある。後にみるOECDの貧困の定義はこれに当たる。

4）こうした点にかんしては，大内秀明［1999］，鈴木和雄［2012］が参考になる。

5）労働力人口とは，15歳以上の人口のうち，労働の意志と能力を有する者であって，それには就業者と完全失業者が含まれる（労働力人口＝就業者＋完全失業者）。また，労働力率とは，15歳以上の人口に占める労働力人口の割合を指す（労働力率（％）＝労働力人口÷15歳以上人口×100）。

6）M字型雇用（M字型曲線）とは，労働力率（縦軸）を年齢階層別（横軸）に表すと，女性の場合，30代前半をボトムとしたM字型のカーブを描くためこのように呼ばれる。すなわち女性は，学校卒業後一旦は就職するが，子育てなどのために退職し，その後に再び就労するケースが多いことを示している。

7）完全失業率は，「完全失業率（％）＝完全失業者÷労働力人口×100」と定義される。なお，完全失業者とは，①仕事がなくて，②仕事があればすぐ就くことができ，③仕事を探す活動をしている人をさす。つまり，仕事をしたいと思いながらも，見つかりそうにないから求職活動をやめた人は完全失業者に含まれないことに注意しなければならない。

また，有効求人倍率は，「有効求人倍率（倍）＝有効求人数÷有効求職者数」と定義される。ここで「有効」とは，求人・求職ともに，ハローワーク（公共職業安定所）が受付を行なった翌々月末までを「有効」とするためである。なお，新規に学校を卒業するいわゆる「新卒者」に対する求人と求職はこの統計には含まれない。また，有効求人倍率では，その値が「1」を超えるかどうかが労働市場を把握する1つの目安となる。

8）労働基準法では，「週40時間，1日8時間労働」を法定労働時間と定めている。だが，その第36条において，「労働者の過半数で組織する労働組合がある場合においてはその労働組合，労働者の過半数で組織する労働組合がない場合においては労働者の過半数を代表する者」と労使協定を締結し労働基準監督所長に届出をすることで，時間外労働をさせることができるとしている。これを「36（サブロク）協定」という。もちろん時間外労働の上限は定められており，1週間では15時間，1年間では360時間とされている。しかし，実態はこれとほど遠い。

9）長時間労働者が減少しない背景には，①残業代が生活賃金の一部に組み込まれている，②正規である以上は残業を辞退できないなど，幾つかの理由があることが知られている。いずれにしても，「過労死」が後を絶たないことは

憂慮すべきことである。

10) 名目賃金，実質賃金というように，しばしば名目（値）と実質（値）という言葉が使われる。名目値とは実際に市場で取り引きされている値であり，実質値とはある年（基準年）からの物価の上昇・下落を加味した値である。

11) 「ワーキングプア」には，これまでのところ定義などはない。しかし，かつては「職がないから貧困である」といわれてきたが，昨今では「職があっても貧困である」という状況が露になった。こうした現実を表す言葉が「ワーキングプア」である。

12) 「当初所得」とは，税金や社会保険料などのマイナス部分，および，社会保障給付などのプラス部分を含まない値であり，また，「再分配所得」とは，上のようなプラス・マイナス部分が含まれる値である。

13) ジニ係数は0から1までの値を示すので，それが0.5だとすると，「中くらい」と考えやすいが，注意を要する。ジニ係数0.5とは，以下のような状態である。すなわち，ある国で，25％の勝組と75％の負組が存在しており，勝組の25％の人は等しく全所得の75％を独占し，負組の75％の人は同様に全所得の25％を得ているとする。このような想定では，たとえば，25人の勝組は1人あたり900万円の所得を得ているとすると，75人の負組は1人あたり100万円の所得しか得てないことを意味する。つまり，その格差は9倍になる。これがジニ係数0.5の社会である。

また，ジニ係数，0.4〜0.5を「警戒ライン」，0.5〜0.6を「危険ライン」といい，さらに，0.6以上は「社会的動乱がいつ発生してもおかしくない」社会とされている。ジニ係数からみると，日本は社会的動乱の発生する社会に近づきつつある。

14) 「名ばかり管理職」とは，本来の管理職の権限も報酬も与えられていないにもかかわらず，名目的に管理職とされ労働強化を強いられる労働者をさす。管理職には時間外勤務（残業）手当を支払わなくても良いという労働基準法の規定を悪用したものである。「名ばかり管理職」問題を含め，様々な労働問題にかんしては，法曹の立場から日本労働弁護団が活動をしている。

15) 被保護世帯が増加していることを述べたが，それは氷山の一角であり，日本の生活保護捕捉率は20％以下だと推定される（日本弁護士会［2008］『生活保護法改正要綱案』）。すなわち，本来，生活保護を受ける権利のある人のうち，実際にそうしている人は2割に過ぎないという意味である。

16) 相対的貧困率とは，OECDの定義では，「所得分布の中央値（メジアン）の2分の1未満で生活する人の割合」とされている。先進国では，貧困の基準は，絶対的貧困ではなく相対的貧困に求められるのである。

17) ナショナルセンター（national center）とは各労働組合の全国中央組織である。かつては，日本労働組合総評議会（総評）が大きな力を持っていたが，今日では，日本労働組合総連合会（連合），全国労働組合総連合（全労連），全国労働組合連絡協議会（全労協）などがある。

18) OJT（On the Job Training）とは企業内での仕事を通して，職場の先輩が後輩に対し必要な知識や技術などを修得させる職業技術指導手法のことである。日本の技術は，OJTによって継承，発展してきたといわれる。
19) きわめて長期の安定が継続していれば世代交代の位相は重なり合うことはないが，激動（戦争）とその後の安定のなかでは，それがかなり重なり合って現れる。「焼け野原」から出発した戦後経済においては，1980年代から企業経営者や医者などで，世代交代が問題とされはじめてきた。なお，この点に関しては，本書，第7章を参照されたい。
20) ネガティブリストとは，全て認めることを前提として，禁止するものだけを列挙した表をいう。この対語がポジティブリストである。
21) この点にかんしては，当初の法案作成にもかかわった高梨昌の論文が参照されるべきである。高梨は，派遣法の相次ぐ「改正」に批判的立場を表明している。高梨昌［2009］
22) 2012年の法改正により，労働者派遣法の正式名が変更になった。かつては，「労働者派遣事業の適正な運営の確保及び派遣労働者の就業条件の整備等に関する法律」であったが，「労働者派遣事業の適正な運営の確保及び派遣労働者の保護等に関する法律」に変更された。派遣労働者の「保護」が強調されてはいる。
23) 「電産」とは，日本電気産業労働組合の略称。電気産業の労働者を横断的に組織した産業別組合であり，1950年代前半にかけて日本の労働運動に指導的役割を演じた。
24) 「賃金の本質は労働の対価たるところにあり，同一職務労働であれば，担当者の学歴，年齢等の如何に拘わらず同一の給与が支払われるべきであり，同一労働同一賃金の原則によって貫かれるべきものである」。これは，『職務給の研究』（日経連，1955年）に述べられている一節である。みられるように，「同一労働同一賃金」や「職務給」への指向がはっきりと示されている。
25) やや詳しくいえば，成果主義には，業務の結果のみを評価するものから，それに至るまでの過程をも重視するものまで幅がある。しかし，ここではその両者を含めて成果主義賃金体系としておく。
26) 政権が「働き方改革」を喧伝する背景には，いわゆるアベノミクスの失敗がある。働き方改革としては，「同一労働同一賃金」のほか，「賃金の引き上げ」，「長時間労働の是正」，「転職・再就職の支援」，「職業訓練の実施」，「テレワークや副業・兼業など柔軟な働き方の推進」，「女性・若者が活躍しやすい環境の整備」，「高齢者の就業促進」，「病気の治療，子育てや介護と仕事の両立支援」，「外国人材の受け入れの推進」などが掲げられているが，いずれも，鳴りもの入りの金融政策・財政政策，成長戦略が不発に終わったことを糊塗するために出された政策といえる。こうした背景や全体像も視野に入れておくことが必要である。
27) 水町勇一郎［2016］

28）現行の職業安定法は，1947年に制定された。それは，職業紹介を公共職業安定所に原則的に一元化するものであって，戦前の「周旋屋」，「口入屋」などと呼ばれる営利目的の職業斡旋業者が，その一部とはいえ，賃金の「天引き」や「ピンハネ」，あるいは強制労働などを繰り返したことの反省から生まれたものである。

第9章　脱原発とエネルギー
―3.11 東日本大震災をふまえ自然エネルギー革命へ―

はじめに

　3.11 大震災では，地震や津波という自然災害に加え，原発という人間の構築物が危機を増幅させている。原発事故に対する処置の仕方を超えた，原発そのものが災害であることが明らかになりつつある。

　福島第一原発事故において当初からメルトダウンが予測されていたにもかかわらず東京電力は一貫してこれを否定してきたが，事故後 2 か月も経過してからついにメルトダウンを認めざるをえない事態に至っている。今後は大量の汚染水（一部はすでに海中や地中に漏れ出しているが）の処理やそれを含め作業を担う労働者の被爆が問題になろう。まだ全貌が明らかになっていない状況である。事実を分かっていてそれを隠蔽する（した）のか，それとも把握できていない（いなかった）のか，ということがマスコミでもとりあげられている[1]。

　未だこうした状況において何某かを述べることは，的外れになる危険性もあるが，かねてからの思いを整理したい。原発は，今回のように大事故を起こしたから問題なのではなく，それが起きようとそうでなかろうと原発そのものに科学技術の陥穽があるというのが筆者の立場である。

　原発を総体的に把握するに，やや大上段になるが，現代の科学技術という観点から考えたい。現代科学技術の特質をあげるとすれば，何よりもその「肥大化」という点にある。現代を 20 世紀以降といい換えてもよいが，18 〜 19 世紀の一部の天才的な科学技術者による発明・発見の時代から，今日の科学技術は巨大プロジェクトとして初めて成立するものに変貌した。科学や技術の政治や社会に対する影響が増大するなか，資本や国家を巻き込んで進められるに至った[2]。その背景には，競争や

戦争，あるいは研究や教育などというキーワードで示される社会の変容の存在も明らかだ。そうした現代科学技術，20世紀型科学技術の一つの結晶が原発であるといえよう。

本第9章では現代科学技術のもつ「肥大化」という特質に着目して，脱原発への論点の整理を試みる。そして，それを前提として，自然エネルギー革命への道程を考察したい。

1．肥大化する費用

応用系ないし実験系と呼ばれる分野の科学技術には，研究用であろうと商用であろうと，莫大な費用がかかる。原発はその最たるものである。手元にあるいくつか資料を参考にしてみよう。周知のように，原発を建造するには1基あたり3000～5000億円が必要で，運転には燃料のほかメインテナンスに費用がかかり，そして廃炉には1000億円程度が必要という。ここには使用済み核燃料の処理費や「揚水発電所」の建設費[3]，また事故対策費が含まれてない。これらの費用は莫大であることは明らかだが，詳細は明らかにされていない。

こればかりではない。原発の一生は100年といわれる。まず土地の選定や地元の了解を取り付けるために10～30年，建設に10年以上，運転期間が30～50年，そして廃炉に20年以上。さらに，処理された使用済み核燃料が無害化するのには万年単位の時間が必要になる。このような期間ごとに費用が必要というわけだ。

これを別の角度からみてみよう。原発の利権を巡っては，よくあげられる政界・財界（原発メーカーと電力会社）・官僚のトライアングルのほかに，地方自治体・学会という5つの組織がそこに寄生している。政・財・官の構造は他の大規模事業などにも共通だが，地方自治体・学会の利害が大きく絡んでいる点が特徴的だ。

原発財政は，「電源三法」[4]によって支えられている。財源の主なものは，電源開発促進税で徴収されるものだが，これが文部科学省や内閣府など政府の原子力関連予算として支出されている（2009年度で4500億

程度)。そして，これに電力会社などからの協力金が加えられた資金が地方にも流れる。

　たとえば，浜岡原発のある御前崎市では財政収入の42％が原発関連の交付金や固定資産税である[5]。今回の浜岡原発の停止要請に大慌てをするのも無理はない。原発が1基運転されるまでの10年間で450億円が地元に落ちるという。しかし，こうしたカネはしばしば「毒まんじゅう」ともいわれる。

　というのも，それは永遠に続かないからだ。福島原発のある双葉町では，実質公債費比率が29％以上（2009年度）になったという[6]。これが25％を超えると，財政の「早期健全化団体」となり，たとえば一般事業の起債が制限される。資金が潤沢なはずの原発城下町で財政が悪化するとはどういうことか。まずは交付金だが，それは着工時から支払われるが運転が開始されると徐々に減額される。また，原発の固定資産税は法定減価償却期間（16年）を超えると微々たるものになる。潤沢にカネの入るのは始めのうちだけだ。そうなると，いったん拡大した財政規模を縮小することは難しく，自治体は新たなる原発を誘致せざるをえないという構造に陥る。ある地域に原発が建設されると，その後に集中するのにはこうした理由がある。

　しばしば，原発の誘致は，他の工場などの誘致と同様に，地域経済を活性化させるという宣伝がなされる。地元の建設業や製造業に注文が入り，商業やサービス業も活況を呈し，そしてそれらに伴って雇用も拡大するという思惑もある。いわゆる経済の波及効果が期待されるのである。しかし，現実はそうしたこととはほど遠い。確かに，地域の財政は大幅に潤うが，それは一時的なものに過ぎない。いわば「輸血」ないし「麻薬」を投与したような潤いである。

　また，地元の建設業や製造業などには，ほとんど発注はない。というのも，地元の企業は，それまで原発に関連するような内容の業務を行っていなかったことに起因する。したがって，土木であろうと建築であろうと，また様々な部品製造であろうと，地場でその需要に応えることはほぼ出来ない。そこで，そうした需要はもっぱら他地域（ほぼ東京本社

の企業によって賄われることになる。つまり，原発を立地する地元は，いわば「飛び地」のように場所だけを提供するということになる。原発からの産業的関連はほぼ無いに等しい[7]。産業連関的にいえば，原発の誘致ではその連関は極めて薄く，いわば輸血財政と飛び地経済のみが存在することになる。

　学会や中立的だと思われている団体も利害に絡んでいる。大学や日本原子力研究開発機構を始め多くの関連団体に天下りが行われるとともに，多額の予算が配分されている。その金額は，文科省の原子力関係予算が2500億円弱（2010年度）なので，そこから推量できる。

　また，「政・財・官・学」関係者の中枢はしばしば「原子力村」と呼ばれるが，その人材の多くを輩出してきた東大には東京電力から「寄付講座」として年間6億円が流れているという[8]。ノーベル化学賞で知られる根岸英一に「東大の教授は買収されています」といわしめる実態が存在することは確かなことであろう[9]。

　このように莫大な費用を要するが故に，原発で作られる電気は決して割安でないことはすでに知られている[10]。商業ベースならば，「割に合わない」のである。

　現代科学技術，その粋ともいわれる原発は巨額の資金を要する，つまり巨額のカネが動く故，そこには寄生虫のように群がる輩が排出するわけである。国内の原子力関連市場は2.5兆円ともいわれているが[11]，その巨額の資金は「国策」を軸として回っているのである。

2．原子力発電と核兵器

　いま国策と述べたが，それは表面的にはエネルギー政策であるといってよいが，その深層にあるのは国家安全保障つまり軍事そのものである。今回の原発事故を巡っては，計画停電や節電が叫ばれ，エネルギー問題が唯一のポイントのように喧伝されているが，それだけではない。本来，商業ベースならば成立しない原発が存在する理由がある[12]。

　まず，「プルサーマル」について簡単に確認しておこう[13]。プルサー

マルとは，軽水炉原発（福島原発もこのタイプ）で使用済みになった核燃料を再処理し，取り出したプルトニウムを再び軽水炉原発で使用する仕組みをいう。原発の稼働によって生じるプルトニウムを再利用するというものだが，なぜ，プルトニウムの再利用が問題となるのかといえば，それは核兵器と密接に関係するからにほかならない。

　原子爆弾にはウラン型とプルトニウム型があるが，後者の方が爆発力が大きく小型化にも適しており，現在のほとんどの核兵器はプルトニウム型だといわれる。つまり，プルトニウムを保持することは核兵器を製造できるということを意味している[14]。したがって，日本では，諸外国からの核兵器の開発疑惑を受けないために，余剰プルトニウムを持たずに，全量を高速増殖炉や軽水炉で消費するという建前をとっている[15]。そのためには，使用積み核燃料からプルトニウムを取り出し，それをウランと混合したMOX燃料を作らなければならないが，それを大規模に行う施設である六ヶ所村の一連の再処理工場は相次ぐ事故のため運転の見通しが立っていない[16]。

　しかしそれでも，国内向けに原子力の核燃料サイクルがあることを示すために，「試運転中」といわざるをえない。そして，より重要なことは，「機微技術」[17]を開発する権益を日本が保持し続けることにあるといえる。プルトニウムを大量に保有することは軍事への転用の観点から諸外国に危険視される。それを免れるためには，プルトニウムの再利用を示さなければならない。国際的には，核兵器を保有しない国で原子力燃料の再処埋などの機微技術を有するのは日本だけであり，この既得権を手放さないというスタンス，これが国策である[18]。

　直接的には核兵器を生産も保有もしないが，その潜在的な可能性を保持し続けることによって，国際的な場における発言力を強めることができると考えられているわけである。むろんそれはあらゆる意味でナンセンスであるが，「潜在的核抑止論」といえる。たとえ，それにどれほどの費用がかかろうと，である。すでにみた莫大な費用もこのために注がれているといえる。こうした論点は，昨今のマスコミなどでは報じられていないので，ここで確認しておきたい[19]。

3．部分思考の陥穽

　巨額な資金を必要とする原発には，利権を巡る輩が跋扈（ばっこ）し，また，その背後には核兵器製造の潜在的可能性という安全保障上の本音が見え隠れしていることを述べた。いずれも現代科学技術のもつ「肥大化」の側面であるが，ここまではある意味で分かりやすい構図である。

　しかし，「肥大化」はもう少し深いところ，現代科学技術体系の根幹にかかわるところにも影響している。一言でいえば，部分的思考，あるいはピースミール，モジュラー，パーシャル，ブラックボックスなどのキーワードで連想される思考法である。この点に立ち入る前に，多少回り道をしたい。

　『飛べ！フェニックス』という映画を紹介しよう[20]。これは，双発の輸送機が砂嵐に巻き込まれサハラ砂漠に不時着し，そこから脱出するという物語である。当初12名の乗員は7名になり，水も食料も尽きようとする。そんななか自称航空設計士のドーフマンが不時着した機体のスクラップから飛行機を自作して，砂漠から脱出しようと提案する。内部での対立もあり悪戦をしつつも飛行機は完成し，出発の段になるが，そのときこの自称航空設計士ドーフマンは「モデル機」（いわゆる模型のラジコン飛行機）の設計士だったことが分かる。しかし，彼は「原理は同じ」だと平然と言ってのける。そして，自ら手がけたモデル機がいかに優秀であるかを誇りさえする。結果的に飛行機は飛び立つことができ，物語はハッピーエンドで終わる。

　物語としてはこのように単純なものだが，印象深いのはこの設計士が「モデル機」のそれであったという点である。モデル機の設計士だった彼は，計算から材料の吟味，それに様々な作業まですべてをやっていたが故に，奇想天外な構想をもち，またあのような非常時に力を発揮したといえる。仮に，いわゆる「本物」の航空設計士であったならば，おそらくその設計士は全体のほんの一部分しか担当しておらず，このようなことは不可能だっただろう。原作者や監督がどのように考え，こうした登場人物を設定したのか知らないが，現代の科学技術を考える上できわ

めて示唆に富む。

　現代の科学技術は肥大化するとともに極度に専門分化し，それぞれが専門家であることに疑問をもたないような構造になっている。たとえば，18〜19世紀を代表する船舶の建造と比較すると20世紀を代表する航空機の設計や製造はパーツの組み合わせといえる。また，現代を代表するコンピュータ技術においてはハードでもソフトでも設計や組立てにはモジュール化が図られている。そのようになれば，連結されるモジュールとモジュールの関係はインターフェースさえ整合すればよいのであって，互いのモジュール内部はブラックボックスで事足りる。そして，その方が生産性が上昇する。これをピースミール的発想といい換えてもよかろう[21]。

　かつて1960〜70年代の学生運動が盛況のときに，多くの大学教員は「専門バカ」として批判された。いわゆる「タコツボ型」研究の狭隘性が暴露されたのである。しかし，昨今の状況はよりひどいものになっている[22]。

　テレビなどにも登場した班目春樹のひきいる原子力安全委員会という機関がある。2011年3月12日に当時の菅直人首相の福島原発へのヘリ視察に同行した班目委員長は，原発は爆発しないと明言したにもかかわらず，当日の午後には1号機が爆発したことで存在が知られることになった。同委員会は専門的・中立的な立場から原子力の安全の確保に関する事項について企画・審議・決定することが役割だとされているが，今回の原発事故に対しての対応はあまりにひどすぎる。委員会は，2011年3月11日（大震災），14日，17日，25日，28日と，震災当日から立て続けに臨時会議を開いているが，開会時間は順に，5分，5分，5分，26分，9分である。議事の内容はホームページに掲載されていた[23]。たとえば，3月11日の「議事概要」には，議論の内容は全く記載されていない。議論が無かったということなのだろう。また，最も長かった25日の会議（26分間）での議論の内容は，「定期中」は「大気中」のワープロミス，「空間線量率葉」は「空間線量率は」のワープロミス，「よって行う」は「によって行う」のミス，「EXEL」は「EXCEL」のミス，

などと指摘するものが大半であった。事故直後の最重要な会議にもかかわらず，何もしなかったといわざるをえない。というより，何もできなかった，あるいは，事態をトータルに把握できなかったというところが実態だったのではなかろうか。

　おそらくはそうそうたる専門家の集まりである原子力安全委員会がこの様なので，あとは推して知るべし，といえばそれまでだが，ここで先の『飛べ！フェニックス』を想起しよう。あの映画では危機を脱することができたが，しかし，原子力安全委員会は全く何もできなかった。この差はどこに起因しているのだろうか。むろん，映画の話と現実のことを同列に並べることはできないが，示唆に富むのは，前者がモデル機の設計士，後者が専門家の集団だという点である。

　では，これを超える方向はどのように考えるべきであろうか。それを自然エネギー革命して結論づけたいが，その前に，エネルギーをどのように把握すべきか，そうした問題からアプローチしたい。

4．エネルギーと現代社会

　エネルギーという場合，日常的には石炭や石油，あるいは原子力のエネルギーを思い浮かべる。しかし，生態系の物質循環という広義のエネルギー概念に視野を広げてみよう。

　そもそも質量をもつ物質とエネルギーは等価のものであり[24]，地球の生態系を前提とすれば，植物と動物の食物連鎖を通して，炭素や窒素が循環している。太陽からの光エネルギーを所与のものとして最初の有機物を生産する植物群と，それを消費し，またさらに消費されるという動物群の調和的な関係が形成されている。こうした生産者，消費者，さらに分解者を含めた複雑な食物網が形成され，エネルギーが循環しているといえよう。

　植物界と動物界との関係をこのように理解して，動物界に焦点を絞ると，また視野に入るものがある。動物といっても原生的なものから，ヒトのように高等なものまで多種にわたり存在しているが，哺乳類に限定

して，エネルギーの観点から「サイズ」を考える[25]。

　まず，哺乳類のサイズとエネルギーの関係をみてみよう。例えば，体重の軽いネズミから体重の重いゾウまでの体重と標準代謝量（エネルギー摂取量）の関係をみると，この両者には簡単な相関がなりたっているという。体重と標準代謝量を対数グラフで表示すると，その相関は直線で表される。サイズが大きくなれば，対数的にだが，消費する代謝量すなわちエネルギー消費も大きくなるということである。

　次いで，哺乳類のサイズと時間の関係を見てみよう。ゾウはネズミより平均的に寿命が長い。これは物理的な時計で計ったものだが，ここで心拍数という時計で計れば，ゾウもネズミも同じ時間の寿命を全うすると考えられる。サイズによって拍動などの体内で生じるあらゆる現象のテンポが異なるので，それに対応した時間，すなわち寿命が存在するといえるわけである。つまり，生物をめぐる時間には，そのサイズに規定された時間（生物時間）と，我々が普段に用いている時間（物理時間）の二つがある。ネズミは短命で，ゾウは長寿だというのは，あくまでも物理時間を前提とした理解なのである。

　以上のことをまとめると，生物のサイズと消費エネルギーに相関があり，また，サイズと時間（物理時間）や寿命に相関があるので，三段論法的にエネルギーと寿命にも相関があることになる。もっとも，哺乳類には特異なモノがいる。

　その特異なモノとは，いうまでもなく現代の「ヒト」に他ならない。ヒトを除いて，全ての哺乳類の消費エネルギーは，「食」によってもたらされる。食べることによってエネルギーを摂取しているのである。しかし，現代のヒトは「食」ばかりではなく，「衣」や「住」などにも様々なエネルギーをつぎ込んでいる。サイズを前提として食料のみを考えれば，ヒトと他の哺乳類とにはエネルギー消費に大差はないが，ヒトの場合には，食料以外でのエネルギー消費がきわめて大きい。食料とそれ以外に消費されるエネルギーの合計がヒトの標準代謝量といえる。そうだとすると，現代のヒトの標準代謝量は，ゾウのサイズに匹敵することになるという[26]。

これは，重要なことを示唆している。サイズと寿命には相関があることを述べた。その観点からすると，ヒトの寿命は26年程度だと考えられる。体重が60キログラム程度のサルの仲間と同じである。しかし，ヒトは，太古の時代においてはそうでなかったが，現代おいては，きわめて長寿になった。なぜか。

　その謎解きはすでにできている。ヒトは，サイズとしてはゾウよりも小型だが，現代ではゾウと同程度のエネルギーを消費している。それゆえ，現代のヒトは，そのサイズにも拘わらず，ゾウ並みの寿命を獲得したというわけである。ヒトは，食料以外のエネルギーの消費によって長寿を獲得してきた。食料以外のエネルギーの消費とは，文明や文化に関連し，それらを支えるものといってよい。事実，ヒトのエネルギーの消費は，文明の「発展」に歩調を合わせるように増大してきた。近現代に近づけばそれだけエネルギーの消費は，大量になってきたのである。

　サイズの観点からみると，ヒトは，生命を維持するために食物として一定のエネルギーを必要とするが，数百万年ほど前に地球上に現れて以降ずっと，ほぼそのようなレベルのエネルギー消費で生き延びてきた。だが，40〜10万年ほど前から暖房や料理に薪による火力を使い，そして，7000〜6000年ほど前から穀物を栽培し，家畜のエネルギーも使い始めたといわれる。「農業革命」といってもよい。さらに，10世紀以降に水車や風車が登場し，暖房用に石炭，輸送用に家畜なども使用するようになる。利用されるエネルギーが質的に多様化するとともに，量的にも拡大した。

　そして，18〜19世紀に起こった産業革命以降は，爆発的なエネルギー消費の拡大に至った。石炭という化石燃料が大量に消費される時代をむかえ，さらにそれは石油へと移っていった。数百万年もの長きにわたって生き延びてきたヒトの歴史のなかで，20世紀の100年だけで全人類の約60％のエネルギーを消費したといわれている。産業革命から始まり原子力の利用までいたる過程は「工業革命」と名付けられよう。

　世界的な人口の増加と平均寿命の伸長は，具体的には食料や公衆衛生，医療，住環境など様々な要因によるが，抽象的にいえば消費エネルギー

の増加によるものといえよう。人口に関していえば、人類誕生から産業革命までのあいだ、世界の人口増加はほんの僅かなものだった。しかし産業革命以後は凄まじい勢いで増加している。ヒトの平均寿命も劇的に変化している。近代以前の世界の平均寿命は20歳代であった。産業革命時代の欧米や江戸時代の日本では30歳代にまで伸張した[27]。もっとも、平均寿命とは出生時の平均余命であり、死亡リスクの高い生まれてからしばらくの期間を乗り切った人間の平均余命は20歳代ということはなかった点には留意が必要である。それにしても、平均寿命が急伸するのは20世紀に入ってからである。

広義のエネルギーという観点からすると、世界の人口の増加や寿命の伸長もエネルギーによっているといえる。時間軸を独立変数とした人口のグラフも、平均寿命のグラフも、エネルギー消費量のグラフも、全くの相似形をなしている。人類史規模での現代人へと発展した道程は「エネルギーの関数」であったともいえよう。

近現代に限っていえば、石炭、石油、原子力などのエネルギーに負うところが大であり、これらが近現代文明を支えてきたといえるが、それが今日、危機的な状況をむかえつつある。これまでのような加速度的なエネルギー消費とそのためのエネルギーの生産には限界があることを多くの人が感じつつある。3.11大震災は、そのことを我々に刻み込んだ。抽象的にいえば、エネルギー浪費社会からの脱却、いいかえれば、「エネルギーの関数」からの超出が求められているのである[17]。

5．エネルギー浪費社会からの超出

前の節で人類史的パースペクティブでのエネルギーの問題、つまり、現代のヒトとエネルギーの問題をみてきた。抽象的にいえば、人類史規模での現代人へと発展した道程は「エネルギーの関数」とでもいえるが、その最後の一局面が今日の、石炭から石油へ、そして原子力へのエネルギーの転換と拡張であった。そして、その無理が露呈したのが、「3.11大震災」と福島原発事故であった。

以上のよう小括できるとすると，これまでのエネルギーをめぐる枠組みからの転換とは，一方で，「エネルギーの関数」からの超出，つまり，エネルギー消費の増大を食い止めるという需要側面と，他方で，続いて明らかにする「自然エネルギー革命」，すなわち，質的に量的にエネルギー源を再生可能な自然に求めるという供給側面との両面にかかわる。

　まず前者から見てみよう。すでに明らかにしたように，エネルギー需要の側面から見て，哺乳類という視野にたつと現代の「ヒト」にいたる人類の「発展」はエネルギーの関数と考えられた。そこで，例えば，「省エネ」や二酸化炭素削減などを問題にする場合には，エネルギー消費を，単に何年か前の水準に抑えるというのではなく[29]，こうした観点から議論をすることが必要である。すなわち，生態学的な問題にまでさかのぼった上での現代のエネルギー消費の異常性の認識が共有されなければならない。その上で，これまでの人類の発展史が「エネルギーの関数」という必然の歴史であったならば，それを超出する生活や産業のスタイルが求められよう[30]。

　次いで，後者の問題である。この間，原子力はもとより，これまでの化石燃料からの脱却を目指した自然エネルギーの開発が進んでいることは周知のことである。とりあえず発電に限定すると，太陽光，風力（陸上・洋上），小型水力，地熱，海洋（潮力・海流・波力），バイオマスなどの発電技術が進みつつある。

　すでに，環境省では，「再生可能エネルギー導入ポテンシャル調査」（平成22年度）[31]を公表している（図表9-1を参照）。この調査は，「3.11大震災」前にまとめられたものであって，太陽光発電，風力発電，中小水力発電，地熱発電のそれぞれについて，「導入ポテンシャル」[32]と共に現実的な「シナリオ」[33]を示している。それによれば，「導入ポテンシャル」つまり発電可能量は，太陽光発電で1億5000万キロワット，風力発電で19億キロワット，中小水力発電で1400万キロワット，地熱発電で1400万キロワットである。風力発電のポテンシャルが特に大きいことが注目される。ちなみに，現在の電力10社の発電能力が2億キロワット程度なのであるので，風力発電によってこの9〜10倍の電力を供給

できることを意味している。自然エネルギーのポテンシャルが如何に大きいか明らかであろう。しかし，この値は，あくまでもポテンシャルであり，かならずしも現実的ではない。そこで，エネルギーの全量固定価格買取制度や近未来的な技術革新を加味した「シナリオ」が示されるが，それによると，現時点での自然エネルギーの供給量は，現在消費されている電力量の約40％に達すると試算されている。さらにいえば，東北ではとりわけ自然エネルギーの可能性が高いことも示されている。

図表9-1　再生可能エネルギー　導入ポテンシャル

太陽光発電	1億5000万（Kw）
風力発電	19億0000万（Kw）
中小水力	1400万（Kw）
地熱	1400万（Kw）

（資料）環境省『再生可能エネルギー導入ポテンシャル調査』（H22年度）より作成

　これらは電力に限定したものだが，それ以外にも，例えば，「地中熱」を用いた冷暖房，太陽熱温水器，そして，地下鉄や変電所，ゴミ焼却場などでの廃熱など，熱ないし冷熱そのものにも注目が集まっている。これらは，電力の需要を減少させる方向に向かう。

　ここでは，具体的な紹介は割愛するが，各地で開始されている自然エネルギーの開発は，「自然エネルギー革命」の提起と捉えられる。石炭から石油への転換は「エネルギー革命」などと呼ばれているが，昨今の動向はそのようなスケールを遙かに超えている。これまでの「エネルギー革命」や原子力は，石炭・石油・ウランなどの天然資源消費型のエネルギーだったが，自然エネルギーへの転化は，これらとは次元が異なる[34]。

　経済発展との関わりで，産業構造という概念がある。これは，ある国の産業全体のなかでの産業間の関係，具体的には，第一次・第二次・第三次産業の三つに分類し，その構成を取り出すことによって，経済発展の指標とするものである。一般的に，経済が発展すれば，産業の軸が第

一次から第二次・第三次産業へとシフトすると考えられ，これを産業構造の高度化などとも言う。こうした観点で，自然エネルギーを位置づけると，それは，第一次産業的でもあり，また第二次・第三次産業に属する場合がある。

そうだとすると，自然エネルギー革命は，単に産業構造の高度化といった次元で把握できない様相を呈しているといえる。まさに，革命であり，すでに示唆したように，「農業革命」，「工業革命」に次ぐ「自然エネルギー革命」として位置づけられるのではなかろうか[35]。

6．結語

現代の科学技術の特質はその肥大化にあり，社会的な影響力も莫大なものになった。そこに資本や国家の思惑が入り込み，また大きな利権を巡って「村」が形成されたりする。そうした構造は徹底的に暴かれなければならないが，そればかりではない。そのような肥大化とともに生じる狭隘な「専門分化」に関しても警鐘を鳴らさなければならない。

そこで，こうした状況を超える視点が求められる。すなわち，これまでのようなエネルギー多消費型の社会がすでに限界に来ていたことは明確である。それは単に量ばかりではなく，質においてもそうであって，化石燃料や原子力に無理があることは多言を要すまい。それが，「3.11大震災」で多くの人々の共通認識になった。「3.11大震災」の衝撃は，空間的には一地方の，時間的には一過性のものではない。世界性と永続性をもった衝撃であるといえよう。それらは「エネルギーの関数」からの超出と「自然エネルギー革命」への志向として把握することができる。これがエネルギー問題を理解するうえでの基本的な視座となる。また，そうだとすると，これらの推進は文明の転換を意味することになろう。こうした表現は大言壮語に聞こえるが，すでにそうした胎動は静かに始まっているのである。

［補論］原発事故の被害想定とその隠蔽

1. 増大する福島原発事故の収束費用

　福島原発事故の賠償や廃炉などにかかる費用が従来の政府想定のほぼ2倍になることが経済産業省の試算によって明らかにされた。これは，2016年11月27日に新聞各社で報道されたものだが，それによると概ね以下のようである。

　2013年に見積もられた従来の試算によれば，①住民に対する賠償に5.4兆円，②放射能汚染の除去に2.5兆円，③中間貯蔵施設の整備に1.1兆円，④廃炉に2兆円の計11兆円となっていた。しかし，今回発表された想定によれば，①住民に対する賠償に8兆円，②放射能汚染の除去に4〜5兆円，③中間貯蔵施設の整備に1.1兆円（変更なし），④廃炉に数兆円の計20兆円超となっている。別の報道では，2016年の2月で，賠償金はすでに6兆円になっているという（「日本経済新聞」2016年3月2日）。また，みられるように，廃炉の費用は「数兆円」というだけで明確になっていない。

　おそらくは，この見積はあまりに低く抑えられており，さらに倍以上になるのではないか。というのも，政府・東電は廃炉の完了まで30〜40年という計画を示しているものの，実態は全く進んでいない。マスコミでも疑問が呈されている（NHK「時論公論」2015年6月13日）。爆発を起こした3つの原子炉ではそもそもデブリがどこどのような状態であるのかさえ明らかではない。廃炉までの時間が予定通りに進まなければ当然にも費用は増え続ける。われわれも詳細な資料をもっているわけではないので，それ以上はいえない。しかし，以下に示すように，興味深い研究が遙か以前に行われていたのである。

2. 原発被害を想定した「試算」

　新聞報道によれば，「1959年に専門の学者らによってまとめられた原発事故による損害額を試算した報告書の全文が今月初め，40年ぶりに国会に提出されていたことが分かった。」（「毎日新聞」1999年6月16日）

という。

　これは,「大型原子炉の事故の理論的可能性および公衆損害額に関する試算」と題する文書で，原発事故発生時の損害賠償制度を定めた「原子力損害の賠償に関する法律」(1961年)の制定に向け，科技庁が社団法人・日本原子力産業会議に委託して作成したものである。

　しかし，この「試算」の全体は明らかにされずに，一部は「要約」として利用され，損害額は「1兆円をこえる」とされていた。そして，政府は，一貫してこの「試算」の存在そのものを否定していた。当時の岸信介内閣は，その試算された被害額に色を失い，データを隠蔽したという。ここで述べられていることは原発被害が考えられないくらい大きく，これが公表されると，原発反対の世論が高まることを危惧したからだということは想像がつく。しかしその後，参議院，経済・産業委員会などで追及され，1999年にようやく全文が公開されたという，いわば曰わく付きの文書である。全文はかつてはホームページ上に公開されていたが，今は確認することができない。

　では，ここで想定されている被害はどの程度か。「試算」では，損害額がもっとも大きいケースとして，3兆7300億円という数字をあげている。ちなみに当時の国家予算が1兆7000億円である。また，住民の早期立退きは10万人に及ぶとされている。

　今回の福島原発事故においては，すでにみたように，事故の収束費用は20兆円をこえるとされており，上限は不明だ。おそらくこの倍以上は必要だろう[36]。そうだとしたら，昨今の年間の税収に匹敵する。また，現在でも避難民は8〜10万人といわれているので，当時の予想は的中しているといえる。

　つまり，今回の原発事故は，すでに想定された事故であり，想定された被害であるといえるかも知れない。

3. 被害想定隠蔽の背後にあるもの

　このようなことが想定されているのもかかわらず，「どうして原発を推進するのか…」，という疑問が当然にも生まれる。このことを合理的

に説明するとしたら，考えられるのは1つしかない。それが核兵器開発，軍事に他ならない。

この点に関して，すでに述べたことを補強するために，総理であった岸信介の『岸信介回想録』を引用しておこう。岸は以下のように述べている。

「原子力技術はそれ自体平和利用も兵器としての使用も共に可能である。どちらに用いるかは政策であり国家意志の問題である。日本は国家・国民の意志として原子力を兵器として利用しないことを決めているので，平和利用一本槍であるが，平和利用にせよその技術が進歩するにつれて，兵器としての可能性は自動的に高まってくる。日本は核兵器を持たないが，潜在的可能性を高めることによって，軍縮や核兵器禁止問題などについて国際の場における発言力を強めることができる」（岸信介［1983］98頁）。

みられるように，ここでは，日本は原子力の平和利用を推進するが，「潜在的可能性を高めることによって，軍縮や核兵器禁止問題などについて国際の場における発言力を強めることができる」ということに力点が置かれている。

軍事に転用できる技術を「機微技術」（sensitive technology あるいは sensible nucleartechnology の日本語訳）というが，原発はその粋であり，それが，潜在的な力を持つというわけである。これは「潜在的核抑止論」と呼ばれるものである。これまで政府が原発をなりふり構わず強行に推進してきた背景には，潜在的核抑止論が存在していたことを銘記すべきであろう。

［註］
1）たとえば，第1号機に対する「海水注水」問題で，事態が二転三転した。海水の注入を誰が指示し誰が停止させたのかを巡って，菅直人首相と斑目春樹原子力安全委員会との間で，「言った，言わない」の責任のなすり合いが続いていたが，一転して，そもそも海水の注入は吉田昌郎原発所長の判断で継続されていたという。呆れるばかりだが，ここに原発の実態が垣間みえる。
2）こうした点にかんして石黒武彦は以下のように述べている。「19世紀末ころから20世紀初頭にかけて，軍事力の強化のために役立つ科学には，国家から，

研究予算が投入され，人材育成にも力が入れられるようになる。科学コミュニティは，これを機に国家に制度化されることを求め……」，「科学は，民生用産業ともかかわりを深めてきた。19世紀末から……企業が研究所を設置し研究者を積極的に受け入れた。」（石黒武彦［2007］）

3）揚水発電とは，夜間の電力需要の少ない時間帯に余剰電力により下部貯水池から上部貯水池へ水を汲み上げておき，電力需要が大きくなる時間帯に上部貯水池から下部貯水池へ水を落とすことで発電する水力発電方式である。原発には必然的にこの発電所が必要となる。

4）電源三法とは，電源開発促進税法，特別会計に関する法律（旧，電源開発促進対策特別会計法），発電用施設周辺地域整備法をさすが，これらは当時の田中角栄首相のもと1974年に成立した。

5）『週刊ダイヤモンド』［2011］。

6）前掲『週刊ダイヤモンド』。実質公債費比率とは，自治体の収入に対する負債返済の割合を示すもので，資金繰りの程度が分かる。なお，原発と地方財政にかんしては，『エコノミスト』［2011］を参照のこと。

7）それでも，あえていえば，他地域からの事務員・作業員のためのサービス業のみには，一定の波及効果がある。

8）『週刊現代』［2011］。

9）前掲，『週刊現代』。

10）様々な資料があるが，たとえば別冊宝島編［2007］を参照のこと。

11）前掲『週刊ダイヤモンド』。

12）吉岡斉は次のようにいう。「政府・電力会社は原子力発電が火力発電・水力発電などと比べて経済性に優れていると主張しているが，この主張は曲芸的である。もし，原子力発電の経済性が優れているならば，政府が支援する根拠がなくなる……。この主張は政府支援の正当性を自ら否定するものである。」吉岡斉［2011］。

政府や電力会社は，一方では原発の配電コストを安価だといいながら，他方で原発の維持のため多額の費用（税金）が投じられていることを当然だとしている。まさに，「曲芸的」な屁理屈をこねているといわざるを得ない。

13）プルサーマルについては，高木仁三郎［2011a］を参照のこと。

14）日本のプルトニウム保有量は，約34トンだと発表されている（『我が国のプルトニウム管理状況』内閣府原子力政策担当室，2011年）。むろん「質」の問題はあるが，一個の核兵器の原料はプルトニウム8キロ程度だという。なお，プルトニウムと核兵器の関連については，高木仁三郎［2011b］，ニュースなるほど塾編［2007］を参照のこと。

15）当初は，高速増殖原型炉「もんじゅ」によってプルトニウムのリサイクルが想定されていたが，ナトリウム漏れ事故（1995五年）で停止を余儀なくされたため，プルサーマルをプルトニウム消費の中心に位置づけたといえる。「もんじゅ」とプルサーマル計画にかんしては，小出裕章［2011］，飯田哲也・

鎌仲ひとみ［2011］を参照のこと。
16) 日本原燃が再処理事業を国に申請した1989年当時，完成は97年，建設費用は7600億円で済む予定だったが，計画はこれまでトラブルなどで18回も延期され，建設費も現在まで2兆1930億円に膨らんでいる（『朝日新聞』2011年2月21日）。
17) 機微技術（sensitive technology）とは，武器，あるいは兵器などに転用可能な技術をさす。
18) 吉岡斉［2011］は，日本は国家安全保障のための「公理」を政治的前提にしていると述べる。「日本は核武装を控えるが，核武装のための技術的・産業的な潜在力を保持する……。」というものである
19) したがって，この間のドイツ・スイス・イタリアの脱原発への方針転換の意義は大きい。潜在的核抑止力論を超える政策の提起でもあるからだ。
20) 『飛べ！フェニックス』E. トレヴァー原作，R. アルドリッチ監督，アメリカ，一九六五年。日本ではテレビ化もされ，現在ではDVDがある。
21) こうした発想は，現代の多くの領域でみられる。医学においては各臓器や器官ごとに専門が確立しており，互いに専門性を犯さない限りでいわば平和共存体制が作られている。また，経済学のミクロ理論でも方法的個人主義のもとピースミール・エンジニアリングが当然のこととされている。なお，周知のように，ピースミール・エンジニアリングとは，K. ポパーによって提唱されたが，いまこそそれを批判的に相対化しなければならないだろう（K. ポパー［1969］）。
22) 田中三彦［1990］を参照のこと。
23) この「議事概要」は，かつては原子力安全委員会のホームページ（http://www.nsc.go.jp/anzen/shidai/index.htm）に掲載されていた。しかし，原子力安全委員会はその後2012年に廃止され，原子力規制委員会へ移行したこともあってか，このページは確認できない。
24) ここでは，$E=MC^2$ を想起されたい。ところで，原爆によって多くの犠牲者を出した広島市立第一高等女学校（現，広島市立舟入高校）にある慰霊碑の少女が抱えている箱には，この「$E=MC^2$」が刻まれている。
25) 以下は，主に本川達雄［1995］による。また，環境省［1995］『環境白書，平成7年版』も参照されたい。この版では，「地球生態系における人間の位置」といった項目（節）を設けるなど，かなり野心的な考察がなされている。
26) 本川達雄［1995］，41ページを参照されたい。
27) A. マディソン［2004］。
28) 例えば，ローマ・クラブ［1972］，E.F. シューマッハー［1986］を参照されたい。
29) 例えば，気候変動枠組条約締約国会議（Conference of the Parties, COP）などでは，ある年を基準とした削減率が議論されている。
30) K. マルクス『資本論』の言葉を捩っていえば，「必然の歴史」から「自由の

歴史」へ，ということになる．
31) 以下の環境省の Web ページで閲覧することができる．http://www.env.go.jp/earth/report/h23-03/
なお，同省は，『再生可能エネルギーに関するゾーニング基礎情報整備報告書』を 2013 年に発表している．参照されたい．http://www.env.go.jp/earth/report/h26-05/full.pdf
32) エネルギーの採取・利用に関する制約要因による設置の可否を考慮したエネルギー資源量．
33) 対象エネルギーごとの事業収支シミュレーションにより，内部収益率が 8.0% 以上となるもの．つまり，採算がとれる前提の下でのエネルギー利用の可能量．
34) ここでエントロピーの問題に関説すべきだが，別稿に譲る．
35) 太陽光発電，風力発電などの自然エネルギーには，不安定性という致命的な欠陥がある．これを補完するには蓄電と共に制御の問題が重要である．だが，制御は情報技術の得意とするところであり，IT 革命と呼ばれたものは，自然エネルギー革命へと合流するだろう．スマートグリッド構想などを考えれば明確である．もっとも，より具体的になれば，様々な規格の問題や，直流化の問題など，超えなければならないハードルは多い．A. トフラー［1980］も参照されたい．
36) 日本経済研究センターは，今回の原発事故処理費用を 50 〜 70 兆円に上るとの試算結果を発表している（2017 年 4 月）．

第10章　原子力発電の闇
―原発と軍事をめぐる実像―

はじめに

　3.11 大震災，すなわち，福島原発事故から6年以上が経過した。しかし，あらゆる意味で，原発の問題は終わっていない。汚染水，廃炉計画，作業員の被爆など，何一つ解決していない。そうした中で，政府により避難指示解除がなされつつある[1]。

　ここでは，最近の動向として汚染水問題解決の切り札とされていた「凍土遮水壁」と，廃炉計画の前提とされる「原子炉内部の画像」の件について触れておこう。

　まず，凍土遮水壁に関してまとめておく。新聞報道によれば，原子力規制委員会はこの（2017年）8月に，福島原発の汚染水の増加を抑えるための凍土壁について，残していた1カ所の凍結を認可したという[2]。凍土壁とは原発1～4号機の周囲約1.5キロメートルの地盤に配管を埋め込み，零下30度の冷却液を流して管の周囲の土を凍らせて遮水の壁を築というもの。2016年3月末に凍結を開始し段階的に範囲を広げて，17年3月から山側7メートルの1カ所を残して，最終段階の作業に入っていたという。これまでも凍土壁はなかなか凍結せず，周辺にセメント系の材料を流し込むなどの手当を行ってきたが，ようやく凍結が確認されたようだ。

　もっとも，この凍土壁は，それが凍結するかどうかがこれまでも問題にされてきたが，それが出来たからといって，問題が解決したわけではない。原子力規制委員会は，全面凍結で効果が表れるかは不透明だとしている。というのも，これまでも水位のコントロールは建屋の周りの井戸（サブドレン）の地下水くみ上げによって調節しきたのであって，今後もそれが続けられるからである。

このように，凍土壁については，新聞報道などでもその効果が疑問視されているが，それに加え，これまですでに約345億円の国費が投じられてきたこと，また，この凍結を維持するために人口4万人程度の都市の電力を日々消費し続けなければならない点も忘れてはならない。

　さて，次いで原子炉内部の画像に関して，である。新聞各紙の報道によれば[3]，福島原発3号機のロボット調査で，溶け落ちた核燃料（デブリ）のようなものが原子炉圧力容器の下に氷柱（つらら）状に垂れ下がっていることが確認されたとのことである。画像も公開された。事故の発生当初，冷却が止まった核燃料は2500度前後まで温度上昇した。本来，核燃料は核燃料棒内に入っているが，それが溶けて（メルトダウン）圧力容器に達し，さらにその底を貫通して（メルトスルー）流れだしてその大半が格納容器の底に溜まっているらしい。格納容器をも貫通した（メルトアウト）可能性もあるが，確認は出来ていないようだ[4]。

　そして，事故以来，大量の冷却水を注入しつつも水位が低いままなので，格納容器にかなりの損傷があり，注入された水は流れ出て建屋地下に漏れているらしいという。そうだとすると，廃炉にはデブリを水漬けにして放射線を緩和した中で作業すること（冠水方式）がこれまで考えられてきたが，それが不可能になる。デブリを空気中に露出したままでの工法（気中方式）になるということもささやかれている。しかし，気中方式によるデブリ取出しの例はこれまでにない。したがって，工事は根本的に困難を極めることになるが，そもそもデブリ取出しは不可能だという見方もある[5]。

　いずれにしても，原発は，安価，安全，クリーンであり，CO_2や資源から自由であり…云々，といった安全神話が崩壊したことは誰の目にも明らかである[6]。しかし，それにもかかわらず，密かに停止原発の再稼働の準備が進められている。なぜそうした画策がなされるのか。その背後には，マスコミなどではあまり取り上げられていない軍事の問題があるのでなかろうか。本第10章ではそうした点を明らかにしたい。

1. 核兵器の開発とプルトニウム

(1) 原爆開発の経緯

　原子力の開発は，本来的に発電などのエネルギー利用を目的としてなされたものではないことは周知のことである。いうまでもなく，原子力開発は，核兵器すなわち原子爆弾の開発として始まったのである。その経緯をたどってみよう。

　原子力開発は，1938年にドイツの物理学者，O.ハーンやF.シュトラスマンらによってウランの核分裂現象が発見されたことが起点をなす。ウランが核分裂を起こす際に，これまでの化学反応（いわゆる通常の燃焼や爆発）とは桁違いのエネルギーが放出されることが明らかにされた[7]。これは，あくまでも科学的な探求だが，それが原爆・核兵器開発の原点となった。

　世界中の物理学者がそのことを理解し，ドイツや米国だけでなく日本でも原爆を開発する研究が始められた。しかし，豊かな資源に恵まれ，主戦場にならなかったアメリカだけが，原爆を作り上げる条件を備えていたといえる。

　そこで重要な働きをするのがA.アインシュタインであることは知られている。かれは，ナチスの迫害を逃れて米国に移っていたが，当時の大統領F.ルーズベルト宛の原爆開発に関する手紙に署名した（もっとも，後に広島・長崎の惨状を知るにつけ，深く後悔したとのこと）。

　1939年にルーズベルトは，国防委員会を設置し，原爆開発を進めた。いわゆるマンハッタン計画である（この委員会の本部が，マンハッタンにあったことから，この通称がついた）。その後，研究開発はロスアラモス研究所（ニューメキシコ州）に移されるが，その所長がR.オッペンハイマーである。ちなみに，こうした研究開発には，延べ60万人，約20億ドル（当時の日本の国家予算以上）の資金が投入されたという。

　そして，わずか数年後の1945年に4発の原爆が完成した。その第1弾は「トリニティ」と呼ばれ，アラゴモード砂漠で実験に用いられ成功に至った。そして，第2弾の「リトルボーイ」が広島に，第3弾の「ファッ

トマン」が長崎に投下された（第4弾は使用されなかった）。

(2) ウラン原爆とプルトニウム原爆

このように，原子力開発はもっぱら核兵器の開発として推進されたのであって，またマンハッタン計画では，ウラン原爆とプルトニウム原爆の開発が平行して進められた点に留意しなければならない。

というのは，自然界に存在するウランは同位体（isotope）を持つ，そのうち極微量のみ存在する核分裂性ウラン（U-235）は核分裂を引き起こすが，自然界には存在しないプルトニウム（Pu-239）も同様に核分裂性物質であることが知られていたからである。

自然界の天然ウランは，非核分裂性ウラン（U-238）が大部分だが，核分裂性ウラン（U-235）も若干混在している。核分裂性ウランの割合を高めることを「ウラン濃縮」というが，天然ウランには0.7％程度しか含まれていない核分裂性ウランを90％程度まで濃縮すること（高濃縮ウラン）で原爆の原料になる[8)9)]。このようにして製造されたのが，ウラン原爆であり，広島に投下された「リトルボーイ」はこの型の原爆である。

ところで，プルトニウム（Pu-239）も核分裂性物質であるが，自然界には存在しないと述べた。プルトニウムはウランよりも破壊力が大きいことが知られており，これを作り出すことが目されたが，その装置が「原子炉」である。すなわち，非核分裂性ウラン（U-238）の原子核に中性子がぶつかると，中性子が原子核に吸収され，プルトニウム（Pu-239）になるが，原子炉とはこれを生成するために開発されたものである。爆弾と異なり，低濃縮ウランを用いて徐々に制御しながら核分裂を進行させることによってプルトニウムを作り出す装置が原子炉に他ならない。この際に莫大な熱が発生し後に発電に利用されることになるが，それはあくまでも副次的なものである。そして，生成されたプルトニウムを取り出すシステムを「再処理」という[10)]。

このようなプルトニウムを原料として製造されたのがプルトニウム原爆であり，長崎に投下された「ファットマン」はこの型の原爆である。

広島と長崎に原爆が投下されたが、このようにみると、それは2種類の原爆の「実験」のために行われたということも否定できない。広島に投下された「リトルボーイ」も長崎に投下された「ファットマン」もほぼ同程度の重量だが、プルトニウム型の後者の方が破壊力が大きいものであった[11]。

2．潜水艦の原子力化

(1)潜水艦の動力

この原子力エルネギーを爆弾ではなく、動力として使用する指向性は、商用発電には直ちには向けられなかった。その初発の試みは潜水艦の動力として使用することであった。原子力利用の歴史をみると、原爆から潜水艦動力、そして商用発電の順で開発が進められたのである。

潜水艦は、ある意味で究極の「ステルス兵器」ともいわれる。水中に潜行すれば、発見されるリスクは格段に低くなり、隠密行動が自由に出来る。自らは攻撃されることなく、一方的に攻撃することが可能なのである。

したがって、近代以前にも潜水艦の構想はなくなかったが、本格化するのは20世紀に入ってからであり、とりわけ、第1次世界大戦時であった。ドイツの「Uボート」の「活躍」は、しばしば話題に上るところである。以降、各国ともその開発に注力した。

もっとも、この場合の潜水艦とは、いうまでもなく、ディーゼル（初期にはガソリン）エンジンを動力とする通常型の潜水艦を指す。ディーゼルエンジンには、燃焼に酸素が必要であり、また排ガスの処理も必要となる。したがって、潜行時にはディーゼルエンジンを運転させることは出来ず、バッテリーを電源とするモーターでの航行が必然となる[12]。

艦船であるので、航行速度の重要性はいうまでもないが、潜水艦に場合には、それに加えて潜水航行時に如何に深く、如何に長く、そして如何に静かに展開できるかが重要となる。つまり、航行速度、潜水深度、潜水期間、静粛性の4つの要素が鍵をなす。

この観点からすると，ディーゼルエンジン搭載の通常型潜水艦は，静粛性に関しては優れているが[13]，他の3点に関しては不十分性が残る。とりわけ，潜水期間に関していえば，通常型潜水艦の場合には，長くて数日間が連続的な潜水の限度とされている。バッテリーの蓄電能力に限界があるからだ。

　そうした中で注目されたのが，原子力のエネルギーであり，それを動力に応用することであった。

(2)原子力潜水艦

　原子力は吸排気も燃料補給もなしに半永久的に稼働する。原子力は酸素を必要としないし，核燃料はそもそも取り替えないことを前提とした設計になっている。むろん，乗員の呼吸には酸素が必要であり，また二酸化炭素も排出する。だが，前者は水の電気分解で生成し，後者はボンベに圧縮して保管する。それゆえ，原子炉で発生する莫大な熱は「理想的」なボイラーとなっている。

　潜水艦の性能には，航行速度，潜水深度，潜水期間，静粛性の4つの要素があることを示したが，それらを，通常型潜水艦と原子力潜水艦において比較すると，静粛性で通常型潜水艦に利点があるもの，航行速度と潜水期間では原子力潜水艦に軍配が上がる。

　原潜の場合，その駆動方式には2種類がある。ボイラーで発生する蒸気でタービンを回して動力とすることは同一だが，それで直接に推進器（スクリュー）を駆動するタイプ（ギアード・タービン方式）と，それで発電機を回しその電力でモーターを動かして推進器を駆動するタイプ（ターボ・エレクトリック方式）がある。いずれにしても，原子炉は，一端稼働を開始したら，浮上時も潜行時も停止させることはない[14]。また，出力調整も頻繁には行われない。

　ともあれ，原子力によって得られるエネルギーは，豊富な電力の獲得を意味するとともに，それによって潜水艦の航行速度は大きく上がり，また可能潜水時間は数ヶ月近くまで伸張することとなったのである（人間の体力や気力の限界がなければ，年単位の潜水航行も可能だという）。

さて，アメリカ海軍は，1950年に潜水艦推進用動力炉の開発を計画した。その際に指揮をとったのが原子力海軍の父と呼ばれるH.リコバー提督だったという。

原潜用の原子炉の型を加圧水型（PWR, Pressurized Water Reactor）とし，ウエスチングハウス（WH）社が開発を担当した。現在では，発電用の原子炉には加圧水型のほかに沸騰水型（BWR, Boiling Water Reactor）があるが，初発の原潜用の原子炉が加圧水型であったことに留意しておきたい。こうして開発された原潜が1954年に就役したノーチラス号である。その後，ノーチラス号は1958年に北極海の氷の下を潜水したまま横断することに成功し，脚光を浴びた。潜水艦に原子力の時代が到来したといわれた。

ちなみに，現在（2012年）の各国の原潜の保有数は，アメリカ57隻，ロシア37隻，イギリス11隻，フランス10隻，中国8隻などとなっている。ドイツと日本は原潜を保有していない。

3．原子力発電

(1)原子力発電の開発

原爆開発から開始された原子力エネルギーの利用は，原潜開発を経て，原発開発に向かった。その契機となったのは，1953年に行われた，米国大統領D.アイゼンハワーの国連での演説である。そこでの「Atoms for Pease」というフレーズはあまりに有名である。じつは，アイゼンハワーが原子力平和利用を訴えることでアメリカに主導権をもたらせようとした背景には，イギリスなどの動向があったといわれる。イギリスは，1947年に実験用原子炉の臨界に成功，1956年の完成を目標に発電用原子炉を開発中だったのである。

こうした経緯を経て，アメリカの電力会社デューケイン・ライト社が1957年にシッピングポート発電所で原発の商業運転を開始した。この時の原子炉の製作はウエスチングハウス社によるもので，その原子炉の型は，原潜と同じく加圧水型（PWR）であった。

このように加圧水型原発の開発の一方，アメリカのアルゴンヌ国立研究所が，沸騰水型原子炉（BWR）の開発に成功する。1956年に初の臨界に達し，1962年には100MWtの出力を達成したという[15]。これは地上発電用の原子炉を開発するというはっきりとした目的を持った計画であるといえる。

こうして地上発電用の原子炉は，加圧水型と沸騰水型の2種類になった。当初は加圧水型であったが，それに沸騰水型が加わったのである。世界の原発メーカーをみると，現在では，加圧水型はウエスチングハウス，アレバ，東芝，三菱などが，沸騰水型はゼネラルエレクトリック（GE），東芝，日立などが主に開発をしている。

現在の原発は，世界的には加圧水型が多いが，日本では沸騰水型が多い。日本の原発を保有している8つの電力会社をみると，加圧水型を採用しているのは，北海道電力，関西電力，四国電力，九州電力であり，沸騰水型を採用しているのは，東北電力，東京電力，中部電力，中国電力である。大まかにいえば，西の関西電力は加圧水型，東の東京電力は沸騰水型の原発を使用しているといえる。

(2)加圧水型と沸騰水型

現状の発電用の原子炉は，多くは加圧水型か沸騰水型である。それぞれについてその構造や特徴をみておこう[16]。

まずは，加圧水型である（図表10-1）。加圧水型原子炉は以下のようなメカニズムで発電を行う。すなわち，第1に，圧力容器で加熱した高温水（1次冷却水）を，高い圧力で一次系統の配管で循環させ，第2に，この高温・高圧の水から熱だけを蒸気発生器で二次系統の配管を流れる水に伝え，第3に，それによって発生した蒸気でタービンを回し，発電機を稼働する。こうして電力が得られるのである。

加圧水型においては，放射性物質を含んだ水がタービンや復水器に行かないため，タービンなどの発電部分に関するメンテナンス性が良い。つまり，放射能管理区域が狭く管理しやすい。これが原潜に搭載される最大の利点である。

また，制御棒が上から挿入されるので，アクシデント時でも制御しやすい。というのは，たとえば電気系トラブルなどが生じても，制御棒は重力によって下に落ちるので，原子炉の暴走を押さえられるからだ。

　さらに，圧力容器の底の部分がシンプルなので，たとえば，メルトダウンが生じた場合にも圧力容器内にデブリを留めておくことが出来る可能性がある。

図表10-1　加圧水型の概念図

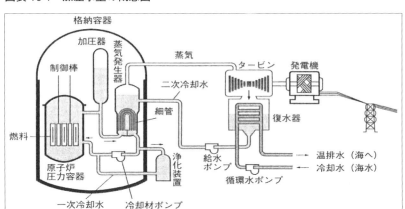

（資料）http://www.nuketext.org/genri.html

　もっとも，加圧水型においては，冷却水・冷却配管が一次と二次の2つ必要なので，その分，設備が複雑になる。つまり，熱効率が低くなり，コストが増えるというデメリットもある。

　次いで，沸騰水型をみてみよう（図表10-2）。沸騰水型原子炉は以下のようなメカニズムで発電を行う。すなわち，第1に，圧力容器で水を加熱して水蒸気にし，第2に，その蒸気でタービンを回し，発電機を運転する。こうして電力が得られるのである。

　沸騰水型においては，冷却水の系統が1つなので，構造はシンプルになる。したがって，熱効率がよく，コストも押さえられる。

　もっとも，蒸気は放射性物質を含む水からつくられているため，タービンや復水器についても放射線の管理（建屋）が必要となる。放射能管

理区域が広くなるので，地上の発電所には適しているが，重量や面積に制限のある艦船には適切ではない。

　また，制御棒が下から挿入されるので，アクシデント時に制御しにくいというデメリットもある。

　さらに，圧力容器の底部に弱点を持つ。というのは，圧力容器の底部は制御棒などの配管のため溶接部分も多く熱に弱いことが指摘される。メルトダウンが生じた場合に圧力容器内にデブリを留めておくことが難しいとされる[17]。

図表10-2　沸騰水型の概念図

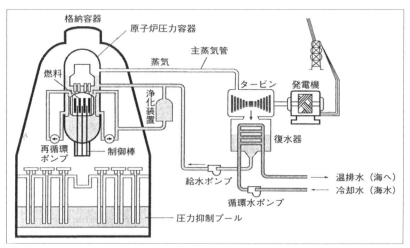

（資料）http://www.nuketext.org/genri.html

　このように，2つのタイプの原子炉をみてみると，始めに加圧水型が開発され，その後に沸騰水型の開発に進んだということも理解されよう。

　沸騰水型の原子炉は，地上の原子力発電用として生まれたのであり，その意味で平和利用の1つにみえるが，必ずしもそうではない。「核燃料サイクル」の内実を検討するとその点が明らかになる。

4．核燃料サイクル構想

(1)核燃料サイクルとは

すべに述べたように，原発稼働によって，プルトニウム（Pu-239）を含む使用済み核燃料が産出される。このことは2重の意味を持つ。

すなわち，第1に，そもそも，原発とはプルトニウム（原爆の原料）を生成することが目的なのでそれを廃棄処分しないでおきたい，と考える一群の人間が存在する。日本では，岸信介以来，潜在的に核兵器保有を切望する人々が小数ながら存在している[18]。しかし，第2に，諸外国からは日本の保有している大量のプルトニウムが問題視されている[19]。

そこで，考えられたものが「核燃料サイクル」というものである。むろん，核燃料サイクルは，核燃料（ウラン）という希少資源を有効に使うためにあると宣伝されている。確かに一時は，アメリカやロシア，フランスなども核燃料サイクルを試みたが，今はすべて断念している。というのは，それが技術的に困難，つまり極めて危険であるとともに，コスト面からも成り立たないことが明らかになったからである。今日，核燃料サイクルの看板を下ろしていないのは日本だけである。

では，昨今では日本のみが試みようとしている核燃料サイクルとは，どのようなものなのか。核燃料サイクルとは，原子力発電（軽水炉）で燃やした使用済み核燃料から燃え残りのウランと稼働によって出来たプルトニウムを抽出し新しい燃料に加工して，再使用することを指す。このように新しい燃料にすることをここでは「再処理」といい，再処理によって作られ燃料，すなわちウランとプルトニウム混合酸化物をMOX（Mixed Oxide）燃料という。

自然界の「天然ウラン」には核分裂性ウランは約0.7％程度しかないが，それを3～5％にまで濃縮したものが「ウラン燃料」である。これを原子炉で燃やすことによって「使用済み核燃料」が生まれるが，それには，核分裂性ウランが約1％，プルトニウムが約1％含まれている。この使用済み核燃料を再処理してMOX燃料が作られる。それにはプルトニウ

ムが約 4%含まれているという。

　この MOX 燃料を使用する仕方には 2 つがある。その一つは高速増殖炉で燃やす方法であり，これが本来の「核燃料サイクル」であるが，ここでは「高速増殖炉サイクル」と呼ぶ。そしてもう一つが普通の原発で燃やす方式であり，「プルサーマル」と呼ばれている。

(2)高速増殖炉サイクルとプルサーマル

　まず本来の「核燃料サイクル」である「高速増殖炉サイクル」とは何かからみてみよう（図表 10-3）。高速増殖炉サイクルとは，原発（軽水炉型）から生まれる使用済み核燃料を再処理した「MOX 燃料」を，まず第 1 に，「高速増殖炉」で使用して発電し，それによって生じる「使用済み MOX 燃料」をさらに再処理して，第 2 に再び「高速増殖炉」で使用するというものである。

　「増殖炉」とは消費する核燃料（プルトニウム）よりも新たに生成する核燃料（プルトニウム）の方が多くなる原子炉という意味であり，「高速」の中性子を利用してプルトニウムを増殖させるので高速増殖炉という。日本における高速増殖炉が「もんじゅ」に他ならない。これによって，当初のわずかなウランからプルトニウムを増殖しつつ利用することで半永久的に発電を続けることが出来ると宣伝された。

図表 10-3　高速増殖炉サイクル

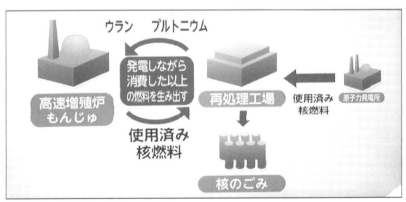

（資料）http://www.fujitv.co.jp/minnanonews_weekend/thenext/2015110701.html

しかし，この「核燃料サイクル」の要となる高速増殖炉「もんじゅ」は，1985年に着工し，1994年には一度，臨界を達成したものの，それ以降，数々の事故により，2016年には廃炉が決定された。もっとも，高速増殖炉そのものの開発はつづけるという。ともあれこの間，もんじゅが実際に稼働したのは250日程度であり，そしてこれまでの投下された費用は1兆円を超え，完全に廃炉になるまでの維持費は年間200億円という。莫大な費用をつぎ込んだものの，20年以上にわたってほぼ稼働しなかったといわざるを得ない。

　だが，それでも政府は，核燃料サイクルの看板を下ろそうとはしていない。そこに登場したのが「プルサーマル」計画である（図表10-4）[20]。

　プルサーマル計画とは，ウラン燃料ではなく，プルトニウムを一般的な原子炉（軽水炉）で燃やす発電方法のことをさす。具体的には，使用済み核燃料から再処理されたMOX燃料を使う。政府などでは，これによってウランの有効利用が出来るような宣伝をしているが，実態としては，もんじゅで使用するはずであったMOX燃料の使い道として考え出されたものといえる。

　事実，ウラン燃料を原発で1回だけ使用する（ワンス・スルー）よりも，種々の点で問題が指摘されている。第1にMOX燃料そのものの問題として，MOX燃料は新品のウラン燃料に比べ放射能が強く，扱いが困難なこと，また，第2にMOX燃料を通常の原子炉（軽水炉）に使用することの問題として，MOX燃料が高速増殖炉のために開発されたものであり，制御棒の効きが悪くなること，つまり，事故が発生した場合において出力上昇速度がより速くなること，そして第3に再処理にかかわる問題として，MOX燃料の使用によって出来る「使用済みMOX燃料」は処理する工程が複雑でより困難であること[21]，また，再処理は最大でも2サイクルまでしか行えないこと，などがあげられている。

図表10-4　プルサーマル

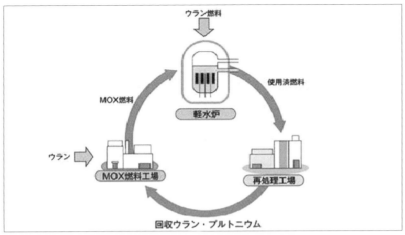

（資料）http://www.fepc.or.jp/nuclear/cycle/pluthermal/

　以上は技術的な問題だが，経済的な問題としては，「高速増殖炉サイクル」も，「プルサーマル」も，全く採算ベースから遠いことがあげられる。現に，「高速増殖炉サイクル」を推進しようとする国は日本以外にはなく，「プルサーマル」も，フランスを例外として，ほとんどの国で停止している。ほとんどの国で，ウラン燃料を1回のみ使用して，使用済み核燃料を直接処分すること（ワンス・スルー）が趨勢になっている。
　しかし，それでも日本政府は「高速増殖炉サイクル」や「プルサーマル」に拘泥している。この背景には何があるのか，検討しよう。

5．核燃料サイクルの意味

(1)核の「ゴミ」とプルトニウム
　高速増殖炉サイクルもプルサーマルも，客観的にみれば技術的にもコスト的にも無理すぎるにもかかわらず，核燃料サイクルに固執する意図はどこにあるのか。ウラン燃料の一回限りでの使用，すなわちワンス・スルーが世界の趨勢にもかかわらずである。
　しかし，これまで核燃料サイクルの看板を掲げてきた政府にとっては，

使用済み核燃料を直接処分し，高速増殖炉サイクルもプルサーマルも行わないとすると様々な建前が崩れることになる。

その第1は，使用済み核燃料が，「ゴミ」なのか「資源」なのかという問題にかかわる。使用済み核燃料は，ワンス・スルーであればゴミになり，MOX燃料の原料とすれば資源ということになる。そこで前者ならば，すべての電力会社が採用している総括原価方式での料金計算が大幅に崩れることになる[22]。また，青森県や六ヶ所村との契約関係も見直しを迫られることになる[23]。核燃料サイクルの看板を掲げてきた以上，こうした問題が噴出することを避ける意図があることは自明のことといえる。

その第2は，プルトニウムを再利用するという建前の元で，プルトニウム保有の正当性を示していることにかかわる。すでに日本はプルトニウムを約48トン（2015年）も保有しており，それに対して諸外国からしばしば疑問が呈されている。なぜならば，プルトニウムは，すでにみたようにプルトニウム原爆の原料であり，日本のプルトニウム保有量は，単純に計算すると4000〜5000発程度の原爆の原料に相当することになる。こうしてことに対する批判を避けるためには，あくまでもプルトニウムを再利用すること，すなわち，核燃料サイクルを行うという看板を立てておく必要があると思われる。

以上は，核燃料サイクルがそもそも相当な無理だとしても，その建前を崩さない理由だが，例えば部分的にではあれ，高速増殖炉が稼働したならばそれはそれで意味を持つことになる。

(2) 超核兵器級プルトニウム

すでにみたように，政府はもんじゅの廃炉を決定したが，もんじゅとは別に高速増殖炉については依然として研究開発を進める方針である。そこに，第3の問題，すなわちプルトニウムの質にかかわる問題がある。プルトニウムは原爆の原料になることを述べたが，ここにプルトニウムの組成の問題がある（図表10-5）。原子炉で生成されるプルトニウム同位体（isotope）の主なものは数種類だが，その中で，核分裂性プルトニ

ウムは，Pu-239 と Pu-241 であり，それに対して Pu-238，Pu-240，Pu-242 は核分裂性が弱い。そして，プルトニウム原爆の原料としてふさわしいのは，核分裂性のプルトニウムが 93% 以上を占めていることだとされている[24]。

図表 10-5 に示されているように，繰り返しになるが，「核兵器級」と呼ばれるプルトニウム同位体の組成は，Pu-239 が 93%（加えて Pu-241 が 0.7%）以上であることだとされる。それに対して，通常の原発である「沸騰水型原子炉」や「加圧水型原子炉」から回収されるプルトニウムの組成は Pu-239 が 50 〜 60%（および Pu-241 が 12%）に留まる。また，「高速増殖炉」からは Pu-239 が 74%（および Pu-241 が 3%）を含むプルトニウムを回収できるという。通常の原発よりも，高速増殖炉の方がより良質の原爆原料を回収できるといえる。

図表 10-5　プルトニウムの組成　　　　　　　　　　　　　　単位：重量（%）

プルトニウム同位体	236Pu	239Pu	240Pu	241Pu (β)	242Pu	合計
核兵器級	0.07	93	7	0.7	—	100
沸騰水型原子炉（BWR）	1.7	52	28	12	6	100
加圧水型原子炉（PWR）	2	63	19	12	4	100
高速増殖炉（FBR）	0.03	74	23	3	0.5	100

（資料）http://www.rist.or.jp/atomica/data/dat_detail.php?Title_No=13-05-01-07

しかし，さらに高速増殖炉の特殊な役割がある。高速増殖炉の炉心の周りにはブランケットと呼ばれるものがある[25]。それは，非核分裂性ウランである U-238 などで作られているが，ここに高速の中性子が衝突することによって核分裂性プルトニウム（Pu-239）が生成される。そして，このブランケットで生み出されるプルトニウムは，Pu-239 が全体の 98% を占めるという。つまり，「超核兵器級プルトニウム」といわれるものが生成されるわけである。

換言すれば，高速増殖炉の燃料は通常の原発である軽水炉で生成されたプルトニウムだが，それを用いる高速速増殖炉はプルトニウムの純度

を高める装置であるといえる。プルトニウムの濃縮装置，それが高速増殖炉である。もんじゅを廃炉にしても高速増殖炉の開発に固執する背景にはこうした「超核兵器級プルトニウム」の問題があるといわざるを得ない。

6. 総括

これまでの議論をまとめておこう。

まず，第二次世界大戦中から始まった原子力の開発は，原発などで電力を得るためのものではなく，何よりも原子爆弾（核爆弾）の製造を目的とするものであったという事実を確認しなければならない。とりわけプルトニウム原爆の原料になる核分裂性プルトニウムの生成のための装置が原子炉（軽水炉）であったことを。発電用の原子力の開発はいわば副産物あるが，その前に潜水艦の原子力化がすすめられた。

第一次世界大戦およびそれ以降に軍事的に威力を発揮した潜水艦だが，その弱点である潜行速度と潜行期間を飛躍的に向上させたのが原子力潜水艦であった。そして，そのときに開発された動力と発電のための原子炉が加圧水型原子炉であった。加圧水型は構造がやや複雑になるが，放射線管理区域が相対的に狭くてすみ艦船には適合的であった。

原子力の平和利用（Atoms for Pease），すなわち商用発電への応用が始まったのは戦後である。こうして，原子力発電の開発が本格化したが，当初の原子炉は当然にも加圧水型であった。しかし，より構造が単純な沸騰水型の開発も進み，今日に至っている。沸騰水型は，潜水艦などに搭載するには不適当なので，発電という平和利用そのもののようにみえるが，必ずしもそうではない。

加圧水型であろうと沸騰水型であろうと，そもそも原子炉（軽水炉）というものが核分裂性プルトニウムの獲得にその開発目的があったことを想起すべきである。だが，軽水炉で回収されるプルトニウムの組成は必ずしも核兵器に向くものではない。核兵器の製造が不可能ではないものの，より高性能を追求するには核分裂性プルトニウムの純度を上げる

ことが必要であり，それを担うものとして開発されたのが高速増殖炉に他ならない。

　高速増殖炉では，「超核兵器級」のプルトニウムを生成し回収できる。これが「核燃料サイクル」と呼ばれるものの内実であるといえよう。核燃料サイクルとは，資源の有効利用などではなく，あくまでも軍事目的である。これは，技術的側面およびコスト的側面からみて明白である。

　高度な武器や民生品（商用）であっても大量破壊兵器などに転用できる技術を機微技術というが[26]，原発関連の技術はほぼすべてが機微技術だといえる。そして，これらを背景として，原発と軍事の関係から政治的・経済的な利益，すなわち様々な利権が生まれている。原子力発電の闇は深い。

［註］
1）いわゆる避難指示解除の問題点に関しては，経済理論学会第64回大会（2016年）第13分科会での，田中史郎，佐藤公俊，渡辺初雄の報告を参照されたい。
2）2017年8月15日付けの新聞各紙を参照されたい。
3）2017年7月22日付けの新聞各紙を参照されたい。
4）圧力容器の鉄板の厚さは15〜17cmであるのに対して，格納容器のそれは2〜5cmという。もっとも格納容器の底の部分にはコンクリートが張られているようだが，分厚い圧力容器の壁を熔解するほどの高温・高圧であれば，それより遙かに薄い格納容器の壁を溶かすことは十分に考えられる。
5）スリーマイル原発事故ではデブリの取出しは冠水方式によってなされたが，チェルノブイリ原発ではではデブリの取出しそのものを断念している。
6）原発が建造される遙か以前の1959年に原発事故に関する研究がなされていた。前章で示したように，「大型原子炉の事故の理論的可能性および公衆損害学に関する試算」（日本原子力産業会議）がそれである。そこには，深刻な事故が発生した場合，その損害額は当時の国家予算のほぼ2倍以上に当たる3兆7000億円になると記されている。しかし，この文書の存在は，関係者や研究者には知られていたが，当局は存在を認めておらず，1999年にようやく国会で明らかにされた。以前は以下のサイトで閲覧できたが，現在は閉鎖されている。
http://www.ikata-tomeru.jp/wp-content/uploads/2015/02/koudai28gousyo.pdf
ところで，福島原発事故処理費用として，政府の東京電力改革・1F問題委員会（東電委員会）は，それが22兆円になると発表した（2016年12月）。だが，日本経済研究センターでは50〜70兆円に上るとの試算結果をまとめた（2017年4月）。現在の年間の政府税収が50兆円程度なので，日本原子

力産業会議の試算は的を射ていたといえよう。なお、前章も参照のこと。

7) 通常の化学反応では質量保存則が成立している（反応式の左辺と右辺の質量が等しい）が、原子核反応（核分裂、核融合）ではわずかな量の物質がエネルギーに転化する（反応式の左辺より右辺の質量が小さい）ことで莫大なエネルギーが発生する。核反応によって生じるエネルギーは、$E=MC^2$（エネルギー＝質量×高速^2）と表される。

8) 商用原子炉（原発）で用いられるのは低濃縮ウラン（3〜5％）だが、爆弾には高濃縮ウランが必要とされる。原子爆弾には最低20％以上（実際には90％以上）の濃縮度が必要とされている。90％以上の濃縮度の核分裂性ウランは核兵器級（Weapons grade）と呼ばれる。

9) 天然ウランを濃縮するには幾つかの方法があるが、天然ウランをガス化した上で遠心分離器で徐々に濃縮する方法が主流である。ちなみに、現在の日本ではウラン濃縮工場は六ヶ所村にある。

10) 原発を前提とすれば、「再処理」とは使用済み核燃料の中から使用可能なウラン、プルトニウムを取り出すことを指す。現在の日本では、再処理工場は六ヶ所村にある。

11) リトルボーイは長さ3m・直径0.71m・重さ4400kg・通常火薬に換算した破壊力が15キロトン、他方、ファットマンは長さ3.25m・直径1.5m・重さ4656kg・破壊力21キロトンとされている。
http://www.atomicarchive.com/Photos/LBFM/image1.shtml。
http://www.atomicarchive.com/Photos/LBFM/image4.shtml

12) 通常型潜水艦の場合、浮上時には軽油・ディーゼルエンジンで航行し潜水時にバッテリー・モーターで航行する型と、浮上時・潜水時ともバッテリー・モーターで航行する型とがある。前者の場合にはエンジンは航行と発電の両方に用いられるが、後者の場合にはエンジンはもっぱら発電用に用いられることになる（ディーゼル・エレクトリック方式）。前者は大雑把にいえばトヨタの「プリウス」タイプ、後者はニッサンの「ノート」タイプといえる。

13) 潜行中は、エンジンを停止しているので、騒音に関しては潜水航行時のモーター音のみとなる。

14) 通常型潜水艦と異なり、原潜では潜水時も原子炉が稼働しているので、冷却水の循環やタービンから発生する騒音をゼロにすることが出来ない。原潜の最大の弱点である。

15) 原子炉が単位時間当たりに発生する熱エネルギー単位。Mはメガ、Wはワット、tはthermal（熱）の略である。

16) 原子炉を加圧水型や沸騰水型に分けたが、それは「軽水炉型原子炉」内の分類である。核反応を制御するために減速材として何を使うか、炉の冷却・熱交換に何を用いるかによって分類が出来る。軽水炉型原子炉は、減速材と冷却・熱交換材に軽水（普通の水）を用いるタイプである。ちなみに、チェルノブイリ原発は黒鉛減速・軽水冷却タイプであり、日本初の東海原子炉は黒

鉛減速ガス冷却タイプ（コルダーホール型）である。
17) 福島原発は，メルトダウンを超え，少なくてもメルトスルー状態にまで達していることは明らかだ。それは，沸騰水型であることによって圧力容器の底部に構造的に弱点があるから生じたという指摘もある。
18) たとえば，以下の岸信介の言葉はよく知られている。「原子力技術はそれ自体平和利用も兵器としての使用も共に可能である。（略）日本は国家，国民の意志として原子力を兵器として利用しないことを決めているので，平和利用一本槍であるが，平和利用にせよその技術が進歩するにつれて，兵器としての可能性は自動的に高まってくる。日本は核兵器を持たないが，潜在的可能性を強めることによって，軍縮や核実験禁止問題などについて，国際の場における発言力を強めることができる。」岸信介［1983］。
19) 日本のプルトニウム保有量は増え続け，2015年では約47.9tに達している。一般的には，プルトニウム8kgで1発の原爆を作ることが出来るといわれているので，その保有量が国際的に問題になっていることはいうまでもない。内閣府原子力政策担当室［2015］。
20) プルサーマルという名称は，プルトニウムの「プル」とサーマル・ニュートロン・リアクター（熱中性子炉）の「サーマル」を合わせた和製英語。
21) プルトニウムを含むMOX燃料を燃やすと，超ウラン元素と呼ばれる放射性物質が生成される。プルトニウムも超ウラン元素だが，他にもアメシウム，キュリウムなどが知られている。いずれも，寿命が長いので再処理をするにしても，ガラス固化にするにしても，何十年も原子力発電所の中で冷やしておかなければならならず，取り扱いは大変難しいことが知られている。
22) 電気料金は「総括原価方式」という方法で決められている。つまり，料金＝原価＋報酬（利益），となっているが，この原価には資源とみなされる使用済み核燃料も含まれる。
23) 青森県は，「もし核燃料サイクルが回らないなら，現在貯蔵している高レベル廃棄物も撤去を求める」としばしば表明している（東京新聞「社説」，2014年7月30日）。
24) もっとも，米政府は，「(発電用) 原子炉級プルトニウム」でも核兵器は製造可能であるいう認識を示している（「日本経済新聞」2013年10月30日）。つまり，核兵器は純度の高いプルトニウムのほうがつくりやすいが，純度が低くても不可能ではないということである。
25) ブランケットは形状が炉心を包むような構造をしているので，ブランケット（毛布）と呼ばれる。
26) 機微技術とは，sensitive technology や sensible nuclear technology の翻訳語である。

参考文献

青木孝平［2002］、『コミュニタリアニズムへ』社会評論社
赤川　学［2004］『子どもが減って何が悪いか』ちくま新書
雨宮処凛ほか［2009］『脱「貧困」への政治』岩波ブックレット
有馬哲夫［2012］『原発と原爆』文藝春秋
飯田哲也・鎌仲ひとみ［2011］『今こそ、エネルギーシフト』岩波書店
池内了・小寺隆幸［2016］『兵器と大学』岩波書店
石黒武彦［2007］『科学の社会化シンドローム』岩波書店
磯村隆文［1975］「戦後改革」、正村公宏『日本経済』日本評論社
伊藤　誠［1995］『日本資本主義の岐路』青木書店
伊藤　誠［1998］『日本経済を考え直す』岩波書店
伊藤元重(監修)[2009]『金融危機をどう理解するか？』総合研究開発機構、Web版
伊東光晴［1985］『転換期の日本経済』NHK市民大学
伊東光晴［2006］『日本経済を問う』岩波書店
岩田規久男［2003］『まずデフレをとめよ』日本経済新聞社
植草一秀［2001］『現代日本経済政策論』岩波書店
大石嘉一郎［2005］『日本資本主義百年の歩み』東京大学出版会
大内　力［1962-1963］『日本経済論』上下、東京大学出版会
大内　力［1970］『国家独占資本主義』東大出版
大内力編［1978］『現代の景気と恐慌』有斐閣
大内　力［2000-2009］『日本経済論』上下、東京大学出版会
大内秀明［1999］『知識社会の経済学』日本評論社
大竹文雄［2001］「『中流層の崩壊』は根拠に乏しい」中央公論編集部『論争・中流崩壊』
大淵　寛［1997］『少子化時代の日本経済』NHKブックス
奥村　宏［1991a］『法人資本主義の構造』(新版) 社会思想社、(なお、旧版は、日本評論社、1975年)
奥村　宏［1991b］『法人資本主義』(改訂版) 朝日文庫、(なお、旧版は、御茶の水書房、1984年)
小沢雅子［1985］『新「階層消費」の時代』日本経済新聞。
加藤治彦［2001］『日本経済の足取り』財務詳報社
鎌倉孝夫［2001］『経済危機・その根源 現代金融帝国主義』新読書社
金森久雄・伊部英男［1990］『高齢化社会の経済学』東京大学出版会
金森久雄・大守隆［2016］『日本経済読本（第20版）』東洋経済新報社
金子　勇［2006］『少子化する高齢社会』NHKブックス
金子　勝・アンドリュー・デウィット［2008］『世界金融危機』岩波ブックレット
苅谷剛彦［1995］、『大衆教育社会のゆくえ』中公新書

河村哲二［2009］『知識ゼロからのアメリカ経済入門』幻冬舎
川本敏編［2001］『論争・少子化日本』中公新書
岸　信介［1983］『岸信介回想録』広済堂
岸本重陳［1977］、「新中間層論は可能か」『朝日新聞』夕刊、77年6月9日付
岸本重陳［1978］、「『中流』の幻想」講談社
北村朗・高橋博子編著［2015］『核時代の神話と虚構』明石書店
金融広報中央委員会［2002］『家計の金融資産に関する世論調査』http://www.saveinfo.or.jp/
熊沢　誠［1997］『能力主義と企業社会』岩波書店
熊沢　誠［2007］『格差社会ニッポンで働くということ』岩波書店
栗田康之［2008］『資本主義経済の動態』御茶の水書房
小出裕章［2010］「原子力の「平和利用」は可能か？」非核の政府を求める兵庫の会市民学習会
小出裕章［2011］『隠される原子力・核の真実』創史社
小出裕章［2011］『原発が許されない理由』東邦出版
小林正雄・田中史郎・成田匡宏・星野富一・栗田康之・斎藤忠雄［2002］『日本経済の論点』学文社
五味久壽［2005］『中国巨大資本主義の登場と世界資本主義』批評社
榊原英資［2003］『構造デフレの世紀』中央公論社
櫻田　淳［2001］「今こそ『階級社会』擁護論」、前掲『論争・中流崩壊』中公新書
迫　一光［2005］「出生タイミングが経済厚生に与える影響に関する一考察」東北経済学会、第59回大会
佐藤俊樹［2000］『不平等社会日本』中公新書
佐藤直樹［1993］『大人の〈責任〉、子どもの〈責任〉』青弓社
塩沢由典［2000］「複雑系経済学のいま－金融工学との対比からみた複雑系経済学－」『エコノミスト』（臨時増刊、2000年4月10日号）
篠原三代平［1994］『戦後50年の景気循環』日本経済新聞社
社会階層・意識に関する研究会［2003］、『「社会階層・意識に関する研究会」報告書』財務省財務総合政策研究所、2003年7月2日、http://www.mof.go.jp/jouhou/soken/kenkyu/zk064/zk064.htm#higuchi+5
社会政策学会編［2005］『少子化・家族・社会政策』法律文化社
鈴木和雄［2012］『接客サービスの労働過程論』御茶の水書房
鈴木達二郎・猿田佐世［2016］『アメリカは日本の原子力政策をどう見ているか』岩波書店
高木仁三郎［2011a］「"負の財産"プルトニウムにしがみつく日本政府」『週刊金曜日』2011年4月26日高木仁三郎［2011b］『原子力神話からの解放』講談社
高梨　昌［2009］「労働者派遣法の原点へ帰れ」『大原社会問題研究所雑誌』法政

大学大原社会問題研究所、No.604／2009.2
高畠敏通［1977］「"新中間層"のゆくえ」『朝日新聞』夕刊、77年7月14日
橘木俊詔［1998］『日本の経済格差』岩波新書。
橘木俊詔［2001］「『結果の不平等』をどこまで認めるか」、前掲『論争・中流崩壊』中公新書所収
橘木俊詔［2006］『格差社会』岩波新書
宅美光彦［1998］『「大恐慌型」不況』講談社刊
田中史郎［1998］「人口構成の変容と教育問題の根本」、『経済学教育』第17号、経済学教育学会
田中史郎［1998］「過剰富裕の経済学」、『経済学研究』第65巻第3号、九州大学
田中史郎［2000a］「戦後日本における景気の複合循環－前提的作業と一つの試み－」『経済研究所所報』第28輯、秋田経済法科大学経済研究所
田中史郎［2000b］「戦後日本の景気循環―短期循環パターンの変容をめぐって―」、『東北経済学会誌』2000年度、東北経済学会
田中史郎［2002］「いま、なぜ世間なのか」阿部謹也編『世間学への招待』青弓社
田中史郎［2003］書評「橋本健二『階級社会日本』」『経済理論学会年報第』40号、青木書店
田中史郎［2006］書評「五味久壽『中国巨大資本主義の登場と世界資本主義』」『図書新聞』2006年4月29日
田中史郎［2012a］「東北復興の視座―社会経済システムの変容と3.11東日本大震災―」、『人文社会科学論叢』第21号、宮城学院女子大学人文社会科学研究所
田中史郎［2012b］「過剰商品化試論―外延的過剰商品化と内包的過剰商品化―」、『季刊経済理論』第48巻、第4号、経済理論学会
田中隆之［2002］『現代日本経済』日本評論社
田中三彦［1990］『原発はなぜ危険か』岩波新書
田原昭四［1998］『日本と世界の景気循環』東洋経済新報社
中央公論編集部［2001］『論争・中流崩壊』中公新書
槌田敦・加賀新一郎［1996］「「もんじゅ」と核兵器と「原発の黄昏」」『宝島30』宝島社
東京三菱銀行［2002］「日本経済・金融の見通し」
富永健一［1977］「社会階層構造の現状」『朝日新聞』夕刊、1977年6月27日
富永健一編［1979］『日本の階層構造』東京大学出版会
内閣府原子力政策担当室［2011］『我が国のプルトニウム管理状況』
中村隆英［1993］『日本経済』東京大学出版会
西川俊作、尾高煌之助、斎藤修［1996］『日本経済の200年』日本評論社
日本経営者団体連盟（日経連）［1995］『新時代の「日本的経営」－挑戦すべき方向とその具体策』（02年に経団連と統合、現在は、日本経済団体連合会）

日本政策投資銀行［2002］『調査』No.34、
日本総合研究所［2003］「デフレーションの原因分析とそのインプリケーション」、
　　　http://www.jri.co.jp
ニュースなるほど塾［2007］『核兵器と原子力』河出書房新社
橋本健二［1999］『現代日本の階級構造』東信堂。
橋本健二［2001］『階級社会日本』青木書店
橋本健二［2009］『貧困連鎖』大和書房
橋本寿郎［2002］『デフレの進行をどう読むか』岩波書店
馬場宏二［1997］『新資本主義論』名古屋大学出版会
原田泰・鈴木準［2005］『人口減少社会は怖くない』日本評論社
浜　矩子［2009］『グローバル恐慌』岩波新書
藤正　巌・古川俊之［2005］『ウェルカム・人口減少社会』文春新書
別冊宝島編［2007］『これから起こる原発事故』宝島社
星野富一［2014］『現代日本の景気循環と経済危機』御茶の水書房
本間　龍［2016］『原発プロパガンダ』岩波新書
正村公宏・山田節夫著［2002］『日本経済論』東洋経済新報社，
松谷明彦・藤正巌［2002］『人口減少社会の設計』中公新書
水野和夫［2003］『100 年デフレ』日本経済新聞社
水野和夫［2008］『金融大崩壊』NHK 出版
水町勇一郎［2016］「同一労働同一賃金の推進について」一億総活躍国民会議提
　　　出資料
宮崎義一［1992］『複合不況』（中公新書）
三和良一・原朗［2007］『近現代日本経済史要覧』東京大学出版会
村上泰亮［1977］「新中間階層の現実性」『朝日新聞』夕刊、77 年 5 月 20 日付。
村上泰亮・岸本重陳・富永健一・高畠敏通・見田宗介［1977］、「討論・新中間階
　　　層」『朝日新聞』夕刊、77 年 8 月 22,23,24 日
村上泰亮［1984］、『新中間大衆の時代』中央公論
本川達雄［1995］『ゾウの時間ネズミの時間』中公公論社
本山美彦・萱野稔人［2008］『金融危機の資本論』青土社
本山美彦［2008］『金融権力』岩波新書
森永卓郎［1998］『バブルとデフレ』講談社
八尾信光［2012］『21 世紀の世界経済と日本』晃洋書房
山口義行編［2009］『バブルリレー』岩波書店
山田克哉［2004］『核兵器の仕組み』講談社
山本義隆［2011］『福島の原発事故をめぐって』みすず書房
吉岡　斉［2011］『原発と日本の未来』岩波書店
吉川　洋［2003］『構造改革と日本経済』岩波書店
吉川　洋［2016］『人口と日本経済』中公新書
NHK 取材班［2009］『マネー資本主義』NHK 出版

SGCIME 編［2003］『世界経済の構造と動態』御茶の水書房
SGCIME 編［2003］『国民国家システムの再編』御茶の水書房
SGCIME 編［2003］『資本主義原理像の再構築』御茶の水書房
SGCIME 編［2004］『金融システムの変容と危機』御茶の水書房
SGCIME 編［2005］『模索する社会の諸相』御茶の水書房
SGCIME 編［2006］『グローバル資本主義と企業システムの変容』御茶の水書房
SGCIME 編［2006］『現代マルクス経済学のフロンティア』御茶の水書房
SGCIME 編［2007］『情報技術革命の射程』御茶の水書房
SGCIME 編［2008］『グローバル資本主義と景気循環』御茶の水書房
SGCIME 編［2016］『グローバル資本主義と段階論』御茶の水書房
SGCIME 編［2010、2013］『現代経済の解読』（初版、増補新版）御茶の水書房
SSM 全国調査委員会［1988］『1985 年社会階層と社会移動全国調査報告書』全 4 巻
A. トフラー（鈴木健次・桜井元雄訳、徳山二郎監修）［1980、1980］『第三の波』日本放送出版協会
A. マディソン（金森久雄監訳）［2001、2004］『経済統計で見る世界経済 2000 年史』柏書房
A. ハンセン（都留重人訳）［1941、1950］『財政政策と景気循環』日本評論社
D. メドウズ（大来佐武郎訳）［1972、1972］ローマ・クラブ『成長の限界』ダイヤモンド社
E.F シューマッハー（小島慶三訳）［1971、1986］『スモール・イズ・ビューティフル』講談社学術文庫
F. アリエス（杉山光信、杉山恵美子訳）［1960、1980］『〈子供〉の誕生』みすず書房
J. シュンペーター（吉田昇三監修）［1939、1958-1964］『景気循環論』全 5 巻、有斐閣
K. ポパー（久野収、市井三郎訳）［1936、1961］『歴史主義の貧困』中央公論新社
M. アグリエッタ、B. ジェソップ他（若森章孝・斉藤日出治訳）［2002、2009］『金融資本主義を超えて』晃洋書房
N. ポストマン（小柴一訳）［1982、1995］『子どもはもういない』新樹社
S. クック（藤井留美訳）［2009、2011］『原子力 その隠蔽された真実』飛鳥新社
環境省［1995］『環境白書』
環境省［2010］「再生可能エネルギー導入ポテンシャル調査」https://www.env.go.jp/earth/report/h23-03/
環境省［2013］『再生可能エネルギーに関するゾーニング基礎情報整備報告書』http://www.env.go.jp/earth/report/h26-05/full.pdf
経済産業省『通商白書』各版
厚生労働省『労働経済白書』各版

厚生労働省『生命表』各版
財務省「産業空洞化」と関税政策に関する研究会［2002］『座長報告』
　　　http://www.mof.go.jp/singikai/sangyokanze/tosin/sk1406mt_06.pdf
総務省『日本統計年鑑』各版
総務省『国勢調査報告』各版
総務省『推計人口』各版
総務省『高齢社会白書』各版
内閣府『経済財政白書』各版
内閣府『世界経済の潮流』各版
内閣府『少子化社会対策白書』各版
文部科学省『文部統計要覧』各版
経済統計年鑑編集部『経済統計年鑑』東洋経済新報社
労働政策研究・研修機構［2009］『ユースフル労働統計』
MF［2009］, *World Economic Outlook --Crisis and Recovery--*
IMF［2009］, *International Financial Statistics*
OECD［2015］, In It Together, Why Less Inequality Benefits All
OECD［2014］, "Focus on Inequality and Growth - December 2014"
U.S. Department of Commerce［2009］, *Balance of Payments & International Investment Position Articles*
『アエラ』［1989］、朝日新聞、No.6. 89年2月7日
『エコノミスト』毎日新聞、2011年6月14日号）
『週刊ダイヤモンド』ダイヤモンド社、2011年5月21日号
『週刊金曜日』金曜日、2011年4月26日号）
『中央公論』［2000］、2000年5月号、中央公論社
『文芸春秋』［2000］、2000年5月号、文藝春秋
『飛べ！フェニックス』E.トレヴァー原作、R.アルドリッチ監督、アメリカ、1965年、DVD

あとがき

　現在の本務校をはじめ非常勤講師なども含めると幾つかの大学で教鞭とってきた。そうしたなかで日本経済に関する講義や演習がかなりの部分を占めていた。講義題名として、日本経済論はもとより、経済学概論、時事問題概説などもそれに含まれる。院生時代など若い時は経済理論を専攻し、必ずしも日本経済論を専門としていたわけではないが、いわば必要に迫られこうした領域の勉強をし、そして、授業のためのノートなどを作成していったというのが本当のところである。そうした副産物として、広く日本の経済や社会に関する論文も執筆するようになり、今日に至っている。

　本書では、日本経済の諸領域において、通史を前提としつつ、景気、人口、格差、原発の問題に焦点を絞る構成をとっている。これらは、今日の経済社会を理解する上で大きな課題になると考えたからに他ならない。すでに読了された読者はお分かりだと思うが、いずれにおいても、これまでの通説や常識とはやや異なった理論や主張が示されている。その評価は読者に委ねるほかはないが、支持はもとより、異論や反論を賜ることが出来れば幸いである。

　また、多くの章は、これまで書きためてきた幾つかの論考を基盤として構成されている。以下に示すように、すでに発表済みの論文もある。しかし、今回一冊の著作とするために、かなり手を加えた部分も多い。むろん、基本的な理論や構想に変化はないものの、初出はあくまでも本書各章のプロトタイプに過ぎない。ここで初出の一覧を当時の論文のタイトルで示しておこう。

　第1章「戦後70年日本経済の軌跡 ―日本経済の歩みとこれから―」『人文社会科学論叢』宮城学院女子大学人文社会科学研究所、第25号、2016年

　第2章「アメリカ発金融危機と日本経済 ―2008年危機とその後―」、

『人文社会科学論叢』宮城学院女子大学人文社会科学研究所、第19号、2010年3月

　第3章「日本における90年代の景気循環 —デフレーションと短期循環—」、『グローバル資本主義と景気循環』(SGCIME編) 御茶の水書房、2008年

　第4章「「いざなみ景気」とその崩壊 —第14循環を考える—」、別冊『Niche』Vol.2、批評社、2010年6月

　第5章「高齢化社会論批判」、『東北経済学会第51回大会報告論文集』東北経済学会、1998年

　第6章「少子化社会論批判 —少子化社会は如何なる意味で危機なのか—」、『市場経済と共同体』(降旗節雄編) 社会評論社、2006年

　第7章「戦後日本における階層構造の変容 —階層秩序化する日本社会—」、『模索する社会の諸相』(SGCIME編) 御茶の水書房、2005年

　第8章「労働と格差の現在」『現代経済の解読』初版、増補新版(SGCIME編) 御茶の水書房、2010年、2013年

　第9章「脱原発メモランダム —3.11東日本大震災と科学技術のアポリア—」、別冊『Niche』Vol.3、批評社、2011年7月

　第10章「原子力発電の闇 —原発と軍事をめぐる実像—」、書き下ろし

　ところで、本書はこのような小著とはいえ、これまで多くの先生や友人たちから影響を受け、また学ぶ機会を与えられた成果である。学部・大学院時代の恩師、本務校をはじめとする多数の大学の先輩や同僚の諸先生、経済学研究集団である「SGCIME」のメンバー、また、仙台における自主的な学びの場である「仙台・羅須地人協会」会員の方々、さらには本学の生涯学習「ニュースが楽しくなる経済学」の受講生の方々…、こうした方々に感謝せずにはいられない。個人名は控えるが、じつに多くの方々にお世話になり、学ばせていただいた。

　このような恵まれた環境の中ではじめて小著が生まれてことを改めて実感している。また、本書の刊行にあたって宮城学院女子大学の出版助成を受けたことを記しておきたい。

最後になったが、困難な出版事情にあるにもかかわらず、本書を世に出してくださった社会評論社の松田健二社長に深謝したい。

　2017年秋

田中　史郎

索引

欧文

Atoms for Pease 219, 229
CDO 43
CDS 43
OECD 32, 174
DI 一致指数 63, 83
E=MC₂ 211
GDP デフレータ 64, 75, 82
GPIF 103
IMF 4, 54
IMF, GATT 46
IT バブル 44, 48
IT 212
IT 技術 176
Japan as No.1 19
JWASP 163
MOX 燃料 197, 223
M 字型雇用 168, 188
NY ダウ 38
OJT 190
OPEC 諸国 19
RMBS 42
SPV 42, 53
SSM 147, 150 152 162
U ボート 217

あ

赤字国債 30, 60, 89
アジア通貨危機 53, 66
アブソーバー 99
アベノミクス 23, 95, 101, 169
アメリカ発金融危機 49
アンダークラス 159
安定恐慌 16
いざなぎ景気 16, 59, 95, 97
いざなみ景気 22, 50, 95, 96, 98
一億総活躍国民会議 183
一億、総中流（化） 17, 161
岩戸景気 16, 58, 97
インターネット 48
インフレ 15
インフレターゲット 79
失われた 10（20）年 21, 98
ウラン 197
ウラン濃縮 216
エクイティファイナンス 61
エネルギーの関数 203, 206
エネルギー 200
エンゼルプラン 124
円高不況 20, 48, 61, 83, 97, 124
オイル・ショック（石油危機） 17, 19. 60, 97, 120, 124
汚染水 213
オリジネーター 42
オリンピック景気 16, 58, 97
卸売物価指数 76

か

加圧水型（PWR） 219, 220, 229
階級 158
外国人労働者 110, 124
会社主義 19
外需主導型 22
階層（化） 154, 157, 158
価格 20
価格破壊 73, 76
格差 21, 149
核燃料サイクル 197, 222, 223, 230
核分裂 215
核兵器（原子・水素爆弾） 197, 215
核兵器級 228

過剰人口　16	金融商品　43
過剰流動性　61	金融帝国　44
過疎・過密問題　17	金融ビッグバン　47
金余り　61	クズネッツ循環　86
株価　83	くたばれGNP　17, 24
株式会社制度　12	口入屋　184, 191
貨幣数量説　26	グラス・スティーガル法　49, 53
貨幣的現象　22, 79	クローニー資本主義　4, 32, 105
貨幣の流通速度　79	グローバリズム（グローバリゼーション）
貨幣法　12	3, 73, 176
為替レート　103	黒田バズーカ砲　103, 106
官営模範工場　12	軍事　196, 209
冠水方式　214	景気基準日付　21, 57
官製主導型　105, 106	景気対策　62
完全失業率　38, 102, 168, 188	経済学の第2の危機　31
管理通貨制　69	経済原則　130, 138, 143
管理なき管理通貨制　18	経済法則　138, 143
期間合計特殊出生率　134	傾斜生産方式　15
企業別組合　174	経常利益　51
寄生地主制　12	軽水炉（原発）　197
基礎的財政収支（プライマリー・バランス）	ケインズ的経済政策　67
105	原子力安全委員会　199
気中方式　214	原子力規制委員会　213
キチン循環　85	原子力潜水艦（原潜）　218
機動的な財政政策　25	原子力村　196
機微技術　197, 209, 211	建設国債　30, 60, 72, 89
キャピタルゲイン　45	健全財政　72
キャピタルロス　75	減量経営　19
90年代不況　19	公害　25
教育改革　14	公害・環境問題　17
教育水準　12	工業革命　202, 206
供給要因説　78	公共職業安定所（ハローワーク）　191
勤続給　181	合計特殊出生率　133
金本位制　12	後進性　17
金融緩和　20, 44, 97	後進性と戦後性　89
金融恐慌　13	高速増殖炉（サイクル）　224, 226
金融近代化法　44, 47, 49, 53	公定歩合　20, 61
金融工学　43, 49, 53	高度成長　4

購買力平価　139
高齢化（率）　112, 124, 125
高齢者人口　125
小型水力　204
国債　16, 59
国際収支天井　16, 58, 97
国際通貨体制　18
国策　196
国内総支出　78
国民生活に関する世論調査　146, 165, 185
国民福祉税　64, 109, 137
国立銀行条例　12
コスト・プッシュ・インフレ　59
固定資産税　195
固定相場制　4, 25, 59
子供　121
子ども・子育て対応プラン　124
機微技術　197, 209, 230
ゴム紐の論理　115, 117, 127, 128
雇用なき景気　22
雇用のミスマッチ　176
コンドラチェフ循環　85
コーホート合計特殊出生率　134

さ

再処理　216, 223
サイズ　201
財政改革　14
再生産表式　29
財政法　30
財閥　12
財閥解体　14
再分配所得　173
先物取引市場　11
搾取　159
サブプライムローン　22, 41, 104
36（サブロク）協定　188
産業革命　202

産業構造　205
産業の空洞化　73
3C　17
3種の神器　17
3本の矢　25
自殺者　40, 174
資産効果　74
次世代育成対策推進法　124
自然エネルギー　25
自然エネルギー革命　204, 205, 206
市中銀行　72
実質賃金　21, 171
ジニ係数　149, 173, 185
資本家のいない資本主義　161
シムズ理論　27
新エンゼルプラン　124
シャウプ勧告　15
社会的流動性　119
就職氷河期　21, 165, 166
周旋屋　184, 191
従属（年齢）人口　126
住宅バブル　22, 46
収奪　159
ジュグラー循環　85
出生率　125
寿命　201
需要要因説　78
シュンペーター J　84
生涯未婚率　133, 136
証券化　42
証券不祥事　63
少子化　124
少子化社会対策大綱　124
少子化対策基本法　124
少子化対策プラン　124
少子税　138
使用済MOX燃料　224, 225
使用済み核燃料　223

消費者　200
消費者物価指数　75, 76
消費税　137
消費性向　71
情報通信技術　81
昭和40年不況　16
殖産興業政策　12
職能給　181, 182
植物界　200
職務給　181, 182
食物網　200
食物連鎖　200
食料自給率　17
所得効果　91
所有と経営の分離　161
新3種の神器　22
進学率　120
新貨条例　12
人口オーナス論　140
人口転換論　136
人口の置換水準　143
新古典派総合　4
新時代の「日本的経営」　21, 179
新自由主義　4
新中間層論争　145, 146
新中間大衆　147
神武景気　16, 58, 97
信用乗数　92
スタグフレーション　19
ステルス兵器　217
ストック・デフレ　73
ストップ・アンド・ゴー　59
スマートグリッド　212
スミソニアン　18
スモールイズビューティフル　51
成果主義賃金　182
生活給　181
生活保護　174

正規職員　170, 172
正規労働者　169
生産過程　166, 167
生産者　200
生産（年齢）人口　112, 126, 140
生態系　200
成長戦略　25
セイフティネット　51, 184
世界金融危機　22
世界大恐慌　13
世界中央銀行　55
石炭　203
石油　203
世襲（化）　152, 154, 157, 177
世代交代　153
絶対的貧困　189
ゼロ・サム　154, 156
ゼロ金利政策　66
戦後改革　14
戦後性　17
潜在的核抑止力（論）　197, 209
潜水艦　218
専門分化　199
占領軍　14
総括原価方式　184, 227
相対的貧困　174, 189
総量規制　20, 62
損益分岐点　98

た

第1次産業的　206
第1次世界大戦　13
第3次産業　206
第11循環　22
第12循環　65
第13循環　66
第14循環　22, 95, 99, 100
第16循環　23, 95, 101, 102

代替効果　91
大胆な金融政策　25
第2次産業　206
太陽光　204
第4次中東戦争　19
兌換　47
多様な中間　147
地価　20, 74
地租改正　12
秩禄処分　12
地熱　204
中世化　157
中成長期　13
中流の幻想　148
超核兵器級（プルトニウム）　228, 230
超均衡財政　15
朝鮮戦争　16
賃金なき回復　22
強いドル政策　44, 46
強すぎる日本　20, 124
デジタル・ディバイド　176
デジャブ景気　101
デブリ　207, 214
デフレ　21, 78, 176
デフレーション　57
電源三法　194, 210
電産型賃金体系　181, 185
同位体（アイソトープ）　216, 227
同一労働同一賃金　180
等価交換　159, 160
投機　20, 25
投資銀行　36
当初所得　173, 189
凍土（遮水）壁　213
動物界　200
都会の不満と田舎の不安　30
特需　16, 23
独身税　138, 143

ドッキング仮説　90
ドッジ・ライン　15
飛び地　196
トリクルダウン　27, 51, 55
トリニティ　215
ドル高政策　44

な

内需主導型　61
ナショナルセンター　174, 189
名ばかり管理職　173
ニクソン・ショック　17, 47, 124
二世（化）　157, 177
二大階級　158
日米貿易摩擦　51
日露戦争　13
日経平均株価　74
日清戦争　12
日本銀行　12
日本的経営　19, 182
日本版金融ビッグバン　49
ニューディーラー　15
農業革命　202, 206
農地改革　13, 14
能力給　182
ノンバンク　42
ノーチラス号　219

は

バイオマス　204
ハイパー・スタグフレーション　80
廃藩置県　12
廃炉　227
廃炉計画　213
派遣切り　23, 35, 105, 165, 166, 184
派遣村　35
バブル景気（経済）　4, 20, 61, 96, 97, 176, 186

バブル現象　74
バブル循環　48
阪神淡路大震災　64
ハンセン,A　87
パート労働法　183
引き揚げ　123
引揚者　14
非軍事化　14
非正規化　21
非正規職員　170, 172
非正規労働者　101, 169
非生産年齢人口　113
1人当たりのGDP（GNP）　111
標準代謝（量）　201
貧困　165
ピースミール　198, 199
ファットマン　215, 216, 231
フィスカル・ポリシー　68
風力　204
復員　123
復員軍人　14
複合循環論　84
福島（第1）原発　195
物質循環　200
沸騰水型（BWR）　229
不等価交換　159
不平等　149
プラザ合意　61
ブラックマンデー　90
ブラックボックス　198
ブランケット　228
不良債権　20, 21
フリーライダー　138
プルサーマル　196, 224, 225, 226
プルトニウム　197, 216, 223
分解者　200
平均出生児数　132
平均寿命　116, 128, 203

平均余命　116, 117, 128, 203
ベトナム戦争　18
ベビーブーム　130
変動相場制　4, 18, 47
ベーシックインカム　52, 56
ベース・マネー　92
貿易摩擦　20
放射線管理区域　229
放射能管理区域　220
ホームエクイティローン　41

ま

マーシャルのK　80, 92
マージン率　178
マイナス金利　106
マッカーサー,D　14, 15, 29
マイナス成長　19
マネーサプライ　92
マネーストック　92
マルクス,K　151, 211
満州事変　13
マンハッタン計画　215
身分制　12
民間設備投資主導型　16
民主化　14
昔陸軍、今総評　29
明治維新　11
明治の三大改革　12
メルトアウト　214
メルトスルー　214
メルトダウン　193, 214
モジュラー　198
モジュール　199
持株会社　14
もはや戦後ではない　29
モラル・ハザード　80
もんじゅ　210, 224

や

焼け跡　4
有効求人倍率　38, 60, 102, 168, 188
輸出主導型　16, 60
揚水発電（所）　194, 210
四大階級　150
四大階級論　158
四大公害裁判　30

ら

リーマン・ショック（危機）　4, 22, 35, 36, 168, 178, 186
リストラ　71, 182
リトルボーイ　215, 217, 231
流通過程　167
流動性のジレンマ　18
臨界　219, 225
冷戦　14, 48
レート調整効果　18
列島改造景気　59
列島改造ブーム　16, 97
労使関係、労資関係　167
労働　166
労働運動　15, 106, 167, 174
労働関係調整法　15
労働基準法　15, 170
労働組合　15, 167, 174
労働組合法　15
労働契約法　183
労働三法　15
労働時間　169, 170
労働市場　168
労働者派遣法　21, 51, 177, 184
労働手段　166
労働対象　166
労働分配率　21, 51, 55, 70
労働民主化　15
労働問題　39
労働力人口　168
労働力率　168

わ

ワーキングプア　172, 189
ワークシェアリング　24, 51, 184
ワンススルー　225

田中史郎（たなか しろう）

1951年，新潟市生まれ。宮城学院女子大学教授，経済学博士。専門は，経済理論，日本経済論。

新潟大学理学部物理学科卒業，信州大学人文学部経済学科卒業，東京経済大学大学院経済学研究科博士課程修了。秋田経済法科大学などを経て現職。

著書に，『商品と貨幣の論理』（白順社），『日本経済の論点』（共著，学文社），『グローバル資本主義と景気循環』（共著，御茶の水書房），『模索する社会の諸相』（共著，御茶の水書房），『市場経済と共同体』（共著，社会評論社），『現代の資本主義を読む』（共著，批評社），『現代経済の解読』（共著，御茶の水書房），などがある。

URL http://www.mgu.ac.jp/~stanaka/
E-MAIL stanaka@mgu.ac.jp

現代日本の経済と社会
―景気、人口、格差、原発―

2018年3月15日　初版第1刷発行
2021年4月5日　初版第3刷発行

著　者：田中史郎
装　幀：右澤康之
発行人：松田健二
発行所：株式会社社会評論社
　　　　東京都文京区本郷2-3-10　☎ 03(3814)3861　FAX 03(3818)2808
　　　　http://www.shahyou.com
組版・印刷・製本：ミツワ

Printed in Japan

丸山茂樹／著
共生と共歓の世界を創る
グローバルな社会的連帯経済をめざして

絶え間ない戦争と殺戮が続き、世界の多数の人びとに貧困と格差をもたらす現代の絶望的状況のなかで、それに抗する社会運動——「共生社会」「共歓の世界」を創る試みは全世界ですでに始まっている。新しい文化・芸術、暮らし方、生き方の創造を担い、地域を、国を、世界をネットワークするソーシャル・デザイナーたちのプラットフォームをつくる営みは私たちに希望をたぐりよせる。

【Ａ５判並製・224頁　定価＝2200円＋税】

序章
この本の目的と内容　なぜ「共生と共歓」の世界か？

第１章
蘇るＡ．グラムシとＫ．ポランニー
1人の夢は単なる夢にすぎないが、皆で見る夢は実現できる

第２章
ＧＳＥＦの誕生と発展　新しい社会変革のネットワーク

第３章
朴元淳ソウル市長の誕生とイニシアティブ

第４章
海鳴りの底から　日本の先進事例

第５章
アメリカの新しい波

第６章
陣地戦と知的・モラル的改革の時代

第７章
Ｍ．プラヴォイの論文に寄せて

終章
新しい世界変革は実践されつつある